Wolfgang Messerschmidt

Jumbos auf Schienen

05002

Wolfgang
Messerschmidt

JUMBOS
AUF SCHIENEN

Die größten Lokomotiven der Welt

trans
press

Von den ersten Tagen an, als das Buch allmählich Gestalt annahm, war die Begeisterung an lokomotivtechnischen Superlativen geweckt. Der Versuch, in locker gegliederter Form dem „Charakter" der ganz Großen des Schienenverkehrs näherzukommen, glückte schließlich durch die Einsicht meiner Frau Felicita, die mir viele Alltagsangelegenheiten abnahm

Mein Dank gehört ihr. W. M.

S. 2/3: Umgebaute 05 002, eine von Deutschlands Größten neben einer Liliput-Lok für die Ausstellungsbahnen
Krauss-Maffei

Messerschmidt, Wolfgang:
Jumbos auf Schienen. –
Berlin: Transpress, 1995. –
160 S., 216 Abb., dav. 29 farbig

ISBN 3-344-71021-4

Borkumstr. 2, 13189 Berlin
Lektor: Dr. Rolf Neustädt
Einbandgestaltung: Jürgen Schumann
Satz: Fotosatz Schönthaler, Ludwigsburg
Druck: Gulde-Druck, Tübingen
Bindung: E. Riethmüller, Stuttgart

Inhalt

EINFÜHRUNG

Einmal ins Rollen gekommen...

Heutzutage arbeiten viele tausend Entwickler, Forscher, Konstrukteure, Designer, Manager der „Systemanbieter", Verkehrsexperten und Ökologen an geschickten Lösungen zur Verbesserung des „mobilen Geschehens" auf dem Schienennetz der Eisenbahnen. Der Aufwand ist gewaltig. Ist er auch über die Landesgrenzen hinweg koordiniert? Systemdenken, immer mehr und immer kompliziertere Vorschriften und Regelwerke erzeugen manche geheime Sehnsucht nach der „guten alten Dampflok- und Triebwagen-Zeit".

In Vergangenheit und Gegenwart konnten und können Prototyp- und Pilot-Konstruktionen durchaus als Mißgriffe den Wert einer sensationell mächtigen, theoretisch zwar überzeugenden, in der Praxis jedoch versagenden Superlativ-Lokomotive erheblich mindern. Mitunter war die Abneigung gegen die Gigantomanie, gegen die vielfältigen, fantasiereichen „Monster" und Dinosaurier auf den unterschiedlichen Spurweiten der Schienennetze der Welt nicht zu leugnen.

Aber, einmal ins Rollen gekommen, ist die Kontinuität einer weltweiten, ganz speziellen Lokomotiv-Entwicklung meist über Jahrzehnte hinweg gar nicht aufzuhalten. Und so kommt es uns hier darauf an, die Aspekte einer hochinteressanten Lokomotiv-Welt der Großen zu entfalten, ohne das vorliegende Buch inhaltlich mit schwierigen Begriffen und leblosen Formeln zu erdrücken. Widmen wir uns also den erstaunlichen Protagonistinnen des Eisenbahnbetriebes mit seinen Wendemarken von der Dampf- zur Diesel- und Elektrolokomotive, darunter imponierende Weltsensationen der Schienenfahrzeugtechnik. Sicherlich, das Wachstum der Lokomotiv-Dimensionen im Fortschreiten der Projektarbeiten, auch die Baugröße allein, sind durchaus kein verbindlicher Maßstab für die Qualität der Triebfahrzeugtechnik. Aber ein mit Wissen, Erfahrung, Wagemut und Konstrukteurs-Schweiß geschaffenes Meisterwerk erfüllt jeden Eisenbahn-

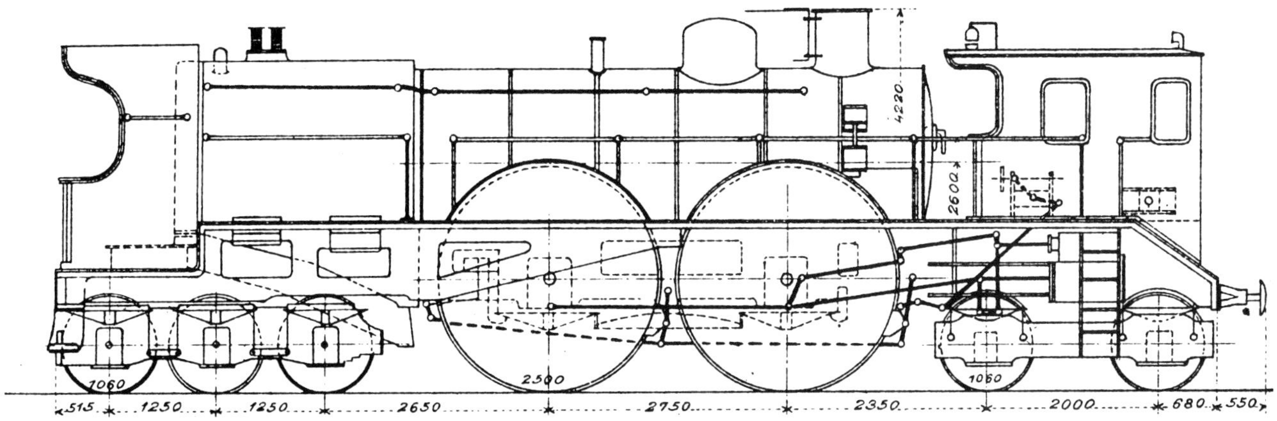

Die Faszination der Größe: Versuchslokomotive nach Entwurf Thuile mit 2500 mm Kuppelraddurchmesser, gezeigt auf der Weltausstellung 1900 in Paris.

kenner mit Respekt. Die mit den Abnahmefahrten einhergehende Streßsituation der engagiert Beteiligten – wer's mitgemacht hat, wird es nicht vergessen – und eine Portion Angst vorm Versagen der zu prüfenden (Novitäten-)Lokomotive ließen oft beunruhigende Gemütsschwingungen aufkommen.

Aus dem größten Dampflokomotiv-Bauprogramm der Welt: Kriegslok 42 0001 im Werkgelände der Maschinenfabrik Esslingen. RVM-Filmstelle

Die Faszination der Größe

Schon seit jeher üben das Monumentale, die imposante Erscheinungsform der Technik, Größe und Superlative eine besondere Anziehungskraft auf den Menschen aus. Das Streben nach dem „Größten" schockiert und fasziniert zugleich. Und sogar im Scheitern verdient der Wagemut der Architekten, der Brückenbauer und auch der Lokomotivingenieure respektvolle Anerkennung. Über „Dinosaurier auf Schienen" spricht man schließlich auch heute noch.

Die Geschichte des Lokomotivbaues ist ungewöhnlich farbig, spannend, ja streckenweise geradezu aufregend. Der besondere Reiz dieser Historie liegt darin, daß es auch monumentale Außenseiter waren, die zu Hauptdarstellern wurden und die Schienenfahrzeugentwicklung vorangetrieben, in mancher entscheidenden Phase sogar bestimmt haben.

Wer denkt dabei nicht an Richard Trevithicks „Gateshead"-Lokomotive von 1803/04, die bereits damals einen Kessel mit Blasrohr und zwei zahnradgekuppelte Treibräder besaß. Beeindruckend sind aus heutiger Sicht der enorm langhubige Zylinder mit 1370 mm Kolbenweg, außerdem das über 2 m hohe Schwungrad, das die Ungleichförmigkeit der Bewegungen ausgleichen mußte. Hatte also Trevithicks „Schwungmassen-Lokomotive" der Jahreswende 1803/04 nicht schon am Beginn einer grandiosen Entwicklung eine erstaunliche Größenordnung auf Schienen vorzuweisen? Das mächtige, sich allerdings entwurfs- und konstruktionsbedingt nicht deckende Durchmessermaß in der überlieferten Dokumentation des dominierenden Schwungrades, aber auch der gewaltige Kolbenhub ebneten gewissermaßen von vornherein, gewollt oder ungewollt, den Weg zum künftigen Wettbewerb der Superlative. Beispielhaft schrieb Professor John Jahn in seinem 1924 erschienenen Dampflokomotivbuch über die Vorgänge beim Entwurf der 3'A-Crampton-Lokomotive für die nordamerikanische Camden & Amboy

Die im Jahre 1950 umgebaute Schnellfahrlokomotive 05 001 der DB. Krauss-Maffei

Railroad, eine Bahnverwaltung, die mit der „Größten" brillieren wollte: „Natürlich mußte das europäische Vorbild übertrumpft werden. Darum sollten die Triebräder den noch nicht dagewesenen Durchmesser von 8' = 2438 mm erhalten. Entsprechend bekam der Kolbenhub den nie wieder erreichten Wert von 864 mm".

Jedenfalls hatte sich das Science Museum, South Kensington, mit Erfolg um die Original-Unterlagen von Trevithicks Auftakt-Lokomotive bemüht, die übrigens auch zeigen, daß jene Lokomotive ihre Zugkraft nur durch die Reibung zwischen Rad und Schiene übertrug, ein Faktum, über das man sich damals durchaus nicht einig war und den Reibwerten des Rad-Schiene-Systems noch lange nicht traute.

Später wurden viele gelungene Lokomotivkonstruktionen zu „Aushängeschildern" der Lokomotivindustrie. Auch außerordentlich „voluminöse" Aufträge versprachen positive Werbe-Effekte, wenngleich dabei von den gigantischen Lokomotivbeschaffungsprogrammen für die kriegerischen Aktionen des zweiten Weltkrieges noch gar nicht die Rede war. Jedenfalls galten die Bestellungen der deutschen Kriegslokomotiven der Baureihen 42 und 52 als das größte Dampflokomotivbauprogramm der Eisenbahngeschichte. Im Jahre 1942 überraschte die Zielvorgabe des Beschaffungsplanes mit 7000 Lokomotiven der Baureihe 52 und 8000 Einheiten der Baureihe 42, dann unter Beibehaltung der gleichen, an Gigantomanie grenzenden Summe, korrigiert auf 10 000 Lokomotiven der Baureihe 52 und 5000 der Baureihe 42.

Wahrhaftig ein Super-Programm! Zusammen mit den in Betrieb genommenen Reichsbahn-Lokomotiven der Baureihen 50 und 50ÜK sowie mit den im Ausland später nachgebauten, aber gar nicht mehr exakt erfaßbaren Lieferzahlen weiterer Maschinen hätte man wohl mit etwa 20 000 solcher 1'E-Zweizylinderlokomotiven rechnen können. Wären alle zunächst eingeplanten deutschen Kriegslokomotiven tatsächlich trotz schwerer Kriegsschäden der Fabriken gebaut worden, dann hätte man die Riesen-Stückzahlen der in der Sowjetunion produzierten laufachslosen Fünfkuppler der verschiedenen Varianten haushoch übertroffen. Im nachhinein zeigt sich zwar die unbestrittene Mammut-Leistung der Lokomotivfabriken, aber auch die Geschichte als Lehrmeisterin, die uns offenbart, daß Gipfelstürmer-Aktivitäten in Superlativform fast ausschließlich unter den Aspekten der Realität des Krieges zu finden sind, oft genug eines Krieges, der sich ganz anders als erwartet entwickelte.

Trotzdem, das Wachstum bis hin zur „Größe" ist durchaus die Konsequenz mühevoller Forschungsarbeit, jedoch nicht immer gepaart mit Langfristdenken. Das Sensationelle gehört meist in die Reihe besonderer technik-historischer Ereignisse. Aber „größer" muß nicht in jedem Falle gleichzusetzen sein mit „besser". Und manche schmucklose Monumentalkonstruktion siegte als letzte Errungenschaft einer Ingenieur-Generation, die dann doch wieder eine Rückkehr zur „Normalität" anstrebte.

Anhand zahlreicher Beispiele verschiedener Konstruktionsepochen werden in diesem Buch die weltumspannenden Aktivitäten ehrgeiziger Konstrukteure umrissen, die hoffend, aber auch irrend, ihre Weltbestleistungen und Entwurfs-Superlative zu erstaunlichen Größenrekorden führten.

Doch was heißt hier eigentlich „groß“? Welche sind die „Größten“? Was ist der Maßstab? Sind es diejenigen Lokomotiven, die gewaltige Höchstleistungen vollbrachten? Und wer wollte diejenigen Lokomotiven mit den mächtigsten Dampfkesseln, mit den allerschwersten und voluminösesten Tendern nicht zu den ganz Großen der Schiene zählen? Elektrische Lokomotiven mit den größten Lokomotivmotoren der Welt, mit den gewaltigsten Radsatzfahrmassen? Gehören auch sie dazu?

Ein Blick auf den „Olymp der Schienenfahrzeugtechnik“ ist überraschend. 240 t schwere elektrische Lokomotiven mit 28 Rädern, viel größere Massen leistungsstarker Spezial-Einheiten, 45 m und noch längere Diesellokomotiven gehören ebenso in die nicht enden wollende Reihe der „Jumbos auf Schienen“ wie die größte Dampfturbinenlokomotive der Welt, wie gigantische Triplex-Lokomotiven und Lokomotiv-Weltmeister mit Raddurchmessern bis über 3 m!

In vielen europäischen, vor allem westlichen Industrieländern führte die Gigantomanie zu weniger gewagten Extremen. Die 27 m langen und bis zu 200 km/h schnellen deutschen Stromlinien-Dampflokomotiven der Baureihe 05, die 5500 PS starke Dreizylinder-Verbund-Schnellzuglokomotive 242 A1 der SNCF, mit deren Fortentwicklung in Frankreich sogar ein europäischer Vorstoß ins 6000-PS-Gebiet gelungen wäre, oder die berühmte österreichische Baureihe 214 – erste 1'D2'-Schnellzuglokomotive der Welt mit den von der Wiener Lokomotivfabrik verkündeten Laufstrecken-Kilometer-Weltrekorden – waren bewundernswerte Riesenlokomotiven ihrer Zeit, die bei ihrer Lieferung sogar die längsten Treibstangen unter allen Lokomotiven der Welt besaßen. Mit den allergrößten Kraftpaketen der weltweiten Dampftechnik konnten sie zwar nicht ganz mithalten, obwohl sie schon als Marksteine einer nach höheren Dimensionen strebenden Entwicklung nationaler und europäischer Bestleistungen galten. An Ruhmestaten dieser Art fehlt es damit noch lange nicht: Die Nachkriegs-Superlokomotive 01^5 der Deutschen Reichsbahn hatte unbestritten den leistungsfähigsten Kessel aller deutschen Schnellzuglokomotiven ihrer Zeit. So gesehen war die 01^5 mindestens „die Größte“ während der letzten Jahrzehnte deutscher Dampftraktion.

Das vorliegende Buch reizt übrigens dazu, sich selbst zu fragen, was man im Schienenfahrzeugbau als sensationell, monströs und als außergewöhnlich dimensioniert empfindet. Zu den an ihrer erstaunlichen Größe gemessenen Riesen zählen auch die elektrischen Erzbahn-Kraftprotze Norwegens. Dabei ist Größe nicht unbedingt gleichbedeutend mit Potenz. Die zu beobachtende Steigerung der lokomotivtechnischen Abmessungen führte mitunter – man möchte meinen im Zeichen des alten Leitsatzes „Planerischer Stillstand ist Rückschritt“ – zu höchst attraktiven Schienenwundern, zu „Super Power Articulateds“, Mallet-Riesen und zwölfmotorigen, zweimal 4-MW-Elektro-Doppellokomotiven der einstigen UdSSR sowie zur größten Garratt-Bauart der Erde. Sie alle, eigentlich mobile Monumente, haben, technisch bedingt, völlig abweichende Schicksale mit ganz unterschiedlicher Lebensdauer.

Borsig-Stromlinienlokomotive 05 002, die schnellste Dampflok des Deutschen Reiches, Dienstmasse von Lok und Tender rund 212,5 t.

Die österreichische „Super-Lokomotive“ 12 101 gehörte zusammen mit ihrer Schwesterbauart 12.0 zu den ersten 1'D2'-Schnellzuglokomotiven der Welt.
RVM-Filmstelle

Die Reko-Lokomotiven der Baureihe 01.5 besaßen den leistungsfähigsten Kessel aller deutschen Schnellzuglokomotiven ihrer Zeit.

Die größte Einrahmen-Tenderlok ihrer Zeit: preußische 2'C2'-Lok, vorübergehend als T 16 geführt, Baujahr 1904.

Gewaltige einrahmige Sechs- und Siebenkuppler litten trotz ihrer großartigen konstruktiven Gestaltung an schwerwiegenden und gefürchteten Kurvenlaufproblemen. Viele stark beeindruckende Lokomotivbaumuster wurden zu „Werbe-Magneten" ihrer Fertigungsstätten: „Genügend Reserve am Berg – Die stärkste Lokomotive der Welt – Re 465 der Berner Alpenbahn-Gesellschaft mit 7 MW Spitzenleistung", so hörte man es im Sommer 1994 von der schweizerischen Sulzer Management AG. In der Tat, 7 MW einer Vierachs-Lokomotive sind Spitze! Die AEG setzte dann noch eins drauf mit einer „Kurzzeitleistung von 7,2 MW" für ihre Hochleistungslokomotive 12X (128 001). Hierbei wird der faszinierende Ideenreichtum der Ingenieure besonders deutlich, um Maximal-Leistungen mit Hilfe der Elektronik nicht an massiven Gigantismus zu ketten, aber trotzdem beim technischen „Spitzentanz der Oberklasse" mitzumischen.

Über 200 Fotos und Zeichnungen dokumentieren lokomotivtechnische Errungenschaften im Spiegelbild der Lokomotiv-Weltmeister verschiedener Disziplinen. Das sind meist in phantasievoller und schrittmachender Konzeption entworfene Protagonisten der hochinteressanten Eisenbahn-Szenerie – die größten Lokomotiven, die einst Tagesgespräch waren und heute inoch Erstaunen hervorrufen.

Überraschung und Faszination gab's ja schon in der Frühzeit der Dampflokomotive. Eines der starken Vierkuppler-Ungetüme mit ungeheuer kompliziertem Stangen-, Zahnrad- und Hebeltriebwerk präsentierte in den Jahren 1834/35 die amerikanische Camden & Amboy Railroad. Der Riese, gebaut von Isaac Drips, wurde auf den treffenden Namen „Monster" getauft.

Immerhin, die Entwicklung der Dampflokomotive klassischer Ausführungsformen vollzog sich seit damals in beschleunigtem Tempo, wenn auch oft in kleinen Schritten. Die Mehrzahl der Eisenbahn-Gesellschaften hat aufgrund der aus Strecken- und Prüfstand-Erprobungen, aus dem Verhalten im Nah- und Fernverkehr und aus den verschiedensten Zugförderungsaufgaben gewonnenen Erfahrungen ungezählte technische Änderungen, Ergänzungen und Umkonstruktionen vornehmen lassen, überwiegend mit dem Ergebnis einer beachtlichen Steigerung und Anpassung von Leistung und Wirtschaftlichkeit. Und dieses Vorgehen trifft selbstverständlich auch für die größten und interessantesten Tenderlokomotiven zu, mit denen wir uns zuerst beschäftigen.

DAMPF-LOKOMOTIVEN

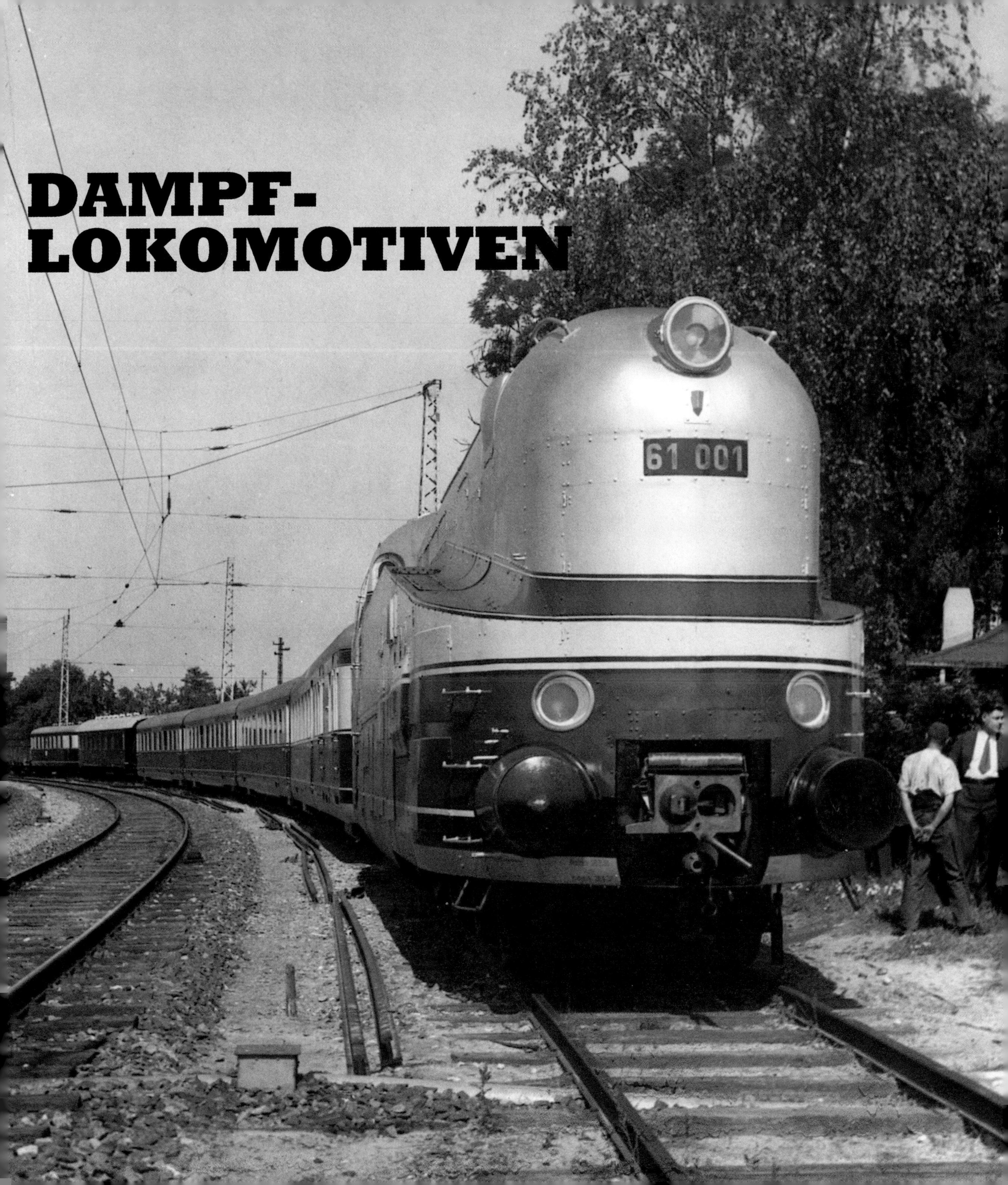

Tenderlokomotiven ungewöhnlicher Dimensionen

Im „Bulletin de la commission internationale de congrès des chemin de fer" (August 1904) wurde über Lokomotiven größerer Leistungsfähigkeit berichtet, wobei es hieß: „Das zulässige Achsgewicht beträgt bei den meisten Bahnverwaltungen wenigstens 15 t, häufig 17 bis 18 t, auf einigen englischen Linien bisweilen 20 t und auf amerikanischen sogar noch mehr. Als Höchstgrenze für unsere Festlandlinien kommen jedoch jetzt wohl nur 18 t für die Lokomotiv-Achslast in Frage, aber es ist anzunehmen, daß der heutige Schnellzugverkehr ein weiteres Anwachsen bedingen wird, so daß der Oberbau einem Ausdruck von 20 t wird angepaßt werden müssen." Henschel in Kassel lieferte im Jahre 1904 als „Vorstoß zu einer wesentlichen Verbesserung des Schnellzugverkehrs in hügeligem Gelände" eine 2'C2'-Heißdampf-Vierzylinder-Verbund-Gebirgs-Schnellzug-Tenderlokomotive, Gattung T 16 der Preußisch-Hessischen Staatsbahnen, Direktion Erfurt. Mit 17 700 m Länge über Puffer war jene, mit zwei Stirnführerständen ausgestattete Tenderlokomotive länger als die viel späteren Baureihen 62 der Deutschen Reichsbahn und 65 der Deutschen Bundesbahn. Jene damals in der Berichterstattung als „die größte Einrahmenlokomotive weit und breit" und „mit ihrer Rostfläche von 4,1 m² übertraf sie alle bisherigen preußischen Lokomotiven" charakterisierte Maschine war jedoch ein Beispiel für einen verfehlten Gewichtsvoranschlag. Sie sollte eigentlich 106,5 t im Dienst wiegen, höchstens jedoch 108 t, wobei die größte Achsfahrmasse 17 t nicht überschreiten durfte. Aber mit ihren ungewöhnlichen Abmessungen erbrachte die als „kraftstrotzender Atlas" erscheinende T 16 eine Dienstmasse von 123 t und eine Achsfahrmasse von 20 t. Das Ergebnis: Die preußische Verwaltungsbehörde verweigerte die amtliche Abnahme, obwohl die bahnamtliche Beschilderung an den Lokomotiv-Seitenflächen bereits glänzte. Die bei der Internationalen Kommission für die nächste Zeit vorausgesagten 20 t Achsfahrmasse gab es im Lande noch nicht. Henschel hierzu: „Der im Verhältnis zum damaligen Oberbau hohen Achslast von 20 t wegen konnte die Lokomotive jedoch ihrem Bestimmungszweck nicht entsprechen." Und Erich Metzeltin (1871 – 1948) meinte: „Die Maschine war in ihrer Größenordnung ihrer Zeit um über 20 Jahre vorausgeeilt." Probefahrten ließ man zu, wobei Geschwindigkeiten von 100 km/h anstandslos erreicht wurden. Ein gewichtsvermindernder Umbau wurde nicht riskiert. So blieb der vom Pioniergeist ihrer Konstrukteure und vom hohen Beschleunigungsvermögen zeugenden Schnellzug-Tenderlokomotive lediglich der Weg zum Schrottplatz. Die preußische Gattungsbezeichnung T 16 wurde schließlich dem bekannten laufachslosen Fünfkuppler zugeteilt. Die mit 1750 mm Kuppelraddurchmesser und einem überaus leistungswilligen Kessel bemessene 2'C2'-Maschine blieb in der Erinnerung als die leistungsfähigste Tenderlokomotive ihrer Zeit.

Größe, Stärke und Leistung waren eben durchaus kein Privileg der Herkulesarbeit leistenden Riesen-Jumbos mit Schlepptender. Superlative hierfür gibt's genug: Im Jahre 1912 erschien in Preußen erneut eine 2'C2'-Tenderlokomotive, jedoch mit Zwillingstriebwerk und nur 14 800 mm Länge über Puffer. Entwickelt und gebaut wurde sie zuerst vom Stettiner Vulcan in Bredow. Man brauchte eine solche zugkraftstarke und 100 km/h (90 km/h für die Erstlieferungen) schnelle Tenderlokomotive, eingereiht im preußischen Bestand als T 18 (spätere Baureihe 78) für kürzere Pendeldienste (Wiesbaden –Mainz, Frankfurt am Main–Wiesbaden) und für die Beförderung der Schweden-Schnellzüge (Insel Rügen, Saßnitz). Die geglückte Konstruktion führte zum Erfolg, zumal sie später zu Reichsbahn- und Bundesbahnzeiten auch in Süddeutschland gern eingesetzt wurde.

Und so hatte die Lokomotivgeschichtsschreibung wieder einen Superlativ parat: Die T 18 stellte zu Robert Garbes Zeiten die leistungsfähigste Personenzug-Tenderlokomotive der Preußischen Staatsbahn dar. Daß die T 18 im Laufe ihrer Beschaffungszeit, auch für die SAAR-Bahnen, für die Eutin-Lübecker Eisenbahn, für Württemberg, für die Türkei und andere Bahnverwaltungen, und während ihrer Bewährungsjahrzehnte mit zwischenzeitlichen Modernisierungsmaßnahmen (Giesl-Ejektor, Wendezugbetrieb) der preußischen Schlepptenderlokomotive P 8, mit der sie ja vieles gemeinsam hatte, im Hinblick auf Laufruhe (mit der Möglichkeit, kurz-

Seite 11:
Die 18 470 mm lange Leichtzug-Stromlinien-Tenderlok 61 001 der DR, Baujahr 1935.
RVM-Filmstelle

zeitig bis zu 120 km/h zu fahren) und auf das Anfahren überlegen und die insgesamt wohl bessere Maschine war, muß den Konstrukteuren als besonderes Lob angerechnet werden. Verschiedentlich gemessene 1140 indizierte PS und noch im Jahre 1953 am Zughaken festgestellte 1158, also effektive PS, sind zwar keine Weltrekorde gewesen, aber im Rahmen ihrer Altersklasse waren das durchaus Bestleistungen deutscher Länderbahn-Tenderlokomotiven in Einrahmen-Bauart. Im Betriebszustand bei der Deutschen Bundesbahn brachte die T 18 (Baureihe 78) im Dienst 106 t auf die Waage.

Natürlich herrschte bereits in den ersten Jahrzehnten nach 1900 bei fast allen Bahnverwaltungen der Welt eine gewisse Sparsamkeit in der Lokomotivdimensionierung mit Rationalisierungs- und Vereinheitlichungserfolgen. Aber ständig wachsende betriebliche Anforderungen und technischer Fortschritt provozierten „konstruktive Kräftespiele“, zwischenzeitlich auch mit Stahlguß- statt mit Walzstahl-(Blech-)Rahmen und mit größeren Reibungsmassen. Zugkraftstarke Schwerstarbeiterinnen und aufs Tempo drückende Fahrpläne erzwangen Lokomotiven, die man weltweit – jede in ihrer Epoche – zu den Größten zählte oder unter Teilaspekten in die Superlative einreihte. Dabei konnten durchaus Fehlinterpretationen der Leistungsdaten vorkommen. Nicht immer ging aus dem umfangreichen internationalen Quellenmaterial hervor, ob beispielsweise Zugkraftkenndaten aus der Maschinenleistung, aus der Kesselleistung oder allein aus der Reibungsmasse ermittelt worden sind.

Das weltweit zu ergründende Terrain der vermeintlich und realistisch größten Lokomotiven läßt sich weder mit Zwischenzeugnissen ihrer Konstruktionsurheber und Produzenten noch über die Unwägbarkeiten der Publikumspresse erfassen. Hilfreich ist aber das Studium der Archive und der internationalen Fachpresse, wobei allerdings manche Recherchen auf Widersprüche stoßen und mitunter im Gestrüpp einer technisch-literarischen „Sackgasse“ enden, was einen Neubeginn auf anderen Spuren erfordert. Selbst Superlativ-Publikationen ehrgeiziger Schienenfahrzeug-Unternehmen bedürfen oft genug einer Überprüfung, weil im Vergleich keine „genormten Maßstäbe“ anzulegen sind und weil es für diese Art der Komparistik weder Vorschriften noch Regularien gibt.

Die Gestaltung der Lokomotiven unter Beachtung der zuvor im Entwurf errechneten Hauptabmessungen ist viel zu kompliziert und umso schwieriger, je größer der Kessel im Verhältnis zur Spurweite der Lokomotive und vor allem zur Begrenzungslinie ist.

Die leistungsfähigste Reisezug-Tenderlok zu Robert Garbes Zeiten: die preußische T 18, hier Lok 78 192 der DB im Jahre 1966 in Aalen.

Vierlings-Eilgüterzug-Tenderlok Gattung GTO^3 Reihe 6300 der Niederländischen Eisenbahnen, bei Lieferung im Jahre 1930 war sie die schwerste Tenderlok der Welt.
Henschel-Archiv

Tenderlok Nr. 400 der Boston & Albany Railroad galt im Jahre 1928 laut Internationaler Eisenbahn-Kongress-Vereinigung als schwerste Tenderlok der Welt.

Die erste deutsche Dampflokomotive mit 23 t Achsfahrmasse, Borsig-Entwicklung für die Preussag. Borsig-Archiv

Die Fahrzeugumgrenzung umschließt wie ein Rohr die Lokomotive, die sich nur in der Längsrichtung entwickeln kann. Lange Kessel erhöhen die Masse. Lange, große Lokomotiven sind schwierige Fälle für die konstruktive Gestaltung des Gleisbogenlaufs. Die Sorgen der Ingenieure erstrecken sich hierbei auf die Größe der Richtkräfte in den Gleiskrümmungen. Damit werden drei der wichtigsten Problematik-Konstruktionslösungen für die Jumbos unter den Dampflokomotiven deutlich: Monströse Dampferzeuger mit maximal verfügbarer Kesselleistung, Ausbildung kräftiger und optimaler Kurven-Laufwerke sowie die Beherrschung der Eigenmasse im Hinblick auf den Fahrwiderstand der Lokomotive und die Oberbauverträglichkeit. Riesenlokomotiven können also durchaus zu wartungsunfreundlichen Sorgenkindern (mit nur kurzer Lebensdauer) werden. Es dürfte also ganz nützlich sein, einige Welt- und Europa-Rekordlerinnen unter den großen Tenderlokomotiven im vergleichenden Zusammenhang zu betrachten:

Im Jahre 1930 erhielten die Niederländischen Eisenbahnen von Henschel „die schwerste Tenderlokomotive der Welt", wie sie damals von der Monatsschrift der Internationalen Eisenbahn-Kongress-Vereinigung beschrieben wurde. Henschel selbst offerierte sie als Gattung GTO^{3} mit der Präzisierung „schwerste 2'D2'-Tenderlokomotive der Welt". Bei einer Dienstmasse (volle Vorräte) von 126,4 t und einer Länge über Puffer von 17 385 mm entwickelten diese normalspurigen Vierzylinder-Supertenderlokomotiven eine rechnerische Zugkraft von etwa 158 kN. Die Reibungsmasse der von Henschel in Kassel und Schwartzkopff in Berlin mit 22 Einheiten gelieferten Maschinen belief sich auf 72 t.

Wir wissen heute längst, daß die GTO^{3} in jener Zeit keinesfalls die schwerste Tenderlokomotive der Welt sein konnte. Die ALCO in den USA hatte schon 1928 für die Boston & Albany Railroad vier ebenfalls achtachsige Tenderlokomotiven, jedoch mit der Radsatzfolge 2'C3' in fünf Einheiten geliefert, von denen jede Lok mit vollen Vorräten 157,1 englische Tonnen (159,6 metrische Tonnen) auf die Waage brachte. Jene Amerikanerinnen, als „Double Ender" bezeichnet, übertrafen die Holländerinnen auch im Kuppelraddurchmesser (1600,2 mm gegenüber 1550 mm), in der Reibungsmasse (81,6 t gegenüber 72 t) und bei weitem in den Kesseldimensionen mit 5,6 m^2 (3,16 m^2) und 256,6 m^2 (167 m^2). Ob allerdings die Heizflächendimensionen der USA-Tenderlok auf wasser- oder feuerberührter Basis kalkuliert worden sind, geht aus der Veröffentlichung der Kongress-Zeitschrift nicht hervor. Im englischen wie im nordamerikanischen Lokomotivbau rechnete man im allgemeinen mit wasserberührten (nicht mit der feuerberührten) Heizfläche. Die wasserberührte Verdampfungsheizfläche ist ungefähr um das 1,08 bis 1,1fache größer als die feuerberührte. Die fünf „Double Ender“ beförderten meist zehn Ganzstahlwagen mit 500 t am Zughaken. Ihre rechnerische Zugkraft (Zwillingstriebwerk) wurde mit 18,7 englischen Tonnen genannt (entspricht etwa 190 kN). Lediglich der Gesamtachsstand der Amerikanerinnen war mit 13 004 mm etwas kleiner als derjenige der Niederländerinnen (14 050 mm), dementsprechend hatte auch die Länge über Kupplung mit 16 315 mm gegenüber 17 385 mm ein etwas kleineres Maß.

Dankenswerterweise ist von den beiden Tenderlokomotivriesenmaschinen die langgestreckte Einheit, nämlich die niederländische 2'D2' mit dem nicht ganz so leistungsfähigen Kessel und der etwas geringeren Zugkraft, in das Eisenbahnmuseum von Utrecht gekommen.

Natürlich haben die Konstrukteure im Laufe der folgenden Jahre noch ganz andere Tenderlokomotiv-Jumbos hervorgebracht: Als im Februar 1937 die Borsig-Lokomotiv-Werke in Hennigsdorf über ihre „erste deutsche Lokomotive mit 23 t Achsdruck“ berichteten, hieß es dazu erläuternd, daß die im Dienst 140 t wiegende, etwa 2500 PS starke 1'E1'h2-Tenderlokomotive für die Preußische Bergwerks- und Hütten-AG in Hindenburg (Oberschlesien) mit ihren 23 t Achsfahrmasse einen im Reichsgebiet vorher noch nie dagewesenen Rekord erreichte. Jene von Borsig entwickelte, übrigens auch von Schwartzkopff gebaute Normalspurlok für die Preussag ist in einigen Veröffentlichungen als „schwerste Tenderlokomotive Europas“ gepriesen worden. Immerhin, ein Kessel mit 5,3 m² Rostfläche und 248,6 m² Ver-

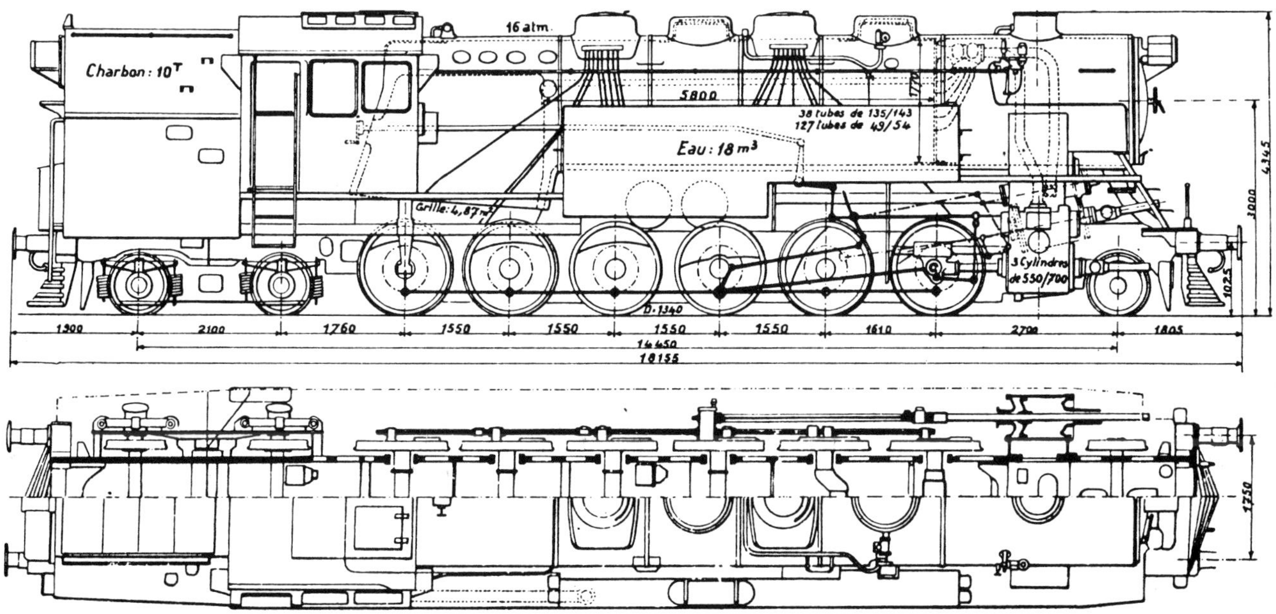

Die einzige Steifrahmen-Tenderlok der Welt mit mehr als acht Radsätzen: Baureihe 46 der Bulgarischen Staatsbahnen, zugleich eine der stärksten und größten Einrahmen-Tenderlokomotiven.

Bayerns repräsentative Steilrampenmaschine: Mallet-Lok 5773, spätere 96 023, Baujahr 1923 Krauss-Maffei

Die 18 820 mm lange Schwester-Lokomotive 61 002 mit 2'C3'-Radsatzfolge beim Verlassen des Henschel-Werkes im Jahre 1939 am Holländischen Platz in Kassel. Rheinstahl Henschel AG

dampfungsheizfläche entsprach der über Kupplung rund 15 m messenden, bulligen Sandbahn-Lokomotive, der größten einer von Borsig entwickelten, mit Tiernamen charakterisierten Typenreihe. Solche Lokomotiven sollten damals, laut Borsig, als Fahrzeuge ungeheuerer Kraft und Größe für sich selbst werben, wie dies ihre Gattungsbezeichnungen „Mammut", „Elch", „Wisent" und „Büffel" besonders hervorhoben.

Doch im Hinblick auf die Größe gibt es auch hierbei schon wieder ein Aber, denn die 1931 gebaute 1'F2'h2-Tenderlokomotive, Reihe 4, der Bulgarischen Staatsbahn, hatte schon Jahre zuvor die Borsigschen Riesen in den Schatten gestellt. Die von der Lokomotivfabrik L. Cegielski in Posen entwickelte und gebaute Sechskuppler-Tenderlokomotive besaß eine Länge über Puffer von 18 205 mm und eine Dienstmasse von 149,05 t. Diese sowie eine 1'D1'- und eine 1'E-Gattung sind für die Bulgarische Staatsbahn in zwei deutschen und zwei polnischen Lokomotivfabriken nach Einheitslokomotivgesichtspunkten, dem wuchtigen deutschen Reichsbahn-Stil angeglichen, entworfen worden. Die 1'F2'-Giganten waren dafür bestimmt, auf der Transbalkan-Strecke mit 16 km langen Steigungen schwere Züge mit 420 t bei einer Geschwindigkeit von 20 km/h, dazu mit Pernik-Braunkohlenfeuerung, zu befördern. Bei 14 500 mm Achsstand mußten kleinste Gleiskrümmungen bis herab zu 180 m Halbmesser zwanglos befahren werden. Es waren insgesamt zwölf gewaltige, viel beachtete Berglokomotiven, die sich in Leistung und Aktionsradius international sehen lassen konnten. Zwei weitere Lokomotiven wurden einige Jahre später von der Fabrik Chrzanow gebaut.

Und damit war der bulgarische Bedarf immer noch nicht gedeckt: Während des zweiten Weltkrieges baute Schwartzkopff die 1'F2' in Drillingsausführung, die 1943 in einer Serie von acht Maschinen (7 t Mehrmasse je Lok) die Werkhallen verließen.

Freilich reichte die Dampfleistung des mit Braunkohle beschickten Kessels nicht an die oberschlesischen 1'E1-Borsig-Giganten heran. Aber interessanterweise führte das Lokomotivversuchsamt Grunewald trotz Krieg im Oktober 1943 mehrere Probefahrten mit der Drillingslokomotive auf der Strecke Dresden–Freiberg durch. Das ist eine Strecke, die ähnliche Charakteristika aufweist wie Sofia–Pernik. Die Leistungsmessungen enthielten allerdings einige Diskrepanzen, zumal die im Grunewalder Sprachgebrauch als Kesselgrenze benannte Heizflächenbelastung von 57 kg/m²h für den großen Rost und hochwertige Steinkohle viel zu klein war. Jedenfalls ermöglichte die Perniker Förderkohle in Bulgarien indizierte Leistungen in der Größenordnung von 1400 PS.

Der mir bis zu seinem Ableben freundschaftlich verbundene Professor Adolph Giesl-Gieslingen (1903 – 1992) berichtete über die riesigen bulgarischen 1'F2'-Normalspur-Lokomotiven: „Unter den Tender-Lokomotiven der Welt waren sie die einzigen mit mehr als acht Achsen. Im Reibungsgewicht wurden sie lediglich von den viel langsameren bayrischen D'D-Mallets aus den Jahren 1914/23 sowie von den 1'E1'-Tenderlokomotiven mit 23 t Achslast übertroffen, die Borsig in den dreißiger Jahren für den Massentransport von Sand zum Auffüllen abgebauter Kohlenschächte im oberschlesischen Bergwerksgebiet geliefert hatte."

Die Beispiele zeigen, daß die äußerlich beeindruckende Lokomotivgröße, die Leistung und die Zugkraft von mehreren Faktoren abhängig sind und keinen „Proportionalitätsgesetzen" unterliegen. Wer denkt da nicht an die gewaltige 2'C3'h3-Stromlinienlokomotive 61 002 der Deutschen Reichsbahn. Bei 18 825 mm Länge über Puffer und 2300-mm-Kuppelradsätzen ist von der 1939 gelieferten, im Dienst 144 t wiegenden 61 002 eine Dauerleistung von 1600 PS erwartet worden, womit ein triebzugähnlicher Dienst mit 160 km/h Höchstgeschwindigkeit möglich gewesen wäre. Die konstruktiv für 175 km/h Spitzengeschwindigkeit ausgelegte Tenderlok besaß eine Reibungsmasse von nur 55,5 t. Zum vorbestimmten Leichtzug-Einsatz kam es jedoch nicht mehr, weil noch im Jahre 1939 der deutsche Schnellverkehr ein Opfer des Krieges wurde.

Bahnbrechende Tenderlokomotiv-Innovationen waren wohl in Anbetracht des zweiten Weltkrieges ebenso wenig zu erwarten wie avantgardistische oder experimentelle Stil- und Konstruktionsformen. Halten wir aber fest, daß – wie zuvor beschrieben – riesige Tenderlokomotiv-Giganten auf die Schienen kamen, die beinahe die Länge der berühmten schweizerischen „Krokodile" Ce 6/8II 14 266–285 der SBB (Länge über Puffer 19 460 mm) hatten!

Der Blick nach Frankreich eröffnet uns ebenfalls einen interessanten Betrieb größter Tenderlokomotiven beträchtlicher Ausmaße: Die 2'D2'h4v-Maschinen 242 BT 1-31 der Paris-Lyon-Mittelmeer-Bahn

Mit einer Länge über Puffer von 17 820 mm übertraf diese 2'D2'-Tenderlok 242 TA 11 der SNCF sogar das Längenmaß der bayerischen Mallet-Lok Gt 2 x 4/4, Aufnahme im Jahre 1959 in Kehl.

Die 15 330 mm lange 2'D2'-Tenderlok der ČSD erfuhr eine Leistungssteigerung durch den Giesl-Ejektor, Aufnahme der Lok, Reihe 464.0, im Mai 1967 in Prag. Giesl-Gieslingen

Die 17 300 mm lange tschechische 2'D2'-Tenderlok als Reihe 477.0 im Mai 1973 zwischen Prag und Kladno. Zeithammer

(PLM) des Jahres 1929 hatten 1650 mm Kuppelraddurchmesser, eine Dienstmasse von 117 t (Reibungsmasse 64 t) und eine Länge über Puffer von 17 825 mm. Mit 17 820 mm Gesamtlänge hatte eine andere 2'D2'h4v-Tenderlokgattung, die 242 TA, nach dem Vorbild der PLM-Baureihe 242 AT konstruiert, ein Längenmaß, das das der bayerischen Mallet-Lokomotive Gt 2 x 4/4 (17 700 mm) erheblich überschritt. Die französische, im Jahre 1929 erstmals gelieferte 242 TA war mit einer Dienstmasse von 123,3 t und einer Nennleistung von 1650 PS für die Eisenbahnen in Elsaß-Lothringen bestimmt, womit sie im schweren Reisezugdienst bei einer Reibungsmasse von 68 t hervorragende Zugförderungsaufgaben erfüllte und nachbeschafft wurde. Die bayerische Mallet der zweiten Lieferung (Reichsbahnnummern 96 016–025) war mit 131,1 t Dienstmasse die schwerere, aber langsamere (Schiebe-) Lokomotive.

Für die spanische Minenbahn I.N.I. entwickelte Arn. Jung 1952 eine gewaltige breitspurige 2'D2'-Einfachexpansions-Tenderlokomotive zur Beförderung schwerster Kohlenzüge in hügeligem Gelände. Mit einer Dienstmasse von 124,5 t und einer rechnerischen Zugkraft von 204 kN erreichte dieser Industriebahn-Jumbo bereits Dimensionen, die zur Reihe der größten, in der Nachkriegszeit seit 1945 gebauten deutschen Tenderlokomotiven zählte. Das war in einer Zeit, als eine ebenbürtige, aber normalspurige 2'D2'-Tenderlok als Drilling mit einer Dienstmasse von 128,7 t und einer Länge über Puffer von 17 300 mm in der Tschechoslowakei als Reihe 477.0 erschien, deren indizierte Leistung unter kurzzeitiger Ausnutzung der Kesselgrenze mit 2200 PS genannt wurde und damit der spanischen Kohlenzug-Lokomotive den Rang ablief.

Insgesamt zeigt sich die Fähigkeit der Konstrukteure vieler Lokomotivfabriken, sich gewisse Freiräume für die Entfaltung ihrer Kreativität im Großlokomotivbau zu erhalten.

Die 1'F1'-Tenderlok F 10 09 (Bauart „Javanic") als Bergriese auf Java-Kapspur, erste Tenderlok der Welt mit dieser Radsatzfolge, 28 Einheiten in den Jahren 1912 bis 1920 gebaut von der Hanomag und Werkspoor. W.A. Pearce

Die „Riesenräder“ der ganz Großen

Wo Dampflokomotivtechnik erdacht, entwickelt und erfahren wird, sind oft auch Begeisterung und Phantasie am Werk. Hellwaches Denken und Staunen des Publikums richten sich auf die fast ehrfürchtige Betrachtung übermannshoher Treib- und Kuppelräder. Stille Anerkennung für die Konstrukteure der Dampfmaschine und des gesamten Triebwerkes mit formvollendeten Speichenrädern und Gegengewichten wechselt zwischen mancherlei Entzücken und einer würdevollen Hommage. Und – die Pathetik sei erlaubt – erst das sich in Bewegung setzende großartige Dampflokomotivtriebwerk ruft die Faszination hervor, die sogar manchen Ästheten und Feingeist in eine fast träumerische Ideenwelt versetzte. Technische Phantasie und betriebswirtschaftliche Anforderungen schienen mächtige, geheimnisvolle Kräfte zu aktivieren. Und hatte nicht Karl Benz (1844 – 1929) in seiner jungenhaften Begeisterung die Lokomotiven als sein „Höchstes und Größtes“, als sein „alles“ bezeichnet! Rührte nicht vom Räderwerk die Benzsche Lieblingsidee des „pferdelosen Wagens“ her? Impulse gaben auch die damaligen stationären Kolbendampfmaschinen-Aggregate mit ihren „großkalibrigen“ Schwungrädern, die Bewunderung hervorriefen.

Die auffallende wohlproportionierte Größe fesselte viele Besucher der Weltausstellung 1900 in Paris. Dort wurde eine von Schneider, Creusot, nach Entwürfen von Ingenieur Thuile entwickelte hochbeinige Riesenlokomotive vorgestellt, die einen Luxuszug von 180 bis 200 t Anhängemasse in der Ebene mit mindestens 120 km/h befördern sollte. Was an dieser Super-Dampflokomotive mit ihrem fünfachsigen Tender besonders bestach, war nicht so sehr der Stirnführerstand. Die Faszination ging von den 2,5 m messenden Kuppelrädern aus. Das war eine Riesendimension, die in Paris als weltrekordverdächtig galt. Noch erstaunlicher war jedoch die Projektarbeit am „Système Thuile“, aus der ein noch nie verwirklichter Treib- und Kuppelraddurchmesser von 3 m hervorging! Die zugrunde gelegten 2,5 m erschienen allerdings realistischer, denn

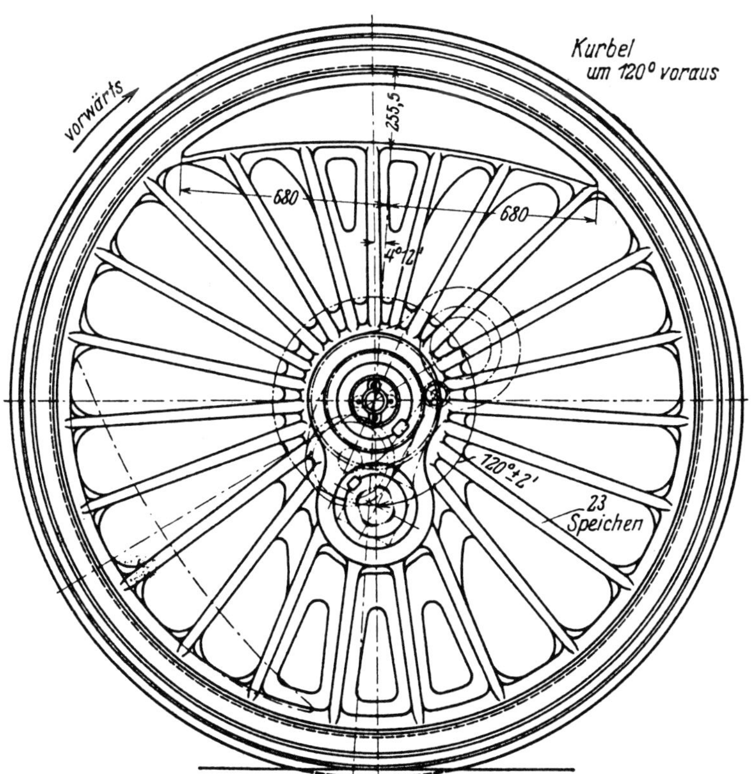

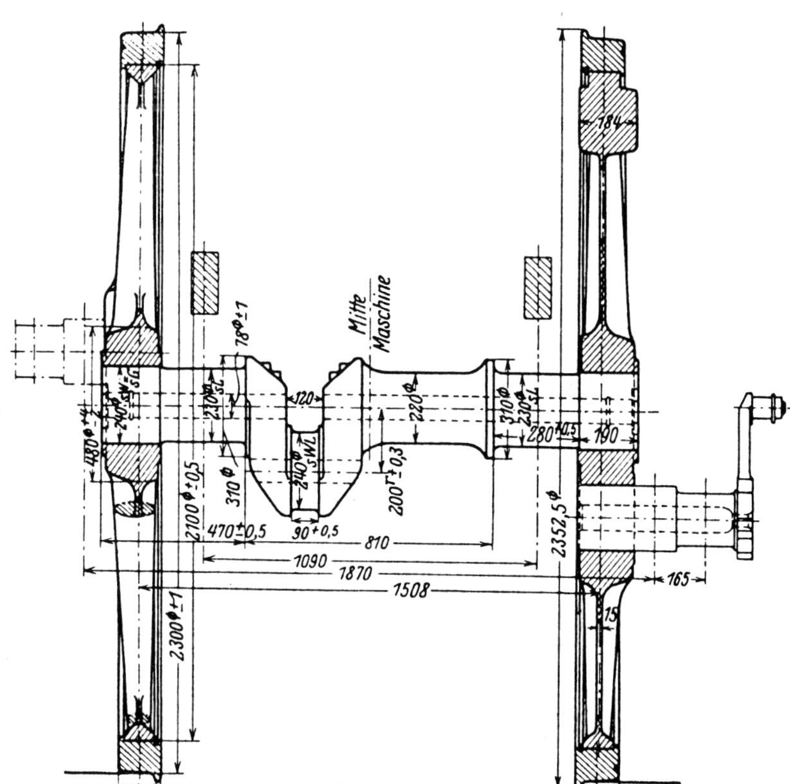

Skizze eines Kropfachs-Radsatzes der Baureihe 05

um unter diesen Umständen einen genügend großen Kessel innerhalb der vorgeschriebenen Fahrzeugumgrenzung unterbringen zu können, griff Thuile der Not gehorchend auf den alten birnenförmigen Kesselquerschnitt Kesslers zurück und verlegte den schmaleren Teil nach unten zwischen die hohen Kuppelräder. Bei Probefahrten im Mai und Juni 1900 auf der französischen ETAT-Strecke Chartres – Thouars sowie zwischen Château-la-Vallière und Noyant-Méon enttäuschte diese für damalige Zeit gigantische 2'B 3'-Maschine mit dem großen Fünfachs-Tender, wenngleich verschiedentlich 208 t gezogen und 117 km/h erreicht werden konnten. Thuile verunglückte, die Lokomotive neigte zu Entgleisungen und der Verschrottung im Jahre 1904 stand nichts mehr im Wege. Mehr als 900 PS am Zughaken sind ohnehin nicht ermittelt worden.

Thuile orientierte sich offensichtlich an den Riesendimensionen von „Jumbo-Treibrädern" anderer (Einzelgänger-)Lokomotiven. Es ist kaum zu glauben, aber darüber wurde tatsächlich berichtet: Die 1839 konstruierte Lokomotive „Hurricane" der Great Western Railway erhielt ein Fachpresse-Echo, das auf einen Treibraddurchmesser von 10 Fuß (3048 mm) hinwies! Doch auch die britische Bristol Exeter Railway konnte mit ihrer 2'A2-Tenderlokomotive „Blue Dervil" im Jahre 1853 ihr Renommee aufpolieren: 132 km/h Höchstgeschwindigkeit mit 2743 mm Treibraddurchmesser. Diese 9 Fuß Durchmesser hatten eine besondere Bewandtnis, denn sie galten als das größte, historisch und technisch belegte Raddurchmessermaß, das bis dahin jemals für eine serienmäßig gelieferte Lokomotive in Frage kam. Man berief sich hierbei auf die Bristol-Exeter-Lokomotive

Die größten Dampflokomotiv-Radsätze auf Reichsbahn- und Bundesbahn-Gleisen: 2300 mm Laufkreisdurchmesser der Treib- und Kuppelräder für die Schnellfahrlokomotiven 05 001–003, 61 001–002 und Reko-Lok 18 201. Im Bild 05-Lokomotive bei Borsig im Bau.

Stromlinien-Tenderlok 61 001 bei Henschel im Bau
Rheinstahl-Henschel AG

Nr. 46, die letzte von acht in den Jahren 1853 und 1854 gebauten Maschinen – natürlich nach heutigen Begriffen eine „Kleinserie“. Andere Dampflokomotiven mit „freiem Treibradsatz“, das waren eben ungekuppelte Bauarten, erreichten ebenfalls beachtliche Radabmessungen. Sie sind in der Zahlentafel als beispielhafte Ausführungen zusammengefaßt:

Treibrad- und Kuppelraddurchmesser von Dampflokomotiven
Auswahl-Liste der Größten

Lokomotivbauart	Laufkreisdurchmesser in mm
1A1-Lok „Hurricane“ der Great Western Railway (Baujahr 1839)	3048
2B-Experimentier-Lok der französischen Ingenieure Blavier und Larpent, Baujahr 1855	2840
2A2-Lok Nr. 46 der Bristol Exeter Railway, Baujahr 1853	2743
2A2-Lok Nr. 2002 der Great Western Railway, Umbaujahr 1868	2692
2A1-Lok Nr. 1 (System Stirling) der Great Northern Railway (Baujahr 1870)	2490
2B3-Lok, System Thuile, Frankreich, Baujahr 1900	2500
3A-Crampton-Lok „Liverpool“ der London & North Western Railway, Baujahr 1848	2438[1]
C-Lok „La Parisienne“ Versuchsbauart (à grande vitesse), System Estrade, Frankreich Baujahr 1886	2500
2C2-Schnellfahrlok 05 001 der Deutschen Reichsbahn-Gesellschaft, Baujahre 1934/35	2300
2C2-Stromlinien-Tenderlok 61 001 der Deutschen Reichsbahn-Gesellschaft, Baujahre 1934/35	2300
2B2-Schnellfahrlok, pr. Gattung S 9, Baujahr 1904	2200[2]
2B2-Schnellzuglok, bayr. Gattung S 2/6, Baujahr 1906	2200[2]
2B-Lok Nr. 999 der New York & Hudson River Railroad, Baujahr 1893	2184
2B1-Lok 6,01 der Österreichischen Staatsbahn, Baujahr 1894	2140
2B1-Lok, Gattung IId, der Badischen Staatsbahn, Baujahr 1902	2100
2C1-Schnellzuglok, bad. Gattung IVh, Baujahre 1917/18	2100
2C1-Bauarten deutscher Einheitslokomotiven 01, 02, 03, 04, 10, Baujahre 1925/1957	2000

[1]) Größte aller Crampton-Lokomotiven

[2]) Das Durchmessermaß von 2200 mm wurde in Deutschland nur für diese beiden 2B2-Bauarten vorgesehen. Im Jahre 1948 hatte Chapelon in Frankreich die 2200 mm für das Projekt einer 2C-Vierzylinder-Verbund-Stromlinien-Schnellfahrlok (250 km/h) vorgeschlagen.

Einer Rundfrage der Internationalen Eisenbahn-Kongress-Vereinigung bei den Bahnverwaltungen der Jahre 1903/04 zufolge überschritten die Treib- und Kuppelraddurchmesser der Schnellzuglokomotiven meist nicht das Maß von 2 m, was bei 300 Radumdrehungen je Minute einer Geschwindigkeit von 113 km/h entspricht. Im Maximum erreichten die Durchmesser 2,10 bis 2,15 m. Doch, so hieß es, bleibt er bei den meisten schnellen Lokomotiven darunter. Diese obere Grenze wäre zweckmäßigerweise beizubehalten, um eine Vermehrung der nicht abgefederten Lokomotivmasse, sowie „eine sonst unausbleibliche Verringerung des Kesseldurchmessers zu vermeiden. Die durch die großen Winkelgeschwindigkeiten hervorgerufenen Drosselungen des Dampfes kann man dadurch ausgleichen, daß man durch Anwendung von Kolbenschiebern größere Durchgangsquerschnitte herstellt. Bei drei- und vierfach gekuppelten Lokomotiven wählt man den Treibraddurchmesser nicht gern unter 1400 mm.“ Eine nicht allzu strenge Einteilung nach Kategorien erstreckte sich in jenen Jahren auf Schnellzuglokomotiven, Eilzuglokomotiven (überwiegend als Atlantik-Bauart) sowie Personen- und Güterzuglokomotiven des gemischten Dienstes (meist dreifach gekuppelt mit 1,5 bis 1,8 m Kuppelraddurchmesser). Vierkuppler erreichten durchschnittlich „bis zu 10 000 kg Zugkraft.“

Die Lokomotivfabrik Krauss & Comp. in München hatte damals ihre „Größenabstufung der Dampflokomotiven“ nach Pferdekräften geordnet, weil sie ungeachtet einiger Mängel immerhin den geeigneten Maßstab für die Leistungsfähigkeit einer Lokomotive gibt und „inzwischen allgemein üblich geworden ist.“ Trotzdem blieben die Raddurchmesser mindestens das „äußerliche Klassifizierungsmerkmal“ der Dampflokomotiven, was schon aus der beliebten Einführung und Einteilung nach Radsatz-(Achs-)Formeln hervorgeht. Auf die Kennzeichnung der im Rahmen nicht festgelagerten, also ausschwenkbaren Radsätze wird dabei oft aus verschiedenen Gründen verzichtet.

Zylinderleistung über 6000 PS: 2'D2'-Schnellzuglok Nr. 3771 der Santa-Fe-Bahn mit einem Kuppelraddurchmesser von 2032 mm, Dienstmasse von Lok und Tender 427 t, Baujahr 1938

Zylinderleistung rund 7000 PS: 2'D2'-"Niagara"-Lok 6005 (S-1b) der New York Central Railroad, Kuppelraddurchmesser 2007 mm, Dienstmasse von Lok und Tender 402 t, Baujahre 1945/46.

Die „rotierende Perfektion“ halbwegs einheitlicher Raddurchmesser konnte im Hinblick unterschiedlicher Maßsysteme, verschiedener Spurweiten und Bahnbetriebslogistik nicht erwartet werden, schon deshalb nicht, weil die betrieblichen Anforderungen jeweils und überall ganz andere waren. Trotzdem haben auch sonst nur selten zu findende Raddimensionen Schule gemacht: In der Sowjetunion gaben die Konstrukteure ihrer Stromlinien-Dampflokomotive Nr. 6998 den sonderbaren Raddurchmesser von 2,2 m für 180 km/h Konstruktionsgeschwindigkeit. Den zweitgrößten Treibraddurchmesser der Welt hätte wahrscheinlich die 3-m-Breitspurlokomotive der Radsatzfolge 4'D4'+ 4'4'4' + 4'D4' und der Gesamtlänge über Puffer von 93 m gehabt. Im Entwurf des Reichsbahn-Zentralamtes Berlin waren im Jahre 1943 für diese 250 km/h schnelle Dampflokomotive Stephensonscher Konzeption 3,0 m Treib- und Kuppelraddurchmesser sowie die sagenhafte Dienstmasse von 1070 t veranschlagt. Zwei 5-Zylinder-Verbund-Triebwerke mit errechneten 24 000 indizierten PS hätten für den Vortrieb dieses Giganten gesorgt. Aber das gehört ins Reich der Utopien. Da wirkten die 1740 mm hohen Treibräder der österreichischen 2'D-Lokomotiven, Reihe 570, eher bescheiden. Und doch: Sie hatte die größten bis dahin an irgendeiner 2'D-Dampflokomotive der Welt verwendeten Treib- und Kuppelräder! Die allergrößte mit 128 m Länge projektierte Dampf-Doppel-Lokomotive besaß nur 1400 mm hohe Triebradsätze, aber der Siemens-Schuckert-Entwurf vom Februar 1943 sah für das 3-m-Breitspur-Monster elektrische Leistungsübertragung mit 24 Fahrmotoren und insgesamt 52 Radsätzen vor!

Es muß jene „Übergrößen-Zeit“ eben auch als atemberaubendes Wachstum der Dampflokomotivtechnik gesehen werden, als Konstruktionssprung ohne Aussicht auf Verwirklichung. Oder war es nicht eher ein Glamour erträumter Nutzbarkeit? Aber wonach richten sich die Treibraddurchmesser eigentlich? Es wäre zu einfach, auf diese Frage mit ein paar Zahlenwerten zu antworten. Dazu ist ein Lokomotiv-Triebwerk viel zu komplex und in seinen Kräftewirkungen auch recht kompliziert. Treibrad und Schiene arbeiten zusammen als ein Reibgetriebe. Daß die Größe der Zugkraft aber nicht allein vom Kolbendruck und vom Reibwert, von der Anzahl, vom Durchmesser und von der Art der Dampfzylinder und vom Kolbenhub, sondern laut Zugkraftformel natürlich auch vom Treibraddurchmesser abhängig ist, muß hierbei ins Gedächtnis zurückgerufen werden. Viele Eisenbahnfreunde, aber durchaus nicht alle, haben das im „Gefühl“, ohne rechnen zu müssen: Kleine Räder für große Zugkraft (Güterzüge), große Räder für geringere Zugkraftansprüche, aber hohe Geschwindigkeit (Schnellzüge). Die Umdrehungszahlen der Räder sind geschwindigkeitsabhängig, womit die Dampfmaschine, das Kuppelstangensystem und die Treib- und Kuppelräder funktionsbestimmend sind. Hohe Geschwindigkeiten sind nur um den Kaufpreis großer Maschinenleistungen und – soweit es Kolbenstangentriebwerke betrifft – stattlicher Treibraddurchmesser zu haben, um die Rad-Umdrehungszahlen mit allen ihren Rückwirkungen auf das Getriebe zu beherrschen.

Die 1944 gebaute 2'D2'-Lok 841 mit siebenachsigem Tender der Union Pacific Railroad besaß einen Gesamtradsatzstand von 29 810 mm. Die Länge über Kupplung betrug rund 33 m und der Kuppelraddurchmesser maß 2032 mm.
ALCO

Die Kippgeschwindigkeit der Giganten

Die maximal zulässigen Drehzahlen der Dampflokomotiv-Treibräder waren bei den bedeutenden Bahnverwaltungen des „Dampfmaschinen-Zeitalters“ in den zu beachtenden Regeln und Vorschriften exakt fixiert. Zur Reichsbahn- und Bundesbahn-Ära sind die Höchstwerte der minutlichen Drehzahlen nach § 69 der überarbeiteten „Technischen Vereinbarungen“ (TV) als Empfehlung in den Konstruktionsbüros respektiert worden, wobei die Treibraddurchmesser möglichst nach DIN 1574/1576 zu wählen waren. Die mittlere Kolbengeschwindigkeit bei Spitzentempo sollte nicht größer sein als 8 bis 9 m/s. Der in den „Vereinbarungen“ empfohlene Drehzahl-Höchstwert von 340 U/min entsprach einem verschiedentlich umstrittenen Limit, das auf Probefahrten oft überschritten wurde und im Laufe weiterer lokomotivtechnischer Entwicklungen seine Berechtigung verlor. Ohnehin waren die einzelnen, den verschiedenen Lokomotivkonstruktionen zugeordneten Höchstdrehzahlen gewissen Toleranzen unterworfen. Bei schnellen (Stromlinien-)Lokomotiven ist man in Deutschland bis etwa 415 U/min einverstanden gewesen. Frühere sowjetische Dampflokomotivkonstrukteure der Jahre nach 1945 hatten rein rechnerisch mit Treibraddrehzahlen von 425 bis 475 U/min projektiert. Demgegenüber sollten in der Vorkriegszeit die Treibraddurchmesser deutscher elektrischer Lokomotiven mit Kuppelstangentriebwerken mindestens so groß gewählt werden, daß bei neuen Radreifen und Höchstgeschwindigkeit die Drehzahl maximal 350 U/min beträgt. Nur schwer mit damaligen Mitteln zu kontrollierende Massenkräfte und Schwingungen gehörten zu den Gründen. „Pionier“-Maschinen mit laufdynamischen Problemen waren im Planbetrieb nicht gefragt.

Richard Paul Wagner berichtete, daß das beim Entwurf der Borsig-Stromlinien-Dampflokomotive, Baureihe 05, vorgesehene Dreizylinder-Triebwerk einen Treib- und Kuppelraddurchmesser von mindestens 2300 mm verlangte, um bei Höchstgeschwindigkeit die Erfahrungswerte der Kolbengeschwindigkeit bisheriger Einheitslokomotiven nicht allzu schwer zu strapazieren. Das bedingte eine recht hohe Kessellage, weil leistungsfähige Dampferzeuger nicht einfach zwischen Räder der Radsätze herabgesenkt werden können. Die hohe Anordnung des Kessels setzte natürlich auch den Schwerpunkt der gesamten Lokomotive herauf, eine Situation, die mancher Konstrukteur verurteilte. Laut Wagner hat sich aber gezeigt, daß in Gleisbögen die den Fahrgästen noch zuzumutende Seitenbeschleunigung von 0,6 m/s^2 weit unter der sogenannten Kippgeschwindigkeit der Lokomotive liegt. Bei der 05-Lokomotive betrug sie im engsten, ohne Geschwindigkeitsermäßigung zu durchfahrenden Gleisbogen etwa 234 km/h.

Solche und andere Weltrekord-Dimensionen gigantischer Treib- und Kuppelräder sind bei aller Abwägung von Vorzügen und Nachteilen unterm Strich recht problematisch. Das beginnt bei der teuren Herstellung der riesenhaften Radstern-Gußstücke und endet noch lange nicht bei der konstruktiven

Der Kuppelraddurchmesser von 2030 mm gehört zur größten italienischen Vierzylinder-Schnellzug-Lokomotive, Baureihe 691 der FS.

2300 mm hohe Kuppelradsatzgruppe der Baureihe 05.

Längenentwicklung von solchen „Riesenrad"-Mehrfachkupplern. Die große ungefederte Eigenmasse, die vom Impuls der Radumdrehungen angeregte, von der Lokomotivbauart abhängige Eigenschwingungszahl des Schlingerns und die Lagerkräfte gehören durchaus zur Problematik. Und vergessen wir nicht: Riesenhafte Treib- und Kuppelräder mit ihren Wälz- oder Gleitlager-Triebwerken beeinflussen natürlich auch das Geschehen um den Fahrwiderstand der Dampflokomotiven. Die konventionellen Windkanalversuche mit Lokomotivmodellen konnten darüber kaum Auskunft geben, zumal sich zwar der Unterschied zwischen Scheiben-(Boxpok-)Rädern und Speichenrädern gerade noch manifestieren konnte, dabei aber nur hypothetischer Art war, weil das ganze Triebwerk mit seinen größten und kleinsten Rädern im Modellversuch stillstand.

Die Dampflokomotive, auch in ihrer monumentalen Dimension, erfüllte im allgemeinen ihre Zugförderungsaufgabe und ihre Funktion auf relativ einfache Weise perfekt. Trotzdem widersetzte sie sich manchmal dem „Erfindergeist": Wer denkt da schon beim Bestaunen einer 30 m langen hochrädrigen Stromlinienlokomotive an vermeintliche Nebensächlichkeiten! Weil die Kolbengeschwindigkeit der Dampfmaschine durch die Massenkräfte und die temperaturabhängige Schmierfähigkeit des Zylinderöls begrenzt ist, muß auch der Raddurchmesser mit seinem Kurbelkreis einer Beschränkung unterliegen. Und die Kippgeschwindigkeit ist für die meisten ohnehin eine Unbekannte. Und wer denkt überhaupt noch an die Dreizylinder-Pazifik-Schnellzuglokomotive der Baureihe 10 der DB?

Sie verkörperte in sich alle Konstruktionsgedanken, die man um die Mitte der fünfziger Jahre auf ihren Entwurf vereinigen konnte. Friedrich Witte schrieb noch im Jahre 1959 über diese vom Technischen Gemeinschaftsbüro der Vereinigung deutscher Lokomotivfabriken in Zusammenarbeit mit dem damaligen Bundesbahn-Zentralamt Minden/Westfalen entwickelte Baureihe: „Sie ist nicht nur ein Leistungsgigant, sondern die wohlausgewogene Schnellzuglokomotive, wie sie die heutigen und auf lange Sicht aufkommenden Aufgaben des schnellen Reisezugdienstes mit schweren Zügen verlangen. Die Höchstgeschwindigkeit, die Oberbau und Strecken hoffentlich bald wieder zulassen, ist zunächst auf 140 km/h begrenzt, der Achsdruck auf 22 t gebracht." Krupp erhielt den Auftrag zum Bau von zwei dieser teilverkleideten 2'C1'-Schnellzuglokomotiven, den modernsten der DB. Modern muß aber nicht unbedingt kompliziert und modellhaft bedeuten. Und das gilt auch für andere Dampflokomotiven mit meist großer Leistungsreserve.

Leistungsfragen und „modellhafte“ Bauausführungen

Kaum einer der früheren, hart arbeitenden Dampflokomotivkonstrukteure war besonders stolz auf seinen Zehn- oder Zwölfstunden-Tag, den er und seine am Reißbrett stehende Mitarbeitergruppe bei griffbereitem Rechenschieber unter Termindruck zu absolvieren hatten. Lokomotiv-Entwicklungen unterlagen damals wie heute einer unerbittlichen Konkurrenz, selbst wenn der Bauauftrag bereits im Hause war, jedoch ein Qualitätsvorsprung angesichts möglicher Anschlußbestellungen angestrebt werden mußte. Das galt bei Preisvorteilen selbstverständlich auch für Prototyp- und Versuchslokomotiven ebenso wie für das Hereinholen von Auslandsaufträgen. In Anbetracht internationaler Spitzenkonstruktionen war man schon in der Dampflokzeit vermehrtem Beweisdruck unter den Aspekten der Betriebswirtschaft und Zuverlässigkeit ausgeliefert. Wer diese unvermeidbare Vergleichssituation unter den Anbietern kennt, versteht auch die mitunter hektischen Aktivitäten der Entwurfsbüros, um im meist unnachsichtig kurzfristig terminierten Ausschreibungsverfahren innerhalb und außerhalb der Landesgrenzen mitzuhalten. Dabei galt es, nach Möglichkeit die eigene ungebrochene Individualität zu wahren, mit der die durchaus positiv zu bewertende Unverwechselbarkeit der eigenen Konstruktion erreicht und manchmal auch durchgesetzt werden kann, obwohl bei bedeutenden und großen Bahnverwaltungen die Normung und die vereinheitlichten Austauschteile zur Bau- und Liefervorschrift gehörten. Auslandserfahrungen waren schon immer gefragt, zumal bereits vor dem zweiten Weltkrieg die deutsche, die britische und die nordamerikanische Lokomotivindustrie in besonderem Maße exportabhängig waren. Denken wir hierbei an Professor Felix Meineke (1877 – 1955) und Oberreichsbahnrat Friedrich Röhrs, die 1949 in ihrem Buch „Die Dampflokomotive“ schrieben: „Wie der Schriftsteller seinen Stil durch vieles Lesen bildet, so muß der Konstrukteur viele Zeichnungen sehen und auch wissen, was in anderen Ländern geschieht. Darum sind wir in diesem Buche an verschiedenen Stellen auf bemerkenswerte Konstruktionen und Baugepflogenheiten eingegangen, ohne allerdings damit einen Anspruch auf Vollständigkeit zu erheben. Solche ausländischen Beispiele sollen den Gesichtskreis erweitern und den Leser zur kritischen Betrachtung und zu eigenem Urteil anregen. Vor allem aber schule er seinen Blick an den Schöpfungen begabter Konstrukteure in Vergangenheit und Gegenwart und erziehe sich selbst immer wieder zu systematischer wissenschaftlicher Arbeit.“

Wissenschaft fängt allerdings nicht erst da an, wo man sich im Fußnotengestrüpp verirrt. Die Bewältigung lokomotivtechnischer Probleme, Motive und Ziele dieser oder jener Konstruktion, die Aktivitäten vom Zeichenbrett bis zur Meßfahrt beruhten besonders im Dampflokomotivbau zu einem guten Teil auch auf Erfahrungen, Versuch und planerischem „Fingerspitzengefühl“. Als zahlreiche der letzten Riesendampflokomotiven in aller Welt den Dienst quittieren mußten, fragten viele Unbeteiligte und Laien nach der Notwendigkeit und Leistung solcher „Dinosaurier der Schienen“. Dabei wird oft vergessen, daß solche Lokomotiven nicht nur den Betriebsanforderungen ihrer Liefergegenwart, sondern möglichst auch ihrer Zukunft gerecht werden müssen. Dampflokomotiven waren gewöhnlich mit einem Lebensalter von etwa 30 Jahren zu veran-

Eine der größten europäischen Steifrahmenlokomotiven: 1'E1'h2-Baureihe „My alpha“ der Griechischen Eisenbahnen, indizierte Leistung 2830 PS, Baujahr 1954. Breda

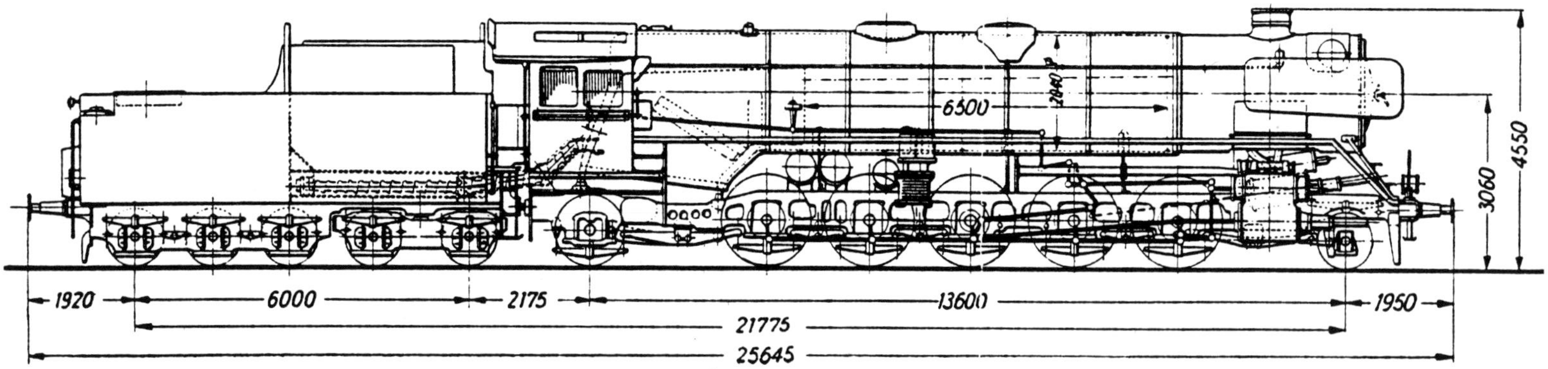

Deutschlands größte Serien-Dampflokomotive für den Güterzugdienst: 1'E1'h3-Lok, Baureihe 45 des Jahres 1938, Länge über Puffer 25645 mm, das Maßbild zeigt die Nachkriegs-Umbauversion mit Stoker.

schlagen, so daß Leistungsreserven schon beim Entwurf ihre Berechtigung hatten, um einen möglichst jahrzehntelangen Gebrauchswert der Lokomotive zu sichern und ihre Leistung in weiten Grenzen anpassungsfähig zu halten, was besonders für große Bahnnetze mit variantenreichen Betriebseinsätzen gilt. Natürlich haben die Dampflokomotiven ihre eigenen Leistungsnachteile. Sie mußten je nach Bauart und wegen ihrer großen Eigenmasse, aber auch aus Gründen der Laufgüte zusätzliche, nicht angetriebene, meist in besondere Dreh- oder Schwenkgestellen untergebrachte Trag-Radsätze, auch sogenannte „Schlepp-Radsätze", darüber hinaus die Wasser- und Kohlenvorräte an Bord (Tenderlokomotiven) oder im Tender (Schlepptender-Lokomotiven) mitführen. Und das war eine höchst unliebsame Dienstmasse (Dienstgewicht). Eine solche Masse verlangte, besonders auf Steigungs- und Gleisbogenfahrt wie auch bei Beschleunigungsvorgängen, eine Leistungssteigerung, für die Kessel und Dampfmaschine aufkommen mußten. Die Leistungsreserve, auch zur Aufholung von Verspätungen mit ausreichender „Beschleunigungszugkraft", war also zwingend notwendig.

Die Beschäftigung der Ingenieure mit der Verdampfungsleistung des Kessels, mit der abgestimmten Blasrohrwirkung und dem Maß der Veränderung der Leistung in Abhängigkeit von der Fahrgeschwindigkeit war eine höchst wichtige Basis für die Auslegung des Lokomotiv-Entwurfs. Solche Überlegungen waren ausschlaggebend für die betriebliche Leistungsfähigkeit der fertigen Lokomotive. Hans Nordmann vom Eisenbahn-Zentralamt Berlin schrieb noch 1926: „Es gibt vorläufig nur einen Weg, die Vorgänge in der Lokomotive zutreffend darzustellen, das ist der Weg des Versuchs. Gewiß sind wir in der Lage, Lokomotiven zu entwerfen, die ein gestelltes Programm erfüllen. Aber das genaue wirtschaftliche und betriebliche Verhalten der Lokomotive ist, um mit einer Anlehnung an die Kant'sche Philosophie zu sprechen, nicht ein Urteil a priori, sondern ein solches a posteriori."

Eine solche beinahe verblüffende Auffassung zeugt eigentlich von der spannenden Weitschweifigkeit der Lokomotivtechnik, und sie hilft über Wissenslücken hinweg. Die in den unterschiedlichen in- und ausländischen Literaturquellen auffindbaren technischen Daten ließen mitunter Mängel erken-

Umbau-Lok H 45 024 der DR: Zwangsumlaufkessel La Mont, Kohlenstaub-Kondensationstender, Länge über Puffer 27 350 mm, im Jahre 1951 auf der Leipziger Messe gezeigt. Sammlung Stoffels

nen. Ob Dampfkesselheizflächen für die feuer- oder wasserberührten galten, ob Leistungen am Zughaken, am Radumfang oder in den Zylindern gemeint sind, ob Dienstgewichte mit vollen oder Zweidrittel-Vorräten aufzufassen sind, hinterließ nicht immer das gute Gefühl der Zweifelsfreiheit. Umgerechnete und abgerundete Zahlenergebnisse, Extrapolationen oder mehr oder weniger plausible Annahmen waren, besonders im Fremdsprachen-Schrifttum, nicht in jedem Falle überzeugend nachvollziehbar. Doch die meist verhältnismäßig kleineren, unter verschiedenen Voraussetzungen entstandenen Dimensionsabweichungen sind hier durchaus vernachlässigbar. Es helfen die Richtwerte und die Größenordnungen über gewisse Differenzen hinweg. Auch ein solches Vorgehen hat seine Reize als sinnvolle und streiflichtartige Revue einer Verkettung eisenbahntechnischer Vergangenheit mit der Gegenwart.

Außergewöhnliche Leistungen großer und größter Lokomotiven boten wiederholt willkommene Impulse für Werbe- und Publizitäts-Manager der Industrie, um mit Superlativen und solchen „Musterlokomotiven" die Öffentlichkeit zu beeindrucken – eine Vorgehensweise, die in den USA und bei den dortigen privaten Eisenbahngesellschaften sehr ausgeprägt war. Sogenannte „modellhafte Bauausführungen" machten auch in Europa die Runde, obwohl selbstverständlich die Mustergültigkeit, auch bei den Riesenlokomotiven, nicht außer acht blieb. Die deutschen Sechskuppler, die 05, die 01^{5}, die 01^{10} und die Chapelon-Konstruktionen gehörten dazu. Aber auch Leichtfertigkeit und freizügige Interpretationen blieben da nicht aus. Eines der Beispiele ist die in 20 Einheiten gelieferte griechische 1'E1'h2-Dampflokomotive My (alpha). Die von der Società Breda in Zusammenarbeit mit der Ansaldo S.p.A. und den Officine Meccaniche Nuovo Reggiane entwickelten und von den beiden erstgenannten Unternehmen in den Jahren 1953 und 1954 gelieferten normalspurigen Mammut-Maschinen, teils mit Stoker (Stein Roubaix Typ HT 1), teils mit Ölfeuerung ausgerüstet, besaßen eine Kylchap-Doppelblasrohr-Saugzuganlage und eine Beyer-Hadfield-Kraftumsteuerung. Der Innendurchmesser des mächtigen, für 18 bar ausgelegten Dampfkessels betrug 2100 mm, der Rohrwandabstand maß 6100 mm. Zweifellos handelte es sich um Riesenlokomotiven, die übrigens einen Brennkammer-Kessel erhielten. Jede dieser Lokomotiven brachte einschließlich Vier-

044 277 am 1. April 1975 auf der Drehscheibe in Altenbeken.

Mit 22 632 mm Gesamtlänge und 19 182 mm Gesamtradsatzstand mußte die sächsische 1'D1'h4v-Schnellzuglok 19 011 auf der 20-m-Drehscheibe gewendet werden können. RVM-Filmstelle

achstender eine Dienstmasse von 136 + 68 = 204 t auf die Waage. Bei 24 930 mm Länge über Puffer hatte man den Gesamtachsstand auf 21720 mm bemessen, womit die Lok auf 20-m-Drehscheiben nicht mehr unterzubringen war. Für die italienische Industrie, die schon geraume Zeit vor dem zweiten Weltkrieg keine „großkalibrigen" Dampflokomotiven mehr gebaut hatte, waren die 20 Griechinnen ein harter Brocken. Und schon nach relativ kurzer Betriebsdauer wurden im Jahre 1958 einige konstruktive Änderungen der großen Kessel bei Henschel in Deutschland vorgenommen. Natürlich, ein Dampferzeuger mit 5,6 m^2 Rostfläche, mit 316 m^2 feuerberührter Heizfläche und 128 m^2 Überhitzerfläche besaß enorme Ausmaße, welche die deutschen Riesen der Baureihen 05 und 45 übertrafen. Für die griechischen Maschinen hatte man immerhin die größte indizierte Leistung bei 90 km/h mit 2830 PS ermittelt. Das Gesamtbild wandelt sich allerdings mit dem überschlägigen Ergebnis einer lokomotivvergleichenden Studie:

Im Hinblick auf Leistung und Dienstmasse gab es mit der Reichsbahn-Baureihe 45 etwa ähnliche Größenordnungen. Die Länge über Puffer der Reichsbahn-Lok 05 003, übrigens der erste Fall der Anwendung einer Verbrennungskammer in deutschen Lokomotiven, erreichte nahezu 27 m. Die Dienstmasse der 05 wurde (einschließlich Tender) mit rund 216 t genannt. Darüber hinaus sind für die 05 002, allerdings unter voller Ausnutzung der Kesselreserve, 4000 indizierte PS als Kurzzeitleistung festgestellt worden. Außerdem ergibt die Komparistik bei der Reichsbahn-Einheitslok eine Länge über Puffer von 25 645 und bei der H 45 024 eine solche von 27 350 mm!

Welche europäische Dampflok war nun die größte? Waren es französische, spanische, sowjetische, deutsche oder die in Italien gebauten griechischen Dampflokomotiven? Jedenfalls muß die größte nicht auch die leistungsfähigste sein. Das wird sich auch bei anderen vergleichenden Darstellungen noch zeigen. Die Gründe, das Warum und Wieso, bereichern jede angestrebte Bestandsaufnahme einer oberen Rangstufe recht interessanter, bisweilen sensationeller „Maximum"-Lokomotiven.

Große Premieren, die erste erwartete Ausfahrt einer in vollem Glanz erstrahlenden, mächtigen Stromlinien-Dampflokomotive, wurden auf der Welt zwar nicht in jeder Saison gefeiert, dennoch legten die Projekt- und Konstruktionsbüros bedeutender Lokomotivhersteller kaum freiwillig Pausen ein. Sie setzten viel eher erneut an zu einem Novitäten-„Powerplay" in mehr oder weniger bemerkenswertem Umfang, wobei Winzlinge der Lokomotivkonstruktion nicht unbedingt ins Abseits gerieten. Die Dampflokomotive war einmal der Motor der Entwicklung, auch bei abgeschwächter Konjunktur brauchte man das Reißbrett. Erfolg und Krise machten die Projektionsbüros munter, selbst wenn Lieferaufträge in weite Ferne rückten. Man konnte trotz solcher Situationen des nicht ruhenden „Brain Storming“ mitunter vom geballten technischen Sachverstand sprechen, der – falls er zum Zuge kommt – die betriebswirtschaftliche Alltagsprosa ins Wanken zu bringen drohte. Riesenlokomotiven waren zugkräftig genug, vor allem auf den über tausend Kilometer langen Strecken der USA und Kanadas sowie auf den Schienensträngen der Weiten Rußlands und Australiens, kilometerlange Schwerlastzüge zu schleppen. Solche „Dienstleistungen der Super-Lokomotiven“ veränderten die Zugförderungskapazitäten. Mehrere Zugfahrten konnten durch einen einzigen Langstreckentransport ersetzt werden. Was zwei oder drei Lokomotiven vor einem Zug leisteten, schafften achtachsige Mallets oder mächtige Doppel-Pazifik-Garratts allein.

Aber die Beförderung von Schwerlastzügen mit Dampflokomotiven bildete durchaus kein „Privileg“ ausländischer Bahnen. Auf Ölhauptfeuerung umgebaute, 22 620 mm lange und im Dienst 186,1 t wiegende deutsche 1'E-Dreizylinder-Dampflokomotiven der Baureihe 44 des damaligen Bahnbetriebswerkes Halle G waren in der Lage, 3000 t schwere Kesselwagenzüge zu befördern. Andere, ebenfalls ölgefeuerte 44er des Bahnbetriebswerkes Wittenberge zogen sogar bis zu 4000 t wiegende Getreidezüge im norddeutschen Raum, teils im grenzüberschreitenden Verkehr, allerdings mitunter in Zweifachbespannung. Kein Wunder, daß diese bulligen Drillingsmaschinen bei den Eisenbahnfreunden oft als „Jumbos“ im Gespräch waren.

Die 44er sind die Schwerarbeiterinnen unter den deutschen Einheits-Güterzuglokomotiven gewesen, deren erste zehn Probeausführungen im Jahre 1926 von Henschel, Schwartzkopff und Esslingen kamen. Hinsichtlich Stückzahl und Leistung hatte die 44er ihre etwas sparsamere Zwillingsschwester, Baureihe 43, mit fast 2000 gebauten „Jumbos“ bei weitem übertroffen. Die Baureihe 43 zählte nur 35 Einheiten. Für beide Baureihen galt die Fahrzeugumgrenzung II, womit im Vergleich zu den Reichsbahn-Schnellzuglokomotiven 01 und 02 die Kesselmitten um 50 mm auf 3150 mm über Schienenoberkante angehoben und die Kesselaufbauten großzügiger ausgebildet werden konnten. Spätere Ausführungen der Baureihe 44 mußten jedoch auf die höhere Kessellage verzichten und beim „Standardmaß“ von 3100 mm über SO bleiben. Die indizierte Zugkraft der zehn Vorauslokomotiven 44 001 –010 wurde mit etwa 285 kN, die indizierte Leistung mit 1910 PS ermittelt.

Doch die tatsächlich leistungsstärksten Kraftprotze dieser Baureihe waren die beiden Mitteldruck-Versuchslokomotiven 44 011 und 012, die während ihrer Erprobung eine indizierte Leistung von stolzen 2350 bis 2530 PS als Kurzzeitspitzen zustande brachten! Leider konnten trotz solcher Rekord-Leistungen die beiden Versuchsmuster während ihres Betriebes nicht bestehen. Ihr leistungsmindernder Umbau auf Standard-Dimensionen blieb nicht aus.

Wegen mehrerer Kinderkrankheiten einschließlich hohen Dampfverbrauchs mußten sich aber auch die Serienausführungen manche Änderung gefallen lassen. Erst ab Betriebsnummer 44 066 fanden die „Jumbos“ ihre modellhafte Form, in der sie dann eine wahre und zuverlässige Fleißarbeit leisteten.

Mit der Serienproduktion wurden außer den ge-

Teilansicht des Triebwerks äußerer Steuerung der sächsischen Lok 19 013 mit 1905 mm Kuppelraddurchmesser.

Die 2'BC2'-Vierzylinder-Serienbauart Q-2 der Pennsylvania Railroad, schwerste und im Bereich hoher Geschwindigkeiten leistungsfähigste Steifrahmen-Serien-Dampflokomotive der Welt, Baujahre 1944 bis 1946

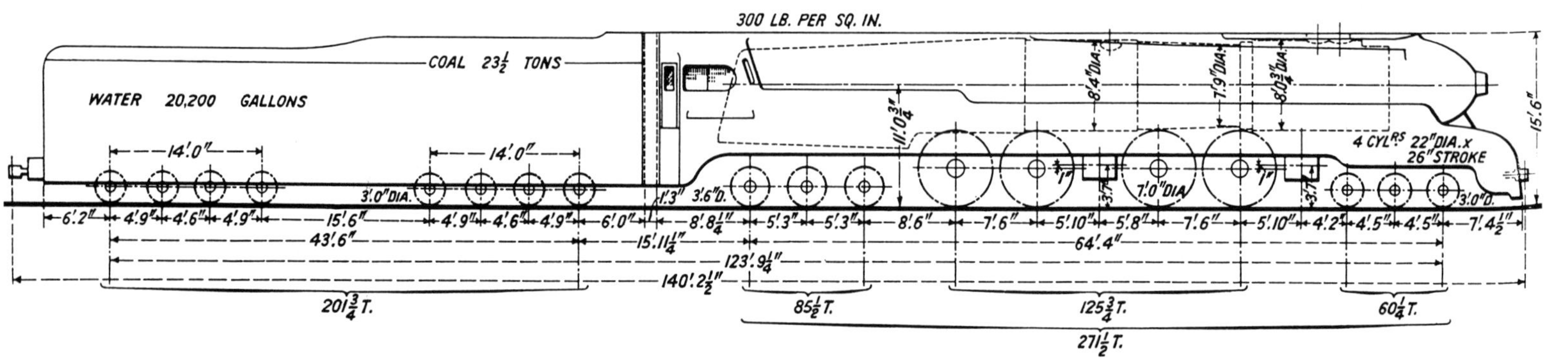

Riesenlokomotive der meisten Superlative: Genannt „The Big Engine", Klasse S 1 der Pennsylvania-Bahn, hatte sie 3'BB3'-Radsatzfolge mit achtachsigem Tender, einen Kessel für maximal 54,5 t/h Dampf, eine indizierte Höchstleistung von 8200 PS und 32 t Achsfahrmasse. Außerdem erhielt dieser Koloß (Nr. 6100) den größten damaligen Stahlgußrahmen der Welt. Gesamtlänge der Lok 42750 mm!

nannten Erstlieferern Krupp, Borsig, Krauss-Maffei, Grafenstaden, die Wiener Lokomotivfabrik, Chrzanow (Krenau), Schichau, Cail, Five-Lille und Batignolles, Schneider & Cie sowie Frichs in Dänemark beauftragt. Nachkriegsaufträge führten noch LEW Hennigsdorf (mit Dampfkesseln von Frichs) und wiederum einige französische Hersteller aus. Wohl kaum eine deutsche Einheitslokomotive – außer der Baureihe 50 (die nicht als Einheitslokomotive geltenden Kriegslokomotiven hierbei unberücksichtigt) – ist von derart vielen Fabriken, zuletzt aus Bauteil-Restbeständen, gebaut worden wie die 44. Und vor allem nach Ausrüstung zahlreicher Einheiten mit Ölfeuerung, Kohlenstaubbeschickung, Stokerbedienung und Mischvorwärmer lieferte die Baureihe 44 weiterhin respektable Dienstleistungen. Noch in den fünfziger Jahren holte man die schwarzen Jumbos zum Schleppen der 1800 bis 2400 t schweren Erzzüge ins Emsland. Noch waren auch die Kohle-Lokomotiven im Einsatz. Mit schweren Auspuffschlägen war damals die enorme Kraftanstrengung der Lokomotiven zu spüren. Zur Kulisse jener Zeit auf der Strecke zwischen dem Ruhrgebiet, Rheine und Emden gehörten die mächtigen, mit Rauch vermischten Dampfwolken der unvergessenen 44er Lokomotiven.

Drehscheibenprobleme, Bogenlauf und Garratt-Lokomotiven

Der Maschinentechnische Dienst, die Gleisanlagenbauer und die Lokomotiv-Ingenieure waren während der Dampflokomotivzeit in ihren Planungen ganz besonders stark voneinander abhängig. Sie hatten gegenseitig Rücksicht zu nehmen, sowohl bei der Achsfahrmassen- und Gleisbogen-Dimensionierung als auch bei den Abmessungen der Dampflokomotivschuppen, der Standlängen in den Werkstätten und in der Wahl der Drehscheiben-Durchmesser.

Für die Bemessung der Drehscheiben war der maximale Radsatzstand der Dampflokomotiven einschließlich ihrer Tender ein ganz entscheidendes Maß. Damit die Kreisbewegung des Drehscheiben-Hauptträgers durch überstehende Radspurkränze nicht behindert wurde, ferner um einen gewissen Spielraum beim Anhalten und Festbremsen der Lokomotiven zu haben, wählte man die Drehscheiben-Fahrbahnlänge um etwa 800 bis 1000 mm größer als der längste Radsatzstand der in Betracht kommenden Lokomotiven. Trotzdem wandelte sich manchmal des Befahren von Drehscheiben in viel Geschick erforderndes Manövrieren. Die alten 16 bis 20 m langen deutschen Drehscheiben besaßen starre durchlaufende Hauptträger, die in der Mitte auf dem sogenannten Königstuhl auflagen. Mit dem Erscheinen der Einheits-Dampflokomotiven der Reichsbahn wurden Einheits-Drehscheiben mit 23 und 26 m Durchmesser und gelenkigem Hauptträger entwickelt. Mit der Unterbringung der von der französischen Paris-Lyon-Mittelmeerbahn (PLM) für das Algerische Normalspurnetz beschafften (2'C1')(1'C2')-Garratt-Lokomotiven wäre man freilich gescheitert. Lok-Überlängen erfordern Konstrukteurs-Talent. Bei der sächsischen 1'D1'h4v-Schnellzuglokomotive, Gattung XX HV (spätere 19⁰), wird besonders deutlich. daß man sich in der konstruktiven Längenentwicklung beträchtliche Beschränkungen auferlegen mußte. Der Zwang, die große im Jahre 1918 erstmals gelieferte Schnellzuglokomotive – ihrerzeit gern als leistungsfähigste Europas tituliert – auf den alten sächsischen 20-m-Drehscheiben wenden zu müssen, begrenzte den Gesamtradsatzstand von Lokomotive und Tender auf 19 182 mm. Dabei mußte das Lokpersonal auf der Drehscheibe viel Können und Augenmaß walten lassen, um die 22 632 mm lange Riesenmaschine wendesicher anzuhalten, obwohl ein akustisches und optisches Signal des Betriebsbeamten mithalf, die Lokomotive in Position zu bringen. Mit der Jahrzehnte später zur 24 435 mm langen Bremslokomotive umgebauten 19 017 und dem dann zugehörigen Tender 2'2'T 38 hätte man auf der 20-m-Drehscheibe „Schiffbruch" erlitten, denn der Gesamtradsatzstand der bei vollen Vorräten 182 t wiegenden Schlepptenderlok belief sich nun auf 21 110 mm.

Ähnliche Probleme hatten auch die Italienischen Staatsbahnen mit ihren großen Pazifik-Schnellzuglokomotiven, Gruppe 690 (Radsatzstand 19 455 mm), Gruppe 691 (Radsatzstand 19 840 mm) und der schließlich nicht mehr gebauten Dreizylinder-Pazifik-Lok, Gruppe 695 (Radsatzstand 20 215 mm). Auch die über Puffer 24 820 mm lange 2'B2'n3v-Schnellfahrlokomotive, Gattung S 9 der Preußischen Staatsbahn, war schon im Jahre ihrer Fer-

Einheitsschnellzuglokomotive auf der 23-m-Drehscheibe in Siegen. Siemag

Die 26 300 mm lange Stromlinienlok 05 001 besaß nahe an die Kuppelradsätze herangerückte Drehgestelle, womit sie gerade noch Platz auf der 23-m-Drehscheibe fand. Lichtbildstelle BD Nürnberg, Collection Haas/Sammlung Gottwald

Die 25 m lange 2'D1'-Schnellzuglok 498.106 der ČSD sehen wir hier bei 21180 mm Gesamtradsatzstand auf der Drehscheibe in Přerov (Prerau). Z. Bauer

tigstellung, nämlich 1904, bei 20 785 mm Radsatzstand einschließlich vierachsigem Korridor-Tender auf 20-m-Scheiben nicht mehr unterzubringen. Jene verkleidete, kastenförmige, mit Seitengang und Stirnführerstand ausgerüstete Lok der Bauart Kuhn besaß ein Dreizylindertriebwerk nach einem Vorschlag Wittfelds sowie getrennte Steuerungen jeweils für Innen- und Außentriebwerk sowie 2200 mm hohe Kuppelräder. Mit 148 t Dienstmasse (Lok und Tender) war die später daraufhin umgebaute Lokomotive bei Lieferung viel zu schwer.

Schließlich gab es auch für die Drehscheiben-Hauptträger – ganz gleich, ob starre Langträger oder gegliederte Gelenkdrehscheiben – vorgeschriebene Belastungsgrenzen (mit Sicherheitszuschlägen). Die Ausgabe 1930 der Technischen Vereinbarungen des Vereins deutscher Eisenbahnverwaltungen hatte für Schnellzuglokomotiv-Drehscheiben ebenso wie für Schiebebühnen ein Mindestmaß von 23 m empfohlen, nachdem sich die Drehscheiben-Nutzlänge in dieser Nenn-Größe seit Mitte der zwanziger Jahre in mehreren, an Hauptstrecken gelegenen Bahnbetriebswerken als sinnvoll erwiesen hatte. Die Behelfsmaßnahme, große Lokomotiven vor dem Wenden auf kleinen Voll-Drehscheiben oder zu kurzen anderen Drehscheiben von ihrem Tender zu trennen und die Wendemanöver einzeln auszuführen, bewährte sich nicht. Viele umgerüstete Drehscheiben waren inzwischen auf 23 m Durchmesser vergrößert worden. Ende der dreißiger Jahre ging man bei neuen Anlagen fast ausschließlich auf 26-m-Ausführungen über.

Die Französische Nordbahn entschied sich in jenem Jahrzehnt für 24-m-Drehscheiben mit 180 t Tragfähigkeit. Im dortigen Bahnbetriebswerk Joncherolles hatte man eine solche Drehscheibe sogar für 225 t. Auf Maßnahmen zur Milderung der Stöße beim Auffahren von Lokomotiven hoher Achsfahrmasse – Dämpfungseinrichtungen wie sie damals verschiedentlich bei neuen deutschen Drehscheiben vorgesehen wurden – ist bei der Französischen Nordbahn verzichtet worden, weil in manchen Fällen durch die Dreiteilung des Hauptträgers der gleiche Erfolg zu erzielen war.

Hätten die Eisenbahnen der Sowjetunion die 33,6 m lange 2'G2'-Siebenkuppler-Lokomotive, Gattung AA, ihrerzeit größte Einrahmen-(Starr-Rahmen-) Dampflokomotive außerhalb der USA, mit Erfolg planmäßig eingesetzt, dann wären Drehscheiben nötig gewesen, die für einen Radsatzstand (Lokomotive und Tender) von 30,65 m[1] aufnahmefähig gewesen wären. Andernfalls hätte das Wenden dieser überlangen Maschine auf Gleisdreiecken stattfinden müssen, wobei Gleisbogenhalbmesser nur über 160 m in Frage gekommen wären. Die Ende 1934 fertiggestellte gigantische Lokomotive mit dem

[1]) Anderen Quellen zufolge 32,3 m bei einer Gesamtlänge von 33,74 m

Die mächtige Doppel-Pazifik-Garratt-Lokomotive 462 F 0401 der RENFE auf der Drehscheibe in Valencia.
H. Stemmler

Die italienische Pazifik-Lok 690 028 war 22 275 mm lang und hatte einen Gesamtradsatzstand von 19 455 mm, so daß ein Wenden auf der 20-m-Drehscheibe gerade noch riskiert werden konnte.
B. Bonazzelli

Mit 17 670 mm Gesamtradsatzstand hatte die ventilgesteuerte Schlepptender-Lok 744 115 der FS keine Probleme auf den vorhandenen Drehscheiben.
FS-Foto

ersten, im Werk Lugansk hergestellten Stahlguß-Barrenrahmen und mit der höchsten Lage aller Lokomotivkessel – das Aufsehen verursachende Maß betrug 3650 mm von Schienenoberkante bis Kesselmittellinie – blieb eine Einzelgängerin, zumal an einen dafür zwingend notwendigen Umbau betroffener Heizhäuser gar nicht zu denken war. Die Konstruktion der Riesenmaschine mit einer rechnerischen Dampfleistung des Kessels von 35,5 t/h stand unter keinem guten Stern, sie kam nie in den Plandienst und mußte schließlich ausgemustert werden. Der britische Eisenbahnhistoriker Brian Reed nannte sie in seiner Heftreihe „Lokomotives in Profile“ eine halb sagenhafte Schöpfung (semi-mythical).

Doch Drehscheiben mit Durchmessern über 32 m gehörten durchaus nicht zu den Seltenheiten. In Europa allerdings galten Drehscheiben-Konstruktionen, welche die größeren deutschen Einheits-Dampflokomotiven der Baureihen 01, 01^{10}, 05, 06 und 45, oder die gewaltigen französischen „Mountains“ und die italienischen Pazifiks aufnehmen konnten, schon als ziemlich ungewöhnlich und großartig. Dagegen zählten in den USA die 26- oder die 27-m-Drehscheiben nicht zu den aufnahmefähigsten. Die im Jahre 1942 gebaute Duplex-Lokomotive Q-1 Nr. 6130 hatte ebenso wie die 2'BC2'-Duplex-Güterzuglokomotiven Nrn. 6175–99 (Baujahre 1944–1945) einen Radsatzstand von rund 32 800 mm einschließlich Tender. Rekordverdächtig war übrigens auch ihre Leistung. Die Lok 6175 dieser von der Pennsylvania-Bahn in Dienst gestellten Serienmaschine erreichte auf dem Prüfstand in Altoona den stolzen Wert von 7987 indizierten PS.

Dies war ein Rekordwert, den auch die Q-2 (6131) erzielte. Das Maximum kam also ziemlich nahe heran an unsere modernen Elektrolokomotiven mit Drehstromantriebstechnik! Um das Schleudern eines der beiden Dampflokomotiv-Maschinensätze zu verhindern und um sofort eingreifen zu können, damit Zugkraftverluste gar nicht erst wirksam werden, hatten die amerikanischen Konstrukteure eine selbsttätige Einrichtung vorgesehen. Sie arbeitete mit Ventilklappen, die in jedes der vier Einströmrohre eingebaut und über einen elektrischen Differentalschalter gesteuert wurden.

Die allergrößten Drehscheiben brauchte man für die „Big Boys“ der Union Pacific Railroad, die mit

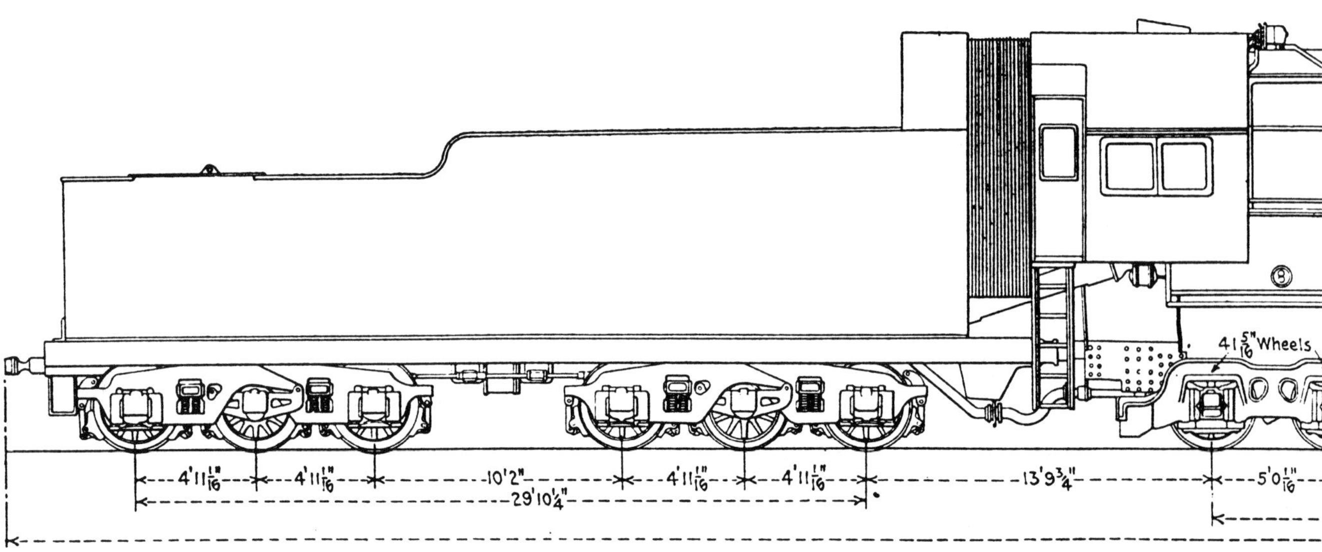

Die größte Steifrahmen-Güterzug-Dampflokomotive der Welt: Für diesen 33 720 mm langen sowjetischen 2'G2'h2-Giganten gab es keine geeigneten Drehscheiben. Es mußten Wende-Gleisdreiecke vorgesehen werden.
Kongress-Vereinigung

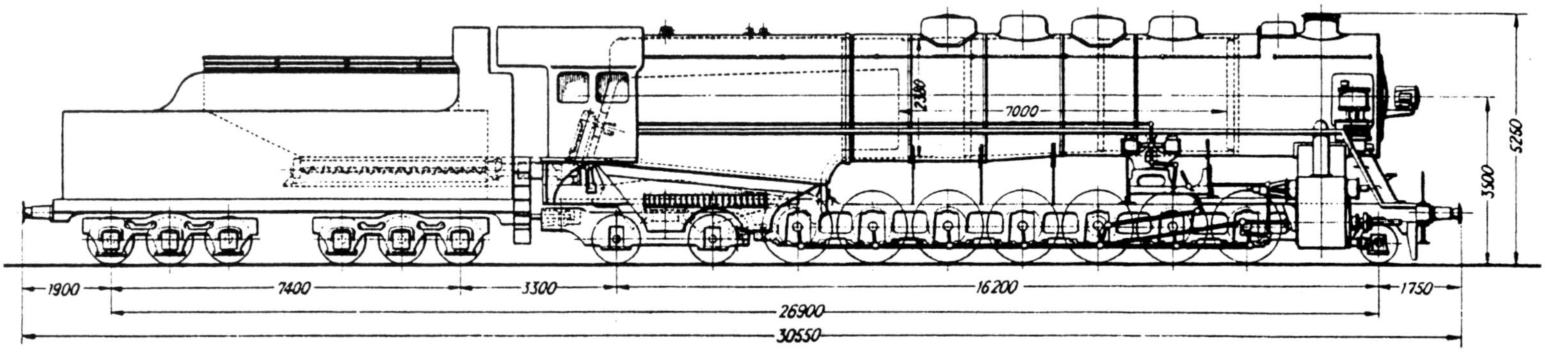

Große Zugkraft, große Reibungsmasse und hohe Konstruktionsmasse führten zu diesem, in der ersten Hälfte der dreißiger Jahre von Henschel & Sohn veröffentlichten 1'G2'-Siebenkuppler-Entwurf für sowjetische Breitspur. Wendefrage: Drehscheibe oder Gleisdreieck?

ihren Tendern einen Radsatzstand von rund 35,7 m aufwiesen und damit auf der 135-Fuß-Drehscheibe mit 41 m Durchmesser gedreht werden konnten. Das war eine Nutzlänge, mit der auch die einst größte Schnellzuglokomotive der Welt, die „Nonarticulated Nr. 6100" (Baujahr 1939) der Pennsylvania Road, auskommen konnte. Welcher Dampflokomotiv-Enthusiast sehnt sich da nicht zurück in diese längst vergangenen Zeiten? Und wer versinkt nicht in rückwärtsgewandte Träumereien? Aber Garratt-Lokomotiven waren nicht unbedingt geeignet, sie in die Visionen einzubeziehen. Wegen des großen Gesamtradsatzstandes waren die meisten südafrikanischen Drehscheiben für solche Doppel-Gelenklokomotiven zu kurz. Das Einstellen in Rundschuppen mußte entfallen. Für die „Langen" kamen Rechteck-Remisen oder das Abstellen im Freien in Betracht. Im allgemeinen konnte man die Garratts im Betrieb für beide Fahrtrichtungen verwenden, wenn ein Wenden, beispielsweise auf dem Gleisdreieck, nicht möglich war. Die East African Railways ließen jedoch ihre Garratts meist aus Gründen der besseren Sicht auf die Strecke mit dem Schornstein vorausfahren. Die riesigen Lokomotiven der Klasse 59 wendete man auf Gleisdreiecken oder auf einer 30,5-m-Drehscheibe (zum Beispiel in Nairobi).

Zu den Drehscheibenproblemen und dem nicht gerade geringen Flächenbedarf der Lokomotiv-Wendedreiecke – beides hat für elektrische und Diesellokomotiven keine entscheidende Bedeutung – kam noch die Führungsproblematik der Riesenlokomotiven im Gleisbogen hinzu. Mehrfach gekuppelte Rädergruppen der Giganten auf Schienen sind zwar, sicherlich auch im Stillstand, das Faszinierendste im Eisenbahnmaschinenwesen früherer Zeiten gewesen. Triebwerk, Dampfzylinder und Steuerungskinematik brachten den unvergeßbaren Eindruck von überwältigender Kraft, Dynamik, ja sogar von technischer Ästhetik und Geschwindigkeit. Aber welcher gefesselte Beschauer machte sich dabei schon Gedanken über den Gleisbogenlauf, die

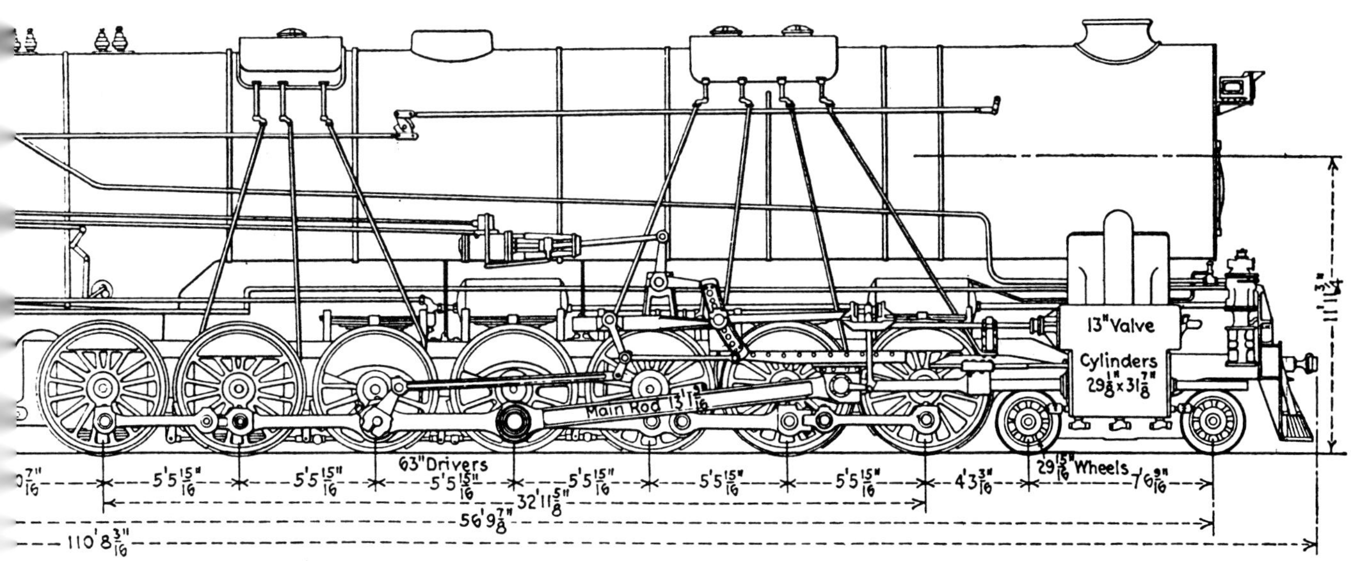

Gölsdorfs 1'F-Sechskuppler wurde im Frühjahr 1911 geliefert. Jenes Einzelexemplar Nr. 100.01 galt als hervorragend gleisbogengängig. Die Lok wurde auch auf der Arlbergbahn mit Erfolg eingesetzt. WLF

Um Gleisbögen mit 180 m Halbmesser durchfahren zu können, ließ man die Spurkränze des dritten Kuppelradsatzes dieser 2'D2'h3-Stromlinienlok der Baureihe 06 einfach weg. Krupp

Kurvenfahrt oder über Lokomotiven mit Kuppelradfeldern, die sich über 8 oder 11 m Länge erstrecken?

Um bei 6750 mm festem Kuppelradsatzstand der 26 520 mm langen 2'D2'h3-Lokomotive, Baureihe 06 der Reichsbahn, die preußische Weiche 1 : 7,5 und Gleisbögen mit Radien von 180 m durchfahren zu können, wurden bei der 06 001 der Spurkranz auf dem dritten Kuppelradsatz einfach weggelassen und bei der 06 002 die Spurkränze des zweiten und dritten Kuppelradsatzes geschwächt und dazu dem dritten Kuppelradsatz 10 mm Seitenspiel gegeben. Trotz aller konstruktiver Tüftelei hat es hin und wieder Entgleisungen, vor allem in Weichenbögen, gegeben.

Häufig staunte auch mancher, sich den Kopf zerbrechende Interessent: Wie kommt eine 30 oder 40 m lange Lokomotive schadlos durch eine Kurve? Hierbei tat sich zweifellos ein Komplex von Schwierigkeiten auf, an den sich jahrzehntelang nur einzelne Lokomotivkonstrukteure heranwagten. Erst die Veröffentlichungen theoretischer Studien über die Grundsätze der Führung der Schienenfahrzeuge im Gleis brachte eine Systematik in die Gedankengänge. Wir brauchen zwar nicht die Fähigkeit, „um die Ecke zu denken", doch um Riesenlokomotiven in einen Gleisbogen zwanglos einfahren zu lassen und ihn zu durchfahren sind schon einige konstruktive Tricks, wozu auch die Spurkranzschwächung gehört, unumgänglich. Die zeichnerische Ermittlung der statischen Einstellung der Lokomotiven in Gleisbögen genügte nicht. Das dynamische Verhalten war gefragt. Besondere Aufmerksamkeit verdienten Führungdruck, Belastung und Entgleisungssicherheit der führenden Radsätze. Mit der Spurführungstheorie beschäftigten sich Wissenschaftler und Lokomotivbauer, Schienenfahrzeug-Ingenieure und Hochschullehrer. Hermann Heumann (1878–1967), Heinrich Uebelacker (1874–1941), Richard von Helmholtz (1852–1934), Wolfgang Bäseler (1888–1984), Gaston Borgeaud (1904–1987), Johannes Nöthen (1913–1978), Jury Leonid Koffman (1911–1989) und Roman Liechty (*1904) sind einige der bekanntesten, die den Weg zur Erfassung und Klärung aller mit der Fahrzeugführung im Gleis zusammenhängenden Fragen ebneten. Die mathematische Behandlung der Kraftwirkungen, insbesondere beim unvermittelten Einlauf von Lokomotiven in Gleisbögen ohne die sogenannten Übergangsbögen, und des Verhaltens der verschiedensten Trieb- und Laufwerke (Drehgestelle, Lenkradsätze, Verschubachsen, radial einstellbare Radsätze, geteilte Triebwerke für Gelenklokomotiven, Glieder- und Brückenfahrzeuge) lieferte die Erkenntnisse über die Entgleisungsvorgänge, über die Krümmungswiderstände und den Verschleiß im Gleisbogen sowie über den Einfluß der Querkräfte von Dampf-, Diesel- und Elektro-Lokomotiven wie auch von anderen Schienenfahrzeugen.

Natürlich waren für die „Super-Jumbos" nordamerikanischer Größenordnungen zunächst einmal viele – wie man heute sagt – „Machbarkeitsstudien" auf den Reißbrettern erforderlich, um nicht später dem Mißerfolg zu erliegen. Von Erfolg gekrönt war jedenfalls die gigantische 2'F1'-Drillings-Güterzuglokomotive, Klasse 9000 der Union Pacific Railroad. Mit 1702 mm Treibraddurchmesser und einem Kuppelradfeld von 11 m Länge erreichte jene Mammut-Bauart des Jahres 1926 mit 88 Einheiten die größte Bauserie aller Steifrahmen-Sechskuppler. Mit einem sechsachsigen Tender brachte die „9000" eine Dienstmasse von 355 t auf die Waage. Mit einem Kuppelradsatzstand von 9350 mm gelang es der 30 m langen Riesenmaschine, einen Heizhaus-Gleisbogen von nur 109 m Halbmesser zu befahren. Das wurde möglich durch ein in der Konstruktion angestrebtes Positionieren der Kuppelradsätze etwa in Maschinenmitte, so daß die Kuppelräder eng aneinanderrückten, außerdem durch eine Kombination von Seitenspiel und Spurkranzschwächung je Radsatz sowie durch reichlich bemessene Seitenausschläge von Dreh- und Schleppgestell. Allerdings beanspruchte der vierte Kuppelradsatz zum Befahren des 109-m-Bogens eine Spurerweiterung von 48 mm, was in nordamerikanischen Bahnbetriebswerken gerade noch zulässig war. Jedenfalls ging die Klasse 9000 der Union Pacific als stärkste Sechskuppler der Welt, darüber hinaus als in der Praxis bewährte und – laut Giesl-Gieslingen – als zugkräftigste aller Steifrahmenlokomotiven in die Dampflokomotivgeschichte ein.

Die von einer gewissen Fortschritts-Euphorie geprägte „Dinosaurier"-Konstruktion des einzigen Steifrahmen-Siebenkupplers der Welt, nämlich der 2'G2'-Bauart AA 20-1 der Eisenbahnen der Sowjetunion des Jahres 1934, mußte mit ziemlich gravierenden Kurvenlaufproblemen fertig werden. So bekam die Maschine keinen festen Achsstand, denn vor den vier festgelagerten Radsätzen hatte nur der hintere Spurkränze. Das gesamte Kuppelradfeld erstreckte sich über nicht weniger als 11,65 m Länge. Kuppelstangen mit Universalgelenken, kugelige Kuppelzapfen sowie kräftige Rückstellvorrichtungen für den ersten Kuppelradsatz, für das vordere Dreh- und für das hintere Deichselgestell ermöglichten schließlich ein Fahren im 160-m-Bogen. Die Lokomotive sei im kalten Zustand aber auch durch einen Gleisbogen von 138 m Radius geschleppt worden. Leider fehlen die Informationen über die konstruktiven Einzelheiten der den Bogenlauf beeinflussenden mächtigen Kupplung zwischen Lokomotive und Tender. Das gigantische Triebwerk mit 730 kN Kolbenkraft erforderte eine Kuppelstangen-Anlenkung in Tandem-Bauweise, um die Beanspruchungen von Treibzapfen und Lagern zu reduzieren.

Die Gestaltung des Trieb- und Laufwerks richtet sich entscheidend nach dem Verlangen, auch enge Gleisbögen ohne Komplikationen und mit erträglichen Führungskräften durchfahren zu können. In den Herzstücken der Weichen und Kreuzungen soll möglichst kein Verdrängen festgelagerter Zwischenradsätze vorkommen. Um diese Forderungen zu erfüllen, suchten die Konstrukteure – besonders bei den größten Dampflokomotiven – nach speziellen baulichen Maßnahmen. Die steifrahmigen Einrahmenlokomotiven fanden ihre Alternativen in Gelenkfahrzeugen (Bauarten Mallet, Garratt, Fairlie, Garratt-Union, Meyer u.a.). Viele afrikanische Bahngesellschaften stellten fest, daß die von ihnen bevorzugte Bauart Garratt im Gegensatz zu den Mal-

Drillingslok 01 1086 der DB im Mai 1968 beim Verlassen der Drehscheibe in Münster/Westfalen.

Diese 2'F1'-Lokomotive, Klasse 9000 der Union Pacific RR, Baujahr 1926, konnte Gleisbögen bis herab zu 109 m Radius gerade noch bewältigen. Die großen Einrahmen-Maschinen verkehrten u.a. zwischen Cheyenne und Odgen (Wahsatch) über die Sherman Hills in 2400 m Höhe und quer durch Wyoming.

Eine der ölgefeuerten meterspurigen (2'D1')(1'D2')-Garratt-Lokomotiven, Klasse 60, der East African Railways & Harbours in rund 2000 m Seehöhe auf dem kurvenreichen Wege von Mombasa zum Victoria-See. EAR

let-Lokomotiven dieselben Geschwindigkeiten erreichen konnten wie die Regellokomotiven. Garratt-Lokomotiven sind in großer Zahl von britischen, belgischen, deutschen, spanischen und anderen Lokomotivfabriken konstruiert und geliefert worden. Solche „Doppel-Gelenklokomotiven" verschiedener Spielarten profitierten mit ihrer symmetrischen Laufwerkkonstruktion von der Möglichkeit, in beiden Fahrtrichtungen gleich gute Laufeigenschaften zu erzielen. Bei der Bauart Garratt ruhen die Vorratsbehälter unmittelbar auf den Triebgestellen. Die Fairlie-Konzeption hatte die Vorräte auf dem verbindenden Hauptrahmen. Henschel wählte für die (1'D1')(1'D1')-Kapspurlokomotiven, Klasse HF, der Südafrikanischen Eisenbahnen (SAR) die modifizierte Fairlie-Bauart, obwohl dieser Begriff für diese Lok nicht ganz zutraf, weil – laut Herstellerin – die ursprüngliche Gestalt mit diesem Namen einen Doppelkessel verbindet. Der Name „Modified Fairlie" hatte jedoch eine gewisse Berechtigung, denn die Doppel-Mikado-Bauart besaß die gleichen Laufeigenschaften wie die Original-Form der Fairlie-Konstruktion. Im übrigen hielten sich viele Bahngesellschaften ohnehin nicht streng an die exakten Typennamen der Gelenklokomotiven. Die Lokomotiven der Klasse HF wurden beispielsweise oft in die Kategorie der Garratt-Lokomotiven verwiesen.

Eine Kombination beider Systeme, Garratt und Fairlie, bildete die „Union-Bauart" (Garratt-Union), wie zum Beispiel von Maffei als (2'C1')(1'C2') im Jahre 1927 für Kapspur geliefert. In einem sehr interessanten Bericht der Fachzeitschrift „Engineer" des Jahrgangs 1929 hieß es bezeichnenderweise über die Garratt-Lokomotiven sinngemäß: „Da jede Lokomotivhälfte für sich ein drei- oder vierfach gekuppeltes Fahrzeug darstellt, macht das Durchfahren von Gleiskrümmungen keine besonderen Schwierigkeiten, soweit der Radstand der beiden Lokomotivhälften dies zuläßt. Bei den meisten südafrikanischen, mit Laufradsätzen ausgerüsteten Garratt-Lokomotiven sind die vorauslaufenden Laufradsätze als radial einstellbare Bissellgestelle ausgebildet. Die näher zur Lokomotivmitte angeordneten Laufradsätze weisen lediglich Seitenspiel auf."

Ganz besonders langgestreckt entworfene Garratts bekamen statt der Bissel-Achsen führende zweiachsige Drehgestelle. Und so ausgestattet, mußten sich auch die mächtigsten Schmalspur-Garratts Australiens mit ihrer (2'D1')(1'D2')-Radsatzfolge nicht durch enge Kurven quälen. Solche kapspurigen, nahezu 27 m langen „Mighty Garratts" der Serie 400 der South Australian Railways (Peterborough Division) hatten, sogar oft in Doppeltraktion, bewundernswerte „Herkules"-Aufgaben der Güterzugförderung zu lösen. Mit ihrem Gesamtradsatzstand von fast 84 englischen Fuß gestalteten sich das Drehen und Einfahren einer 400er Garratt in den Halbringschuppen, beispielsweise im Bahnbetriebswerk Peterborough, auf der 85-Fuß-Drehscheibe (knapp 26 m) zur Millimeterarbeit, meist unter Zuhilfenahme von Einweispersonal.

Obwohl es auf unserem Globus noch manche Projekte von Hochleistungs-Garratts, von Novitäten-Bauarten erweiterungsfähiger Einsatzmöglichkeiten, gegeben hat, scheint die Wiederaufwertung von Gelenk-Dampflokomotiven und der Dampftraktion überhaupt glücklos und ohne Zukunftsaussichten zu versickern. Denken wir daran, daß die Verteilung der Lokomotiv-Eigenmasse auf eine außergewöhnlich große Zahl von Radsätzen bei gutem Gleisbogenlauf zur Verringerung der Achsfahrmassen führt. Das ist ein dicker Pluspunkt für einen ziemlich freizügigen Einsatzbereich der Doppel-Gelenklokomotiven. Die Garratts mit ihren beträchtlichen Abständen beider Trieb- und Laufwerksgruppen zeichneten sich außerdem durch ein moderates Metergewicht aus. Damit konnten sie trotz ihrer Gesamtmasse auch auf schwächeren, betrieblichen Beschränkungen unterliegenden Brücken verkehren.

Die größte und leistungsfähigste Garratt-Lokomotive der East African Railways (EAR): Ölgefeuerte (2'D1') (1'D2')-Bauart der Klasse 59. Diese Garratts hatten 21 t Achsfahrmasse auf Meterspur und erreichten eine Gesamtlänge von 31737 mm. In den siebziger Jahren - soweit sie noch im regulären Dienst waren - galten sie als die größten noch vorhandenen Dampflokomotiven der Welt.
EAR

Kapspurige (1'D1') (1'D1')-Modified-Fairlie-Lokomotive, Klasse HF der SAR. Die rund 23 m lange, betriebsfertig 155 t wiegende Schmalspur-Lok ist 1928 in Betrieb genommen worden.
Henschel

In ihrer Zeit die größte und leistungsfähigste Garratt-Lok Europas: spanische Breitspur-Doppel-Pazifik 462F, Baujahr 1930, Kuppelraddurchmesser 1752 mm, Gesamtlänge 28 550 mm.

Diese im Auftrag der französischen PLM gebaute Prototyp-Lok mit Doppel-Pazifik-Radsatzfolge, Bahn-Nr. 231-132 AT.1, gebaut 1932 für die Normalspurstrecke zwischen Algier und Oran erhielt den für Garratt-Lokomotiven ungewöhnlich großen Kuppelraddurchmesser von 1800 mm. Ab 1935 folgten die Serienloks BT-1-29.

(1'D1') (1'D1')-Garratt-Lokomotive, Klasse 16 der Rhodesia Railways, im August 1976 in Bulawayo. Die 23 750 mm langen Kapspur-Lokomotiven wurden erstmals im Jahre 1929 geliefert und später mit vergrößerten Vorratsbehältern und höherer Dienstmasse (166,5 t) nachbeschafft. W. Sölch

„Monumentale" Garratt-Lok 5709 der EAR: eine 149 t schwere (2'D2') (2'D2')-Lastenschlepperin auf Meterspur, hier mit Giesl-Flachejektor. Giesl-Gieslingen

Die größte europäische Garratt-Lokomotive ihrer Zeit: (2'D1') (1'D2')h4-Gigant, Gattung Ja-01 der Sowjetischen Eisenbahnen. Die 31 500 mm lange Breitspurlok wurde 1932 von Beyer Peacock & Co Ltd gebaut.

Gewaltige Garratts bei den Queensland Government Railways: (2'D1')(1'D2')h4-Lok 1003 auf Kapspur bei Port Curtis Junction im Jahre 1964, Baujahr 1950, hier mit kastanienbrauner Lackierung
W.A. Pearce

Daten ausgewählter Garratt-Lokomotivriesen der Welt

Bahnverwaltung	Inbetriebnahme	Spurweite mm	Radsatzfolge	Gattung Betriebsnr.	Dienstmasse t	Länge über Kupplung/Puffer mm
Antofagasta (Chili) & Bolivia Railway (FCAB) später FCLPA	1929	1000	(2'D1')(1'D2')	98 FCLPA	169,5	25 000 [1]
London & North Eastern (LNER)	1925	1435	(1'D)(D1')	2395 U1	180	26 859
Sao Paulo Railway (Brasilien)	1927	1600	(1'C1')(1'C1')	R1	160,8	ca. 26 000 [2]
South African Railways (SAR)	1929	1067	(2'D1')(1'D2')	GL	214	27 475 [3]
Red Nacional de los Ferrocarriles Espanoles (RENFE)	1930	1676/1670	(2'C1')(1'C2')	462.0401–406	184	28 550
Sowjetische Eisenbahnen (SŽD)	1932	1524	(2'D1')(1'D2')	Ja-1	266	31 599 [4]
Paris-Lyon-Méditerranée (PLM) Algerisches Netz	1932 (1936)	1435	(2'C1')(1'C2')	AT(BT)[5]	210(216)	29 388
Kenya Uganda Railway (KUR), früher Tanganjika – Deutsch-Ostafrika	1939	1000	(2'D2')(2'D2')	EC3	252	29 988 [6]
New South Wales Government Railways	1952	1435	(2'D2')(2'D2')	AD 60	264,1	33 120 [7]
South Australian Railways	1953	1067	(2'D1')(1'D2')	400	149	26 644 [8]
Caminhos de Ferro Benguela	1953	1067	(2'D1')(1'D2')	10aIII	175,2	26 100
South African Railways (SAR)	1954	1067	(2'D1')(1'D2')	GMAM	194,8	28 752
East African Railways (EAR)	1954	1000	(2'D1')(1'D2')	59	256	31 737 [9]
Caminho de Ferro Moçambique	1956	1067	(2'D1')(1'D2')	971–975	194,3	27 810

[1]) Bei Lieferung größte Meterspurlokomotive der Welt.
[2]) Erste Gelenklokomotive der Welt für Schnellzüge bis nahe 100 km/h – später Umbau zur Doppel-Pazifik-Lok.
[3]) Bei Lieferung größte Garratt in Afrika und größte Schmalspurlokomotive der Welt.
[4]) Gemessen an Eigenmasse und äußeren Dimensionen: bis dahin größte jemals gebaute Garratt-Lok der Welt.
[5]) Schnellzug-Garratt (Prototyp AT, Serie BT), erreichte Maximalgeschwindigkeit 132 km/h, 3000 PS am Zughaken.
[6]) Erste(2'D2')(2'D2')-Garratt-Lok der Welt, damit bei Lieferung Garratt-Bauart mit der größten Radsatz-Anzahl.
[7]) Größte und leistungsfähigste Dampflokomotive Australiens.
[8]) Stärkste Schmalspur-Garratt Australiens.
[9]) Seit Lieferung größte und leistungsfähigste Meterspur-Dampflokomotiven der Welt, einige Loks mit Giesl-Ejektor, 21 t Achsfahrmasse.

Die größten Zahnrad-lokomotiven der Welt

Die in zahlreichen Varianten ausgeführten Zahnradbahnen unserer Erde haben ihre besonderen Eigenheiten, die nicht allein in der Zahnstangenkonstruktion begründet sind. Wohl kaum zwei Bahnen, abgesehen von verschiedenen Spurweiten, weisen gleiche Streckenverhältnisse mit gleichen zulässigen Achsfahrmassen, Zahnflankendrücken und Spurspielen auf. Damit wurde auch der Serienbau von vereinheitlichten Zahnradbahn-Lokomotiven für universelle Einsätze auf mehreren Strecken zur Seltenheit. Individualität wurde zum speziellen Metier der Zahnradlokbauer. Und so gab es auch angepaßte konstruktive Maßnahmen für das einwandfreie Fahren durch enge Gleisbögen von Zahnstangenstrecken verschiedener Charakteristika. Von gleichen Chancen für die bestaunten „Jumbos“ konnte keine Rede sein, selbst wenn es sich um gleiche Spurweiten und Lichtraumprofile handeln würde. Geringe Gleisbogenradien auf wechselnden Steigungen und im Gefälle, uneinheitliche Sicherheits- und Abnahmevorschriften machten es den „Jumbo“-Konstrukteuren der einschlägigen Lokomotivhersteller allemal schwer. Die Konstruktion der 1'F1'-Reibungs- und Zahnradlokomotiven, Reihe 97.4, für die österreichische Erzbergbahn gewährleistete auf ihre Weise den sicheren Zahneingriff beim Durchfahren dortiger Gleisbögen. Das gesamte Zahnradtriebwerk lagerte in einem eigenen Rahmen. Die beiden Triebzahnräder erhielten einen Mitten-Abstand von 2250 mm, um die einzelnen 1800 mm langen Zahnstangenlamellen keinen unzumutbaren Kräften auszusetzen. Giesl-Gieslingen schrieb in seinem Buch „Lokomotiv-Athleten“ sinngemäß: „Da der Zahnradrahmen die bei Kurvenfahrt und in Gleisunebenheiten auftretenden Querneigungen der Kuppelachse mitmachen mußte, die ihn hinten trägt, wurden die an der Ritzelwelle angreifenden Treib-

Die größte und stärkste Normalspur-Zahnrad-Dampflokomotive der Welt: 1'F1'-Bauart 97 401 für die österreichische Erzbergstrecke, hier in Vordernberg. RVM-Filmstelle/Bellingrodt

Die größte und stärkste Meterspur-Zahnrad-Dampflokomotive der Welt: F1'-Bauart, geliefert 1955 nach Argentinien, hier im Bau. Esslingen

stangen mit kugelförmigen Kreuzkopfzapfen und universalgelenkigen Kurbellagern ausgestattet, so daß dort jedes Zwängen vermieden wurde."

Die so entstandene Riesenmaschine, 1941 und 1942 in zwei Prachtexemplaren von der Wiener Lokomotivfabrik gebaut, war die größte Zahnradbahn-Dampflokomotive der Welt. Sie war in der Lage, 180-m-Bögen zu durchfahren, ohne daß der Zahnradeingriff gefährdet wurde. Die Laufradsätze erhielten keine Rückstellvorrichtungen. Die von 220 auf 250 mm verlängerten Achsschenkel der beiden seitenverschieblichen Kuppelradsätze konnten sich frei in ihren Lagerschalen bewegen. Im Gleisbogen von 200 m Radius blieb das erste Treibzahnräderpaar in Gleismitte, das zweite verschob sich etwa um 17 mm. Bei Rückwärtsfahrt wurden 10 mm ermittelt. Gölsdorfs laufachsloser Sechskuppler der Serie 269 konnte im Ursprungszustand des Jahres 1912 am Erzberg 170 t mit 10 bis 10,5 km/h in wirtschaftlicher Weise befördern. Das Leistungsprogramm der 1'F1' mit 100 t Reibungsmasse sah die Beförderung von 285 bis 300 t auf den 71-Promille-Rampen bei 15 km/h vor. Diese Anhängemasse ist damit um etwa 70 % höher als die des laufachslosen Sechskupplers. Allerdings mußte für die beiden Lokomotiven 97.401–402 (297.401–402) sowohl die Zahnstange als auch der Oberbau verstärkt werden. Erst im Herbst 1942 konnte die Strecke Vordernberg – Präbichl–Erzberg für die größten und stärksten Zahnrad-Dampflokomotiven der Welt freigegeben werden. Im Jahre 1958 baute man in die 297.401 einen Giesl-Ejektor mit Siederohrdrosselung zum Steigern der Dampfüberhitzung auf 400°C ein. Tatsächlich schaffte die Lok 297.401 dann 400 t, allerdings bei nur 9 km/h, über den Berg. Nachdem jedoch die Erzförderungen nicht mehr die Rekorde eines unbekümmerten Wachstumsglaubens erreichten, hatten jene sensationellen Großlokomotiven keine Daseinsberechtigung mehr, die eigentlich von Anfang an etwas umstritten war, zumal die zweite Maschine 297.402 schon überwiegend als Ersatzteilspender diente.

Ein Esslinger Zahnrad-Lokomotiv-Riese auf einer Bergstrecke zwischen Argentinien und Chile. Diese als Mallet-Bauart im Jahre 1911 von Esslingen entwickelte Meterspur-Maschine erreicht im Anden-Bergmassiv Höhen bis über 3000 m.

Zwei andere „Größte der Welt", jedoch auf schmalerer Spur, waren die beiden F1'-Reibungs- und Zahnradlokomotiven für das Meterspurnetz der ehemaligen General-Belgrano-Eisenbahn in Argentinien. Während der Beförderung von 400 t auf 60 Promille mit 12 km/h erhielt man annähernd dieselbe gesamte Zylinderzugkraft, die sich für die normalspurige Erzberg-Lokomotive mit 300 t auf 71 Promille ergaben. Die beiden in Esslingen entwickelten und gebauten „Asse" der Zahnradlokomotivtechnik, Bahnnummern 101 und 102, kamen im Jahre 1954 zum Versand. Sie haben 1955 als größte und stärkste Meterspur-Zahnrad-Dampflokomotiven ihren Dienst aufgenommen. Fachleute gingen davon aus, daß diese unter schwierigsten betrieblichen Bedingungen auf schmaler Spur konstruierten, ölgefeuerten Maschinen als eine Art „Grenzleistungslokomotiven" für diese Spurweite anzusehen sind. Im Zahnstangenbereich der Einsatzstrecke mußten Gleisbögen von 250 m Halbmesser durchfahren werden. Das vordere der beiden Zahnräder mußte dabei mit einer Seitenverschiebung bis etwa 24 mm im Eingriff bleiben. In der Betriebspraxis bedeutete dies einen kraftschlüssigen Eingriff von nur etwas mehr als die halbe Breite der Zahnstangenflanke. Es wurde jedenfalls wichtig, daß die schweren Lokomotiven in Steigungsrichtung mit dem Schornstein voran fuhren. Bei „Vorwärtsfahrt" bekam nämlich nur das hintere Zahnradpaar eine nennenswerte Seitenverschiebung von rund 13 mm. Der Eingriff blieb dabei über die Gesamtbreite der Abtschen Lamellen-Zahnstange erhalten.

Die international stark beachteten „Zahnradbahn-Giganten" erlitten nach Ablauf der Garantiezeit im Reibungstriebwerk einige Zylinderrisse. Neue Zylindergußstücke schafften zunächst Abhilfe. Die später vorgeschlagenen geschweißten Zylinderblöcke verwirklichte man nicht mehr, weil ein Ende des 60-Promille-Zahnradbetriebs in greifbare Nähe rückte. Anfängliche, unliebsame Triebwerkschäden führten vorübergehend zu Ausfällen. Dem Verfasser fiel damals die Aufgabe zu, die Triebwerk- und

Ein Mallet-Gigant mit Schlepptender und Verbundtriebwerk auf 760 mm Spurweite der Bosnisch-Herzegowinischen Landesbahnen: Lok Nr. 752, Reihe III 5c, gebaut im Jahre 1906 von Floridsdorf.
SGP

Steuerungsmassenkräfte unter Berücksichtigung aller nur denkbaren Schwingungserscheinungen und Beschleunigungswerke durchzurechnen und zu analysieren. Erst nach Erkennen und Beheben aller sich ergebenden „Schwachstellen" ging der Fahrdienst weiter. Im Februar 1961 endete für die Lok 101, im April 1963 für die 102 der Betriebseinsatz, weil inzwischen dieselelektrische Lokomotiven in Doppeltraktion, wenn auch unter Schwierigkeiten, den Reibungsbetrieb aufnehmen konnten.

Der Zahnradbahnbetrieb hat bis heute noch nicht aufgehört, die Ingenieure zu beschäftigen, auch nicht mitten im zweiten Weltkrieg. Die Esslinger Konstrukteure der schwersten Zahnradlokomotive der Welt – wieder ein von der Fachpresse aufgenommener und anerkannter Superlativ – konnten im Jahre 1941 mit ihrer Neukonstruktion nur zum Ziel kommen, wenn gleichzeitig nach sorgfältiger Werkstoffauswahl eine besonders kräftige Leiterzahnstange entwickelt wurde, die Zahnkräfte bis maximal etwa 180 kN betriebssicher aufnahm. Empfänger dieser in zwei Einheiten gelieferten elektrischen 2'Do2'-Gleichstrom-Normalspurlokomotiven war im Jahre 1941 die Otto-Scharf-Grube der mitteldeutschen Riebeckschen Montanwerke. Im dortigen Braunkohle-Tagebau standen die vom Hersteller als „größte und leistungsfähigsten Lokomotiven dieser Art" beschriebenen Gleichstromfahrzeuge unter 1200 V Fahrleitungsspannung auf einer 870 m langen 67-Promille-Steigung mit schweren Kohlezügen im Tag- und Nachtdienst. Jede Lok hatte im 24-Stunden-Rhythmus 20 000 t Braunkohle zu fördern. Die dort ohne Reibungstriebwerk eingesetzten, 95 t schweren und mit vier BBC-Getriebemotoren ausgestatteten Lokomotiven besaßen eine Stundenleistung von 980 kW, die für die geforderte bescheidene Geschwindigkeit von 12 km/h auf der Zahnstange in der Grube völlig ausreichte. Mit vier Triebzahnrädern konnte auf Bergfahrt eine mittlere Zugkraft von 480 kN sowie eine Bremskraft bei Talfahrt von 650 kN realisiert werden. Mit diesen erstaunlichen Kraftanstrengungen hatte jede der beiden „Riebeck-Maschinen" mehr an Zugkraft zu bieten als die damals stärkste Steilstrecken-Reichsbahn-Dampflokomotive der Baureihe 85, die mit „nur" 200 kN aufwarten durfte. Auch der österreichische 1'F1'-Sechskuppler 97^4 (297.4) konnte bei 200 kN auf der Zahnstange und 125 kN mit dem Reibungstriebwerk, also 325 kN Zugkraft insgesamt, nicht mithalten. Die Achsfahrmasse von nahezu 24 t der beiden elektrischen Zahnradlokomotiven übertraf sogar diejenige der mächtigen Borsigschen 1'E1'h2-Tenderlok der „Mammut-Klasse" (23 t) für die Preußische Bergwerks- und Hütten-AG in Hindenburg (Oberschlesien). Jedenfalls mußten die beiden Elektrolokomotiven im mitteldeutschen Braunkohlen-Revier sich nicht durch nennenswerte Gleisbögen auf der Zahnstangen-Rampe hindurchzwängen. Besorgniserregende, kurvenbedingte Seitenverschiebungen der Triebzahnräder brauchten im Stellungsbild auf dem Reißbrett keine Befürchtungen aufkommen zu lassen.

Enorme Achsfahrmassen – bis zu 46 t

Dem Lokomotivkonstrukteur lag im Dampflokomotivbau der Konflikt mit dem durch die Fahrzeugumgrenzungslinie erzwungenen Platz- und Raummangel besonders nahe. Spurweite, Profil und Achsfahrmasse wurden gewissermaßen zu den „Fesseln der Lokomotivdimensionen". Erich Metzeltin (1871 – 1948) hat Anfang der dreißiger Jahre untersucht, welche Dampflokomotiv-Leistung in der Umgrenzung I nach der Eisenbahn-Bau- und Betriebsordnung (BO) maximal installiert werden konnte. Er kam auf eine mehrrahmige Lokomotive, die etwa 8000 PS leisten könnte. Felix Meineke versuchte später, diese reizvolle Aufgabe für die Einrahmen-Dampflokomotive zu lösen. Als Resultat entstand auf dem Reißbrett eine 2'D2'-Schlepptender-Stromlinienlokomotive mit einer Betriebsmasse von etwa 160 t (ohne Tender) und einer Reibungsmasse von 100 t, woraus sich eine durchschnittliche Achsfahrmasse von 20 t ergibt. Größere Belastungen ließ der deutsche Oberbau nicht zu. Die ausgeklügelte Kessel- und Dampfmaschinenkonstruktion ließ eine rechnerisch ermittelte indizierte Leistung von etwa 6300 PS erhoffen. Immerhin: Trotz Beschränkung durch Profil und Achsfahrmasse sind hier Dampfmaschinenleistungen errechnet worden, die an nordamerikanische Dimensionen erinnerten. Den Praxis-Beweis für die Richtigkeit der Projektbedingungen und für die den Entwürfen zugrunde gelegten Annahmen konnten die beiden großen Lokomotiv-Ingenieure leider nicht erbringen.

Dennoch blieb die Praxis nicht zurück: André Chapelon (1892 – 1978) hatte der klassischen Dampflokomotive letzte bedeutende Entwicklungs-Impulse gegeben und wegweisende Zukunftslösungen aufgezeigt. Was unter europäischen technischen Voraussetzungen auf Normalspur bei 20 t Achsfahrmasse zu schaffen war, offenbarte die Verwandlung einer nicht sehr geglückten Dreizylinder-„Mountain" der französischen Westregion zur hochleistungsfähigen 242 A 1, der stärksten Schnellzuglokomotive Europas. Sie ist in den Werkstätten von St.

Aus einem Umbau im Jahre 1946 entstanden: Chapelons 242 A 1, damals stärkste Schnellzug-Dampflokomotive Europas.
SNCF

2'D2'-Schnellzug-Lokomotive Nr. 308 (Baujahr 1943) der Delaware Hudson Railroad, Kuppelachsfahrmasse je 30,6 t. ALCO

Chamond des Forges et Aciéries de la Marine et d'Homecourt im April 1946 fertiggestellt worden. Jene 148 t schwere Dreizylinder-Verbundlokomotive besaß dreifachen Kylchap-Auspuff, Trick-Hochdruckschieber und Willoteaux-Niederdruckschieber mit doppelter Ein- und Ausströmung. Der Leistungszuwachs war enorm: Vor dem Umbau entwickelte die Lokomotive in der Originalausführung nur 2800 PS in den Zylindern. Nach der Umwandlung gab sie 5500 PS her. Die legendäre Maschine war in der Lage, in ihrem Hochdruckzylinder allein 2000 bis 2500 PS zu entwickeln, womit die amerikanische Robustheit in Kombination mit der französischen Wirtschaftlichkeit durchaus 6000 PS mit nur drei Zylindern hergeben könnte. Alle Hoffnungen, die als Chapelons Meisterwerk geltende 242 A 1 der Nachwelt zu erhalten, verflogen. Im Februar 1962 wurde die Lok zerlegt. Es war ohnehin eine Zeit, in welcher der einstige Traumberuf des Lokomotivführers an Faszination verlor.

Die Bahnen der USA hatten mit den europäischen Eisenbahnen kaum viel mehr als die Spurweite gemeinsam. Das Profil ist erheblich größer, die Achsfahrmasse wuchs bis 36 und 38 t, also bis fast zum Doppelten der europäischen. Auf der Delaware & Hudson Railroad versuchte man sogar Achsfahrmassen von 46 t mit 1'D-Dampflokomotiven (Reibungsmasse 184 t) zu beherrschen, eine Praxis, die sich nicht durchsetzte. Bei besonders starkem Oberbau, Verbreiterung der Lauffläche der Radreifen, bei größerem Raddurchmesser und Verbreiterung des Schienenkopfes sowie extrem kurzem Schwellenabstand hätte man Achsfahrmassen bis um 40 t wahrscheinlich gemeistert. Für den Betriebsdienst auf Hauptbahnen waren aber 35 t das tolerierte Maximum. Die im Jahre 1947 von Lima gemäß einer Vorausserie des zweiten Weltkrieges gelieferten (1'C)C3'-Mallet-Lokomotiven, Klasse H8 der Chesapeake & Ohio Railroad, wurden für die Beförderung von schweren Güterzügen über das Alleghany-Gebirge vorgesehen. Sie galten damals als schwerste sechsfach gekuppelte Lokomotiven der Welt. Ihre Dienstmasse belief sich auf 329 t. Und das „Achsfahrmassen-Grenzmaß“ der USA-Bahnen von 35 t wurde wieder einmal, wenn auch mit 35,7 t nur knapp überschritten. Die Baker-Umsteuerung der Lok mußte mit Dampfkraft umgelegt werden. Der siebenachsige 3'4-Tender brachte eine Dienstmasse von 199 t und eine größte Achsfahrmasse von 28,5 t auf die Waage.

Die hin- und hergehenden Massen sind nur zu 41,7 % ausgeglichen worden. Wie bei fast allen Dampflokomotiven mit konventionellem Kolbentriebwerk ändern sich während der Fahrt die statischen Achsfahrmassen durch Einwirkung dynamischer Einflüsse. Die Größe dieser auf den Oberbau nachteilig wirkenden Fliehkraft der fahrenden Dampflokomotive wurde in den „Technischen Vereinbarungen“ des Vereins Mitteleuropäischer Eisenbahn-Verwaltungen auf 15 % der ruhenden Radsatzfahrmasse begrenzt. Das früher leidige, aber heute meist nicht mehr bestehende Problem der Schienenstöße auf Hauptbahnen brachte mitunter den Dampflokomotiv-Radsätzen starke Stöße und damit Überlastungen und Entlastungen in den Größenordnungen von 30 bis 35 % der ruhenden Radsatzfahrmasse.

In der Zahlentafel sind zum Vergleich die Achsfahrmassen beispielhafter Dampflokomotiven verschiedener Eisenbahnverwaltungen aufgeführt.

Während einerseits die Radsatzfahrmasse die Masse und die Lastverteilung einer Lokomotive, an-

Ein Schwergewichtler des Jahres 1936: Diese (1'C)(C2')h4-Mallet-Lokomotive Nr. 1104 der Pittsburgh & West Virginia Railroad ist 31 m lang und wiegt mit ihrem sechsachsigen Tender im Dienst 404 t. Die für Kohlen- und Erztransporte von Baldwin gebaute Riesen-Mallet hatte eine Reibungsmasse von 177,5 t und eine Achsfahrmasse von maximal 29,6 t. Baldwin

Achsfahrmassen großer Dampflokomotiven

Jahr	Bahnverwaltung	Radsatzfolge[1)]	Baureihe/Klasse	Spurweite mm	Max. Achsfahrmasse t
1915	SAR (Südafrika)	(1C)C1	MH	1067	18[2)]
1926	Denver & Rio Grande Western/USA	2D1	M-75	1435	33,5
1926	Union Pacific (USA)	2F1	Nr. 9000	1435	32
1927	Western Maryland Railway (USA)	1E	Nr. 1112	1435	35
1935	SNCB (Belgien)	2C1	Reihe 1	1435	23,4[3)]
1936	Preussag Oberschlesien	1E1	nach Baumuster „Mammut"	1435	23
1944	Pennsylvania Railroad (USA)	2BC2	Q-2	1435	36[4)]
1949	Sowjetische Eisenbahnen	1E2	OR 23-01	1524	23
1956	Deutsche Bundesbahn	2C1	10	1435	22

[1)] In den Radsatzformeln ist auf Kennzeichnung der im Lokomotivrahmen nicht fest gelagerten Radsätze, hier unwesentlich, verzichtet worden.

[2)] Damals die größte Lok der Welt auf Kapspur, gebaut als Mallet-Lok von der North British Loc. Co.

[3)] Leistungsfähigste und schwerste Schnellzuglok Belgiens und in ihrer Zeit eine der schwersten Pazifik-Maschinen Europas. Die Kongress-Vereinigung nannte eine Achsfahrmasse von 24 t.

[4)] In ihrer Zeit schwerste und im Bereich hoher Geschwindigkeiten zu den leistungsfähigsten Steifrahmen-Bauarten zählende Duplex-Lokomotive.

dererseits das Profil den Querschnitt, nicht aber die Länge der Lokomotive bestimmt, gibt es auch keinen Absolutwert für die Leistungsgröße. Natürlich hat die Längenentwicklung gewisse Kriterien, zu denen die Bogenlauf-Fähigkeit gehört. Mehrteilige Doppel- und Triplex-Lokomotiven, Anordnungen der Bauarten Garratt, Mallet, Meyer oder Fairlie waren der sichtbare Ausdruck dafür, Fahrzeuglänge und Kurvenlauf gemeinsam zu meistern.

Fritz Neesen von der Technischen Hochschule Danzig wies schon 1940/41 darauf hin, daß es möglich sein dürfte, ölbeheizte Dampfmotor-Lokomotiven für Normalspur mit 12 000 PSi zu bauen, ohne die Achsfahrmasse von 20 t und die damals übliche Fahrzeugumgrenzung wesentlich zu überschreiten.

Eine europäische Super-Pazifik-Lok des Jahres 1935: Die im Dienst 208 t wiegende, mit 1980 mm hohen Kuppelrädern und 24 t Achsfahrmasse ausgestattete Schnellzuglok vom Typ 1 der SNCB war in der Lage, eine indizierte Leistung von 3400 PS zu entwickeln. Die äußeren Treibstangen des Vierlingstriebwerkes hatten eine Länge von 3,3 m.

Lastverteilung und 17 000 PS auf Normalspur

In einer Einführung zur Beurteilung technischer Lösungen für Hochleistungs-Dampflokomotiven im Rahmen der Beuth-Aufgabe des Jahres 1942, also mitten im zweiten Weltkrieg, berichtete der Technische Ausschuß der Deutschen Maschinentechnischen Gesellschaft während der Beuth-Sitzung am 16.März 1943: „Die Reichsbahn wird auf den Lorbeeren, die sie sich jetzt erringt, nicht ausruhen können. Sie wird nach Eintritt normaler Verhältnisse wieder schärfstens um ihre Beteiligung am Verkehr kämpfen müssen... Die Beuth-Aufgabe 1942 verlangte deshalb, zu prüfen, ob eine Lokomotive mit eigener Kraftquelle in der Lage ist, einen voll besetzten Zug, der aus zehn Wagen leichtester Bauart besteht, mit 250 km/h zu befördern und in 8 Minuten auf diese Geschwindigkeit zu beschleunigen. Die Lokomotive muß dazu besonders gute Laufeigenschaften haben, nur mäßige Anlaufdrücke auf das Gleis ausüben, Kurven von 3000 m Radius noch mit 250 km/h befahren und Kurven mit 180 m Halbmesser zwängungsfrei durchfahren können. Die Lokomotive soll einen möglichst geringen Eigenwiderstand verursachen, möglichst leicht sein und geringe ungefederte Massen bei einem zulässigen Achsdruck von 20 t haben. Als Fahrzeugumgrenzung war die Anlage F der B.O. zu berücksichtigen.“

Es war klar, daß hier Riesenlokomotiven in außergewöhnlicher Längenentwicklung in Frage kommen würden, wobei selbstverständlich unter Einhaltung der Achsfahrmasse von nur 20 t der Lastverteilung solcher Lokomotivkonstruktionen besondere Aufmerksamkeit geschenkt werden mußte. Zur Ermittlung der Last-(Massen-)Anteile für die einzelnen Radsätze gehört die Bestimmung der statischen Lasten einzelner Bauteile und der Schwerpunkt-Koordinaten. Die verschiedenen Stadien der Entwurfsbearbeitung durften hier und sonst im gesamten Lokomotivbau nicht vernachlässigt werden. Notwendig wird dann die Bestimmung der beabsichtigten Belastung der Tragfedergruppen mit zugehöriger Berechnung der Ausgleichhebeldimensionen. In diesem Verfahren wird sich herausstellen, ob die im Projekt angestrebten Achsfahrmassen zu verwirklichen sind. Die hochinteressanten Arbeiten zur Lösung der Beuth-Aufgabe zeigen sowohl Lokomotiven mit konventionellem Dampfmaschinenantrieb und Kondensation, mit Dampf-Turbinen und elektrischer Leistungsübertragung sowie hydrodynamischer Übertragung als auch Dampfmotoren-Lokomotiven. Es gab demzufolge viele Möglichkeiten, die geforderte Leistung in einer normalspurigen „energie-eigenen“ Lokomotive unterzubringen. Ein Bewerber hatte seinen Lokomotiv-Entwurf für eine indizierte Leistung von 15000 bis 17000 PS ausgelegt, wobei der Eigenwiderstand der Lokomotive und des Zuges relativ hoch angesetzt war. Die angegebenen Längen über Puffer dieser „Visions-Lokomotiven“ in mehrgliedriger Bauart besaßen in der Tat einen Überraschungseffekt: Das umfangreichste Projekt sah 103 m Länge vor! Viele andere brillierten mit Längen von 57,5 m bis 63,5 m. Jedenfalls brachte eine Fülle guter Gedanken recht vielfältig konzipierte Lokomotiven hervor, darunter solche mit Ve-

Mit 44 m Länge über Puffer war die Kohlenstaub-Langlauf-Lokomotive 17 1104 die längste deutsche Lokomotive.

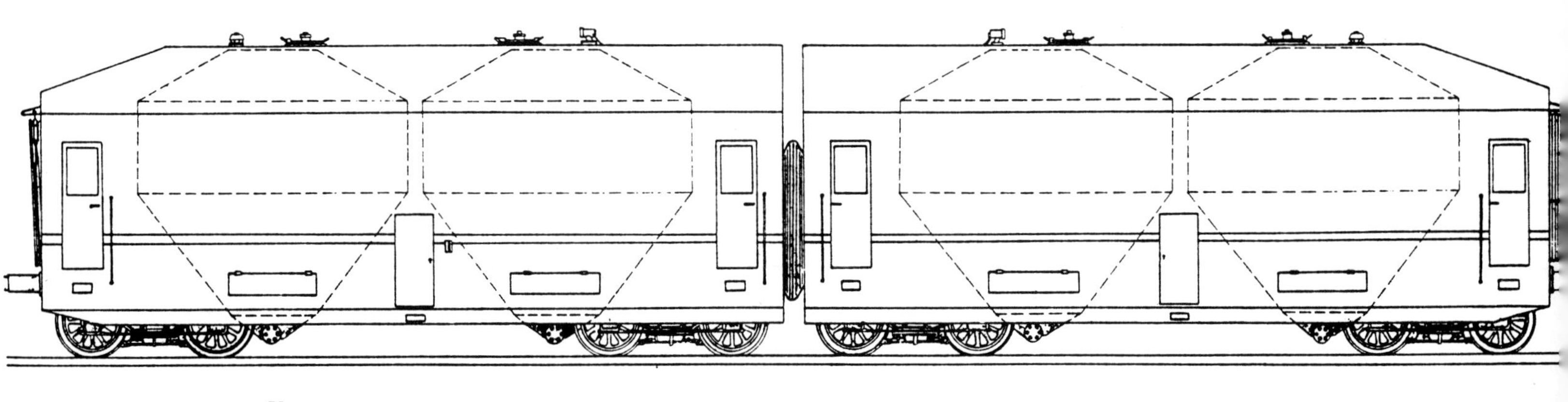

Die 27 600 mm langen (2'Co) (Co2')-Dampfturbinenlokomotiven Nrn. 1 und 2 der Union Pacific Railroad, Baujahr 1938, hatten elektrische Leistungsübertragung. Beide, je 249 t schweren Giganten wurden dem damaligen USA-Präsidenten Roosevelt in Washington vorgeführt.
UP

lox-Dampferzeugern, mit Lentz-Sechszylinder-Tauchkolbenmotoren, mit Stephenson-Kessel und 2,5 m hohen Kuppelrädern, aber auch mit Öl-, Stückkohle- und Kohlenstaubfeuerung.

Übrigens: Eine, auf der Leipziger Herbstmesse im Jahre 1954 ausgestellte Kohlenstaublokomotive ganz besonderer Art war die aus einem Umbau entstandene, vielbestaunte Lok 17 1104 der Deutschen Reichsbahn. Als Langlauflokomotive mit vierachsigem Tender und zwei kurzgekuppelten Bunkerwagen wurde sie mit 44 m Gesamtdistanz zwischen den Puffern die längste deutsche Lokomo-

tive überhaupt! Die Lok hatte einen neuen Kessel und neue Innenzylinder erhalten, womit sie als ein Neubau galt und eigentlich in die Reihe der ganz „Großen“ dieser Welt gehörte, obwohl ihre Vorratswagen insgesamt länger waren als die Wendler-Lokomotive selbst. Die Zahlentafel gibt Auskunft über beispielhafte andere lange Großlokomotiven.

Viele dieser Riesenmaschinen sind konstruiert und gebaut worden, um – zumindest im Versuch und auf unkonventionelle Weise – die Wirtschaftlichkeit spezifischer Dampflokomotiveinsätze oder die Dampftechnik selbst zu verbessern.

Darunter befanden sich Dampfturbinen- und Dampfmotoren-Antriebe. Die Dampfkondensation mit Energierückgewinnung, aber auch das vielversprechende Experimentieren mit Kohlenstaubfeuerungen unter Verwendung minderwertiger, sonst für den Eisenbahnbetrieb nicht geeigneter Kohlensorten fehlten nicht. Deutschlands längste Lokomotiven, die Stromlinienlok 05 003 mit 27 m Länge und die

Beispiele der größten Schlepptender-Dampflokomotiven der Welt (ohne Mallet-Bauarten Lokomotiv-Gesamtlängen 27 m und darüber)

Bahnverwaltung	Inbetriebnahme	Spurweite mm	Radsatzfolge	Gattung Betriebsnummer	Dienstmasse t	Länge über Kupplung/Puffer [6]) mm
Erie Railroads, USA	1914	1435	(1'D)D(D1') Triplex	5014-5016	384	31 000
Sowjetische Eisenbahnen	1931	1524	1'E2'+3'3'	TA	290,7	29 000
Delaware & Hudson, USA	1930	1435	1'D+2'(b1)' Booster	1402	287,4	28 400
Canadian Pacific	1931	1435	1'E2'+3'3'	8000	360,4	29 800
Sowjetische Eisenbahnen	1935	1524	2'G2'+3'3'	AA 20-1	303	33 738
Chilenische Staatsbahn	1935	1676	2'D2'+2'2'	1001-1010	208	ca. 27 000
Deutsche Reichsbahn	1937	1435	2'C2'+2'3 Kohlenstaubtender	05 003	218,7	27 000
L.N.E.R., Großbritannien	1928	1435	2'C1'+4+4 Korridortender [1])	4472 „Flying Scotsman“	224	29 359
AT & Santa Fe, USA	1938	1435	1'E2'+4'4'	5012	432,6	36 400
South Australian Railway [2])	1943	1600/1435	2'D2'+3'3' (4'4')	520	200 bis 298	26 517 bis 33 030
Canadian National Railways	1944	1435	2'D1'+3'3'	U-1-f Nr. 6060	289,2	28 350
Pennsylvania Railroad, USA	1944	1435	3'D3'+4'4' Turbinenlok	6200	467	37 400
Projekt Henschel [3]) Deutschland	1942	1435	4'4'+1'Fo'3'+4'4'	Dampfmotorlok	ca. 400	54 000
Deutsche Reichsbahn	1943/44	1435	1'E+3'2'	52 KON	164	27 535
Pennsylvania Railroad, USA	1944	1435	2'BC2'+4'4' Duplex	Q2	472,4	37 977
Pennsylvania Railroad, USA	1939	1435	3'BB3'+4'4' Duplex	6200 (S 1)	482,1	42 735
New York Central Railroad USA	1945	1435	2'D2'+2'5	S-1b (Niagara)	404,1	34 600
Französische Nationalbahn	1946	1435	2'D2'+2'2'	242 A1	224,3	ca. 27 000
Chesapeake & Ohio, USA	1947	1435	(2'Co1)(2'Co1Bo')+3'3'	500-502	540	46 900 [4])
South African Railways	1953	1067	2'D2'+3'3'	25 CON	235	ca. 32 000
Deutsche Reichsbahn	1951	1435	1'E1'+2'2'	H 45 024	207	27 350
Deutsche Reichsbahn	1954	1435	2'C+2'2'+2'2'+2'2'[5])	17 1104	ca. 340	ca. 44 250
Sowjetische Eisenbahnen	1932	1524	1'D2'+2'2'	IS 20	240	26 435 [8])
Sowjetische Eisenbahnen	1931	1524	1'E1'+3'3'	FD 20	235	29 064
Sowjetische Eisenbahnen	1950	1524	2'D2'+3'3'	P 36	ca. 239	ca. 29 600
Belgische Staatsbahn	1932	1435	C1'+1'B1'B1'+1'C	Versuchslok[7])	250	31 000
Chinesische Staatsbahnen	1959	1435	1'E1'+3'3'	QJ (12w)	250	29 181
South Australian Railways	1943	1600	2'D2'+3'3'	Klasse 520	203	26 622 [9])

[1]) mit zwei Korridortendern für Ohnehaltfahrten
[2]) verschiedene Nachbauten und Umbau-Entwürfe für Normalspur
[3]) Dampfmotorlok mit Kondensation für wasserarme Gebiete
[4]) Dampfturbinenlok mit elektrischer Leistungsübertragung
[5]) Kohlenstaublok mit drei Tendern für Langläufe, davon zwei Tender kurzgekuppelt mit Personalkabinen
[6]) wegen betrieblich bedingter Verwendung anderer Tender können die Längenmaße abweichende Größen haben
[7]) Versuchslokomotive der Bauart Franco
[8]) Gesamtlänge mit sechsachsigem Tender 29 400 mm
[9]) Hierzu gab es ein nicht verwirklichtes Projekt für eine Normalspur-Lok ähnlicher Konzeption, jedoch für eine erhöhte Leistung und eine vergrößerte Länge über Kupplungen mit 33 042 mm (einschließlich achtachsigem Tender).

Die größte und stärkste mit mechanischer Leistungsübertragung ausgerüstete Dampfturbinen-Lokomotive der Welt: 3'D3'-Lok Nr. 6200 der Pennsylvania Railroad, Maximalleistung 7260 PS. Diese für 161 km/h ausgelegte Lok wog im Dienst einschließlich Tender 467 t und hatte eine Länge von 37 400 mm. Baldwin

17 1104 mit Langlauftendern und über 40 m Länge, gehörten in diese Kategorie.

Eine Herabsetzung der hohen Abgastemperaturen des Lokomotivkessels wurde durch Nachschaltung zusätzlicher Heizflächen versucht. Attilio Franco (1873 – 1936) erprobte dieses Verfahren mit riesigen Rauchgas-Speisewasservorwärmern. Die 1932 in den Ateliers Métallurgiques de Turbize in Belgien gebaute Achtzylinder-Franco-Lokomotive der SNCB erschien 1935 auf der Brüsseler Weltausstellung als ein 31 m langer, sensationeller Jumbo. Die mit zwei Vorwärmkesseln in den Dimensionen der Regelkessel ausgerüstete, dreigliedrige C1'+1'B1' B1'+1'C-Gelenk-Lokomotive erschien in Brüssel wie ein Dinosaurier unter den Exponaten. Mit seinen beiden Dampferzeugern (je 14 bar Kesseldruck) und 163 t Reibungsmasse konnten 1241 t Anhängemasset auf 16-Promille-Steigungen bei 24 km/h befördert werden. Zughaken-Leistungen von 2200 PS waren für die im Dienst 248 t schwere Lokomotive nichts Außergewöhnliches. Kurvenlaufprobleme dieses „Dinosauriers“ auf Schienen gab es offensichtlich nicht. Gleisbögen bis herab zu 125 m Halbmesser konnten ohne Not „beherrscht“ werden. Schwierig war lediglich die verbale Einordnung: Eine herkömmliche Tenderlok war es nicht, eine echte Schlepptenderlok auch nicht. Immerhin 35,6 m³ Wasser und 9 t Kohle zählten zum Vorrat jener Sonderlok, die bei 27 300 mm Achsstand auf keine 27-m-Drehscheibe mehr paßte. So erreichte diese Franco-Lokomotive eine Größenordnung, die damals sicherlich auch in den USA mit Respekt betrachtet worden wäre.

Im Jahre 1940 verfügten die USA über 40 355 Lokomotiven, von denen allerdings rund 27 000 aus der Zeit vor 1920 stammten und demzufolge als überaltert galten. Andererseits verzeichnete die Industrie im Jahre 1940 verschiedenartige Neubauaufträge über 697 Lokomotiven, davon 222 mit Kolbendampfmaschine, 462 dieselelektrische und 13 elektrische Lokomotiven. Als herausragende Neulieferungen jener Zeit erschienen die monströsen

46 900 mm lange Riesenlokomotive: (2'Co1')(2'Co1Bo')+3'3'-Dampfturbinen-Lok der Chesapeake & Ohio Railraod, gebaut 1947 von Baldwin in drei Einheiten Nrn. 500, 501 und 502 mit elektrischer Leistungsübertragung und acht Fahrmotoren, Dienstmasse Lok und Tender 540 t, Nennleistung 5980 PS.

Kolossale Meterspurlokomotive: Die 1'E2'-Meterspurlok der Brasilianischen Zentralbahn war 23 m lang und wog im Dienst 180 t.
Dr. Koch

Jumbos der Mallet-Bauart (2'D)D2' als 40 487 mm lange „Big Boys“ der Union Pacific, außerdem die über Kupplung rund 37 m lange Vorauslieferung der Klasse H8 mit dem Achsbild (1'C)C3' für die Chesepeake & Ohio RR sowie die (2'C)C2'-Lok Nr. 1505 mit etwa 33 m Gesamtlänge für die Delaware & Hudson RR.

Schon ein Jahrzehnt früher machte die „Yellowstone Class“ der Northern Pacific RR Furore. Sie war, amerikanischen Verlautbarungen zufolge, die erste Lok der Welt, die einschließlich Tender mehr als „one million pounds“ (454 t) auf die Waage brachte und die darüber hinaus mit 16,9 m^2 damals die größte Rostfläche besaß. Ein weiteres Novum war ihr Booster (Zugkraftvermehrer mit Zusatzdampfmaschine) – der erste der Welt für eine Mallet-Lokomotive!

Die schwersten USA-Dampflokomotiven des Jahres 1940 waren die vier für die Duluth, Missabe & Iron Range Railway entwickelten (1'D)D2'-Lokomotiven mit einer Dienstmasse von 315,5 t, wovon 254 t auf die Treib- und Kuppelräder entfielen und als Reibungsmasse zur Verfügung standen. Zu jeder dieser Riesenmaschinen gehörte ein siebenachsiger Tender von 198,4 t Dienstmasse mit einem Fassungsvermögen von 26 t Kohle und 95 m^3 Wasser. Weitere außergewöhnliche Dimensionen waren die 711 mm Durchmesser der vier Zylinder und der 813 mm lange Kohlenhub. Die feuerberührte Verdampfungsheizfläche wurde mit 630 m^2, die Überhitzerheizfläche mit 257 m^2 genannt. Der Kessel (16,9 bar) ist mit einer 11,6 m^2 großen Rostfläche ausgestattet worden. Nur kurze Zeit später wurden die meisten technischen Daten jener mächtigen (1'D)D2'-Mallet-Lokomotive von den 543,8 t schweren „Big Boys“ übertroffen, einer sensationellen Konstruktion für 614 kN Zugkraft und rund 130 km/h Höchstgeschwindigkeit. Die gigantischen „Big Boys“ sind auch heute noch unter Eisenbahnfreunden wie nur wenige Bauarten immer wieder im Gespräch.

Es war in diesem Zusammenhang allgemein üblich, auch Lokomotiven mit einfacher Expansion, sofern sie das charakteristische vordere Triebgestell hatten, als Mallet-Lokomotiven zu bezeichnen. Das Verbundsystem wurde damit nicht mehr zur Voraussetzung für die Namensgebung, obwohl sich Anatole Mallet eigentlich vorwiegend als „Erfinder“ der Verbundlokomotive gesehen hatte. Der erste Entwurf einer derart konzipierten Gelenklokomotive wurde übrigens 1885 von Mallet für die meterspurigen Korsischen Eisenbahnen aufgestellt, jedoch nicht ausgeführt.

Rückschauend sind wohl die Jahrzehnte des ersten Drittels dieses Jahrhunderts die „Geburtsstunde", die Gründer- und Bewährungszeit der Groß- und Riesenlokomotiven vieler Bahnen in allen Erdteilen. Die ausgesprochene „Gigantomanie" boomte noch während des zweiten Weltkrieges vor allem in Nordamerika, aber auch mit erstaunlichen deutschen Kriegslokomotiv-Projekten und anderen interessanten Entwürfen (Meineke, Schöning, Neesen, Eckhardt, Kalisch, Messerschmidt) sowie mit zahlreichen Studien der Lokomotiv-Industrie. Projekte von Großdiesellokomotiven (Mayer) und mächtigen Elektrolokomotiven vervollständigten gewissermaßen eine sich auf Reißbrettern vollziehende „Sturm- und Drang-Zeit", die freilich auch zu einem Teil politisch angeheizt worden war. Unter den zeichnerischen Ausarbeitungen zur sogenannten „3. Kriegslokomotive" bestachen vor allem die 27 350 mm lange Borsigsche Mallet-Lok (fiktive Baureihenbezeichnung 53 der Deutschen Reichsbahn), die 27 277 mm lange 1'G-Mammutlok von Schichau und die 27 400 mm über Puffer messende 1'CC1'-Lok mit Brotankessel der Wiener Lokomotivfabrik.

Die gedanklichen Impulse zur Verwirklichung solcher monströser Konstruktionen resultierten vor allem aus dem Zwang der Unterbringung größter Lokomotivleistungen, größter Zugkräfte und aus dem Mitführen größter Dampflokomotivvorräte für Langläufe in brauchwasserarmen Gebieten.

Ein „Dinosaurier" des Lokomotivbaues: dreigliedrige Franco-Lokomotive mit zwei Hauptkesseln und zwei durch Abgase beheizte Vorwärmer. Die 250 t schwere und 31 m lange Riesenlokomotive wurde für die SNCB entwickelt, 1932 in den Dienst übernommen und 1935 auf der Brüsseler Weltausstellung präsentiert.

Die Zahlentafel enthält eine Auswahl der Abmessungen wichtiger großer und größter Mallet-Schlepptenderlokomotiven unterschiedlicher Spurweiten. Daß die damaligen Werbeabteilungen der Industrie mit sich oft „überholenden Superlativen" nicht hinter dem Berg hielten, versteht sich fast von selbst.

Doppel-Pazifik-Garratt-Lok für den Schnellzugdienst auf 1600-mm-Spur der Sao Paulo Railway in Brasilien: Die aus (1'C1)(1'C1')-Maschinen im Jahre 1931/32 umgebauten sechs Lokomotiven waren 195 t schwer und konnten bis zu 100 km/h erreichen. Hahmann

2'D2'h2-Reisezuglokomotive P 36 der Sowjetischen Eisenbahnen. Die erste Lok dieser Baureihe wurde im März 1950 mit der Betriebsnr. P 36-0001 von Kolomna geliefert. Die letzte dieser 29,6 m langen Lok (P 36-0251) folgte 1956 als eine der größten Einrahmen-Serien-Dampflokomotiven der Sowjetunion.
SŽD

Daten ausgewählter Mallet-Schlepptenderlokomotiv-Giganten der Welt

Bahnverwaltung	Inbetriebnahme	Spurweite mm	Radsatzfolge	Gattung Betriebsnummer.	Dienstmasse mit Tender t	Länge über Kupplung/Puffer mm
Atchison Topeka & Santa Fe, USA		1911	1435	(1'E)E1'	3000	401
36 780 [1])						
Virginian Railroad, USA	1918	1435	(1'E)E1'	800	408,3	ca. 35 000 [2])
Indonesische Nationalbahnen	1924	1067	(1'D)D	DD 52	140	ca. 21 000 [3])
Northern Pacific Railways, USA	1930	1435	(1'D)D2'	„Yellowstone"	501	37 800 [4])
Southern Pacific Railroad, USA	1930/1942	1435	(2'D)D1'	4211	417	ca. 37 000 [5])
Seabord Air Line, USA	1935	1435	(1'C)C2'	2500-2504 (Class R1)	399	32 000 [6])
Union Pacific Railroad, USA	1936	1435	(2'C)C2'	„Challenger" (Class 3900)	485,9	36 928
Brasilianische Zentralbahn	1937	1000	(1'D)D2'	1307	170	24 760
Ungarische Staatsbahn	1914/1919	1435	(1'C)C	Reihe 601	170	ca. 21 500 [7])
Union Pacific Railroad, USA	1941	1435	(2'D)D2'	4000-4024	539 (548)	40 485 [8])
Deutsche Reichsbahn	1943	1435	(1'C)D	53 0001	geschätzt 215	27 350 [9])
Sowjetische Eisenbahnen	1954	1524	(1'D)D2'	P 38 0001	349	38 230 [10])

[1]) Für die folgenden 2 Jahre waren die Musterlok und Nachfolgerinnen stärkste Dampflokomotiven der Welt.
[2]) damals Kessel mit größter Verdampfungsheizfläche der Welt: 800 m^2
[3]) größte bis dahin in Deutschland gebaute Schmalspurlokomotive
[4]) Länge des Lokkessels 19 425 mm, Kesselmitte 3165 mm über Schienenoberkante
[5]) mit Führerhaus voraus fahrend („cab in front", auch „cab-forward" genannt)
[6]) Kuppelraddurchmesser 1752 mm, verwendet für Schnellgüterzüge und Eilzüge, 1937 Nachbau 2505-2509 (R2), indizierte Leistungsspitze 7200 PS
[7]) Lok mit größtem Brotankessel in Europa
[8]) „Big Boy" – galt als größte Lok der Welt, 31 t Achsfahrmasse, „Monster"-Feuerbüchse mit 2,5 x 6 m Grundfläche (mittleres Speisezimmer), dazu 2,8 m lange Verbrennungskammer, geräumigster Führerstand, den je eine Dampflok besaß („Fassungsvermögen": 6 Personen sitzend!)
[9]) Kriegslok-Entwurf Borsig I, nicht verwirklicht
[10]) zwei Einheiten als Versuchs-Gelenklokomotiven gebaut, Tender für 60 m^3 Wasser und 35 t Kohle

Niagara-Lok 6009 (Gesamtradsatzstand 29 630 mm und 9,38 m^2 Rostfläche) der New York Central Railroad mit 15-Wagen-Schnellzug im Jahre 1951 bei Rensselear/Albany.
Haas

29,4 m lange 1'D2'-Reisezuglokomotive mit sechsachsigem Tender der Sowjetischen Eisenbahnen, maximale Achsfahrmasse der 1936 gebauten Lok 20,4 t.
Eine Lok dieser Gattung IS wurde 1937 auf der Pariser Weltausstellung gezeigt.
SŽD

Die mächtigste aller Hochdruck-Kolben-Dampflokomotiven: 1'E2'-Dreizylinder-Verbund-Lokomotive Nr. 8000, Klasse T-4a der Canadian Pacific Railroad. Die damals 300 000 $ teure und fast 31 m lange Lok arbeitete mit Dampfspannungen von 60 bar im Hochdruck- und 18 bar im Niederdruckteil, Inbetriebnahme im Mai 1931. Die im Dienst 361,7 t schwere Lok mit Tender genoß damals den Ruf, die schwerste Dampflokomotive des British Empires zu sein. Sammlung Stoffels

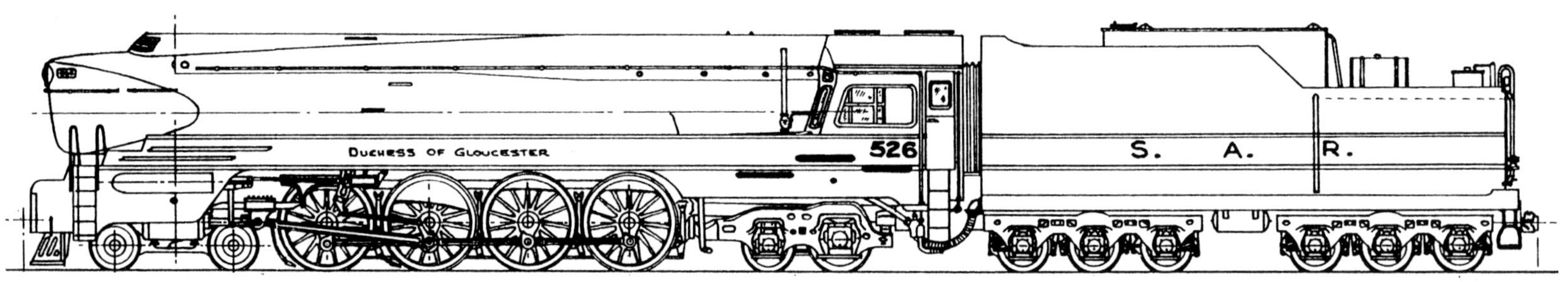

Die 203 t schwere 2'D2'-Lok Nr. 526 „Duchess of Gloucester“ der South Australian Railways für 1600 mm Spurweite erhielt eine äußere Formgestaltung nach dem Muster der Pennsylvania-Duplex-Bauart T-1 von Raymond Loewy. Die 1943 in Betrieb genommene Lok war 26 700 mm lang. Ein Konstruktionsvorschlag für eine verstärkte Normalspur-Lok gleicher Konzeption sah eine Gesamtlänge von 33 m vor. Sammlung Pearce

Mallet-Lokomotiven größter Abmessungen

In keinem Land der Welt gab es derart zahlreiche und monströse Mallet-Lokomotiven, sowohl mit Verbund- als auch mit Einfach-Expansionsmaschine, wie in den USA. Gewiß, monumentale Mallets sah man auch in Brasilien, in China und in der Sowjetunion. Die Sowjetischen Eisenbahnen ließen noch im Jahre 1954 zwei versuchsweise zu verwendende (1'D)D2'-Gelenklokomotiven für eine Reibungsmasse von 160 t in Kolomna konstruieren und bauen. Sie wurden als wahre „Jumbos" mit achtachsigem Tender auf der Rjasaner und auf der Krasnojarsker Bahn mit den Betriebsnummern P 38.001 und P 38.0002 mehreren Betriebserprobungen unterzogen. Aber man hatte sich schon viel früher an die Mallets herangewagt: Eine C'Ch4v-Lok, Reihe N, Nr. 810, der Moskau-Kasaner Bahn, die von der Maschinenbauanstalt Brjansk als 106 t wiegender Schwergewichtler gebaut worden war, erschien als Attraktion auf der Pariser Weltausstellung des Jahres 1900 mit dem Hinweis „Ganz schwere Ausführung". Eine spätere Vorläuferin der P 38 war die aus Kolomna stammende (1'C)C1-Mallet P 34.0001 mit 117,5 t Reibungsmasse.

In die Entwicklung und die Herstellung großer, größter und „Superlativ-Mallets" ungewöhnlichen Stils stiegen aber die Nordamerikaner weitaus waghalsiger ein. Als Ende der zwanziger Jahre unseres Jahrhunderts die nordamerikanische Southern Pacific eine gigantische (2'D)D1'h4-Mallet-Lokomotive mit vornliegendem Führerhaus, also mit umgekehrter Kesselanordnung, die Rauchkammer dem Tender zugewandt, vorstellte und in zehn Einheiten von Baldwin beschaffte, gehörte sie in die Kategorie der größten und schwersten Gelenklokomotiven der Welt. Mit 215,5 t Reibungsmasse, einem ölgefeuerten Kessel und 1613 mm Kuppelraddurchmesser besorgte die eindrucksvolle Vierzylinder-Mallet Nr. 4102 den Reise- und Güterzugverkehr speziell auf einem 224 km langen Streckenabschnitt, der in beiden Richtungen ausgedehnte Steigungen bis zu 26 Promille aufwies. Da diese Southern-Strecke außerdem durch viele Tunnels führte, schien der Einsatz dieser Frontführerhaus-Lok mit Zisternen-Tender sehr zweckmäßig. Rauchkammer mit Schornstein befanden sich dabei nicht vor, sondern weit hinter dem Führerhaus, so daß das Lokomotivpersonal durch die Frontfenster weitgehend klare Sicht hatte. Im Jahre 1942 folgten weitere Maschinen gleicher Konzeption, ebenfalls in Philadelphia bei Baldwin gebaut, jedoch mit Kastentender. Die Lokomotiven wogen im Dienst 417 t und hatten einschließlich Tender eine Gesamtlänge über Kupplung von rund 37 m bei einem Gesamtradsatzstand von 32 442 mm.

Ein Gigant deutscher Konstruktion: Das Projekt zur dritten Kriegslokomotive (Borsig II) zeigt eine 27 350 mm lange (1'C)D-Mallet-Lokomotive mit fünfachsigem Tender 3'2'T 38. Der Gesamtradsatzstand von 22 500 mm ermöglichte gerade noch das Drehen auf der 23-m-Drehscheibe. Die Lokomotive, nie gebaut, hätte vermutlich die Betriebsnr. 53 0001 bekommen. Modellfoto Märklin

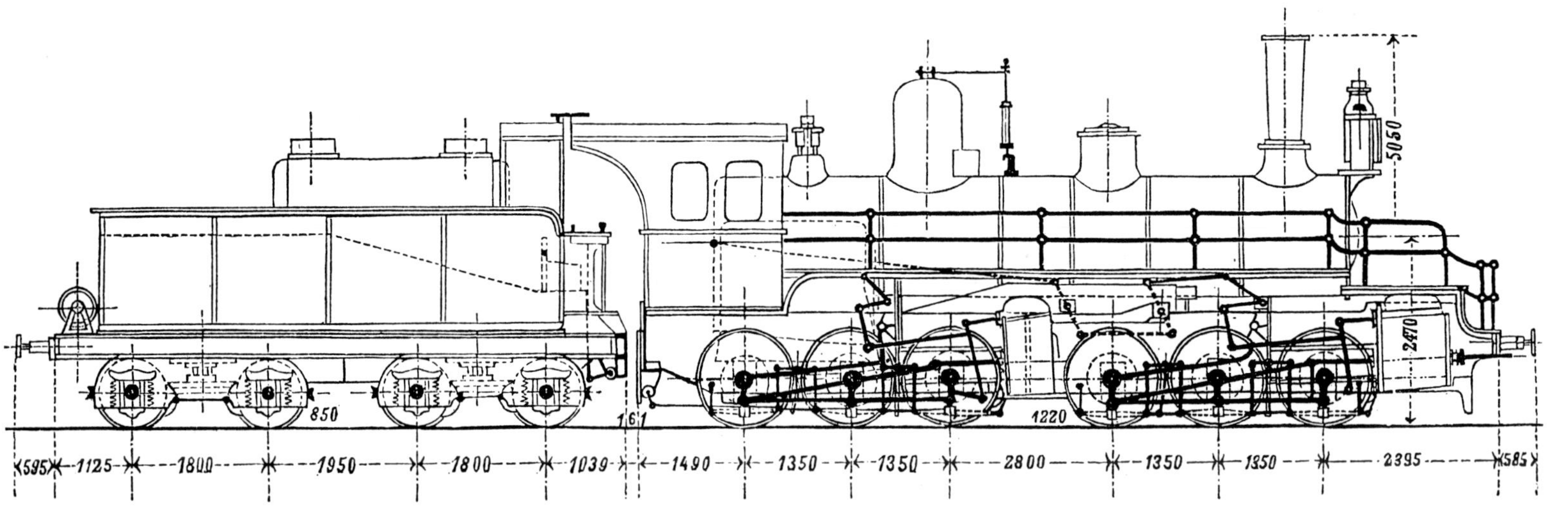

C'C-Mallet-Verbund-Lokomotive, Reihe N (Nr. 810) der russischen Bahn Moskau–Kasan. Die in Brjansk gebaute, einschließlich Tender 106 t schwere Lok wurde im Jahre 1900 auf der Pariser Weltausstellung zur Attraktion: Die Bauart Mallet erschien zum erstenmal in „ganz schwerer Ausführung auf einer Weltausstellung".

Die vier Hochdruckzylinder von je 613 mm Durchmesser arbeiteten mit dem enormen Kolbenhub von 813 mm.

Satte 501 t brachte schon im Jahre 1928 die Northern-Pacifis-Mallet Nr. 5000 mit gleicher Radsatzfolge und nahezu identischen Triebwerkabmessungen wie ihre Southern-Pacific-Schwester. Der 19 425 mm lange Kessel wog allein schon 73 t! Er besaß eine Verdampfungsheizfläche einschließlich Feuerbüchsheizfläche von 712 m^2, wozu noch der Überhitzer mit 300 m^2 kam. Zum Vergleich: Die Southern-Pacific-Maschine wies 604 m^2 und 277 m^2 Heizfläche auf. Die Northern-Pacific-Mallets schleppten meist 4000 t über Strecken mit 11-Promille-Rampen. Lieferant der Loks war die ALCO.

Eine andere Vierzylinder-Einfach-Expansions-Mallet jener Jahre war die (1'D)D1'-Bauart mit sechsachsigem Kastentender, die 1931 von der Western Pacific Railroad in Betrieb genommen wurde und eine Reibungsmasse von 246 t aufwies. Auch für diese Bauart sah das Schlepplastenprogramm 4000-t-Schwerlastzüge und 3700-t-Eilgüterzüge mit leichtverderblichen Gütern vor. Nach Antritt ihres Dienstes hatte übrigens jene stolze Mallet-Maschine zwei ältere Lokomotiven zu ersetzen, eine (1'C)C1' und eine 1'D1'. Beide zusammen hatten 999 m^2

2'D(D1')-Eilgüterzuglokomotive Nr. 4162 mit vorn angeordnetem Führerhaus („cab ahead"-Typ) der Southern Pacific Railroad, Erbauer des Kolosses war Baldwin im Jahre 1928.

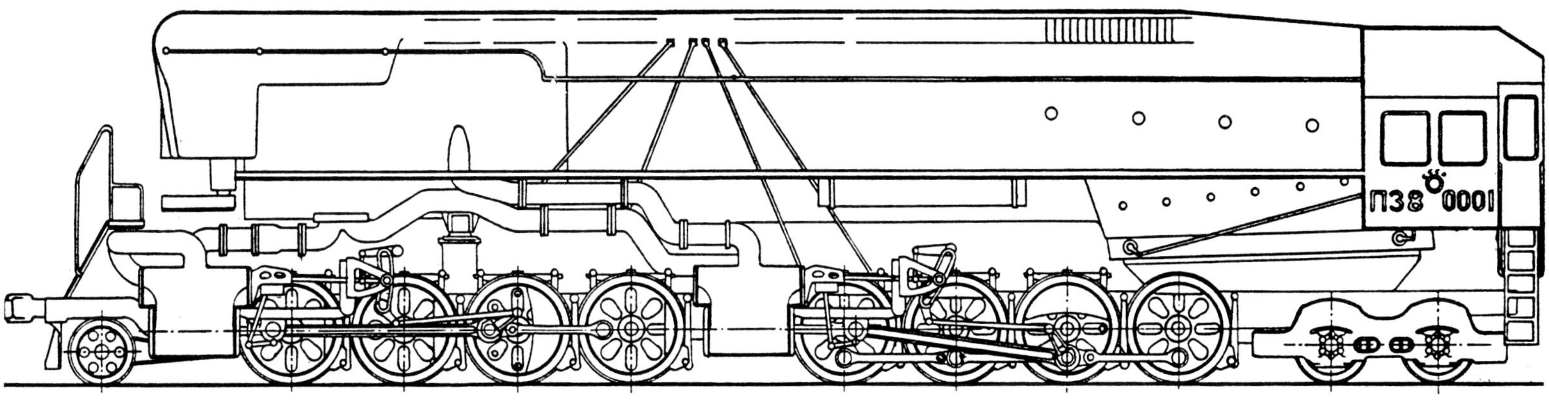

Von dieser im Jahre 1954 fertiggestellten Riesen-Mallet-Lokomotive Radsatzfolge (1'D)D2' sind zwei Einheiten der Baureihe P 38.0001/02 in Kolomna hergestellt worden. Mit einem achtachsigen Tender (60 m³ Wasser und 35 t Kohle) besaßen beide Mallets eine Gesamtlänge von je 38 230 mm und übertrafen damit den sowjetischen Siebenkuppler AA und die Garratt Ja-1. Die P 38 galt als die größte jemals in der UdSSR gebaute Dampflokomotive.

Heizfläche und 15,2 m² Rostfläche. Die neue Mallet kam mit nur 839 m² Heiz- und 13,4 m² Rostfläche aus. Außerdem wurde die Dienstmasse der jüngeren Lok trotz des größeren Tender-Fassungsvermögens mit „nur" 478 t gewogen, während die beiden anderen Maschinen zusammen 549 t auf die Waage brachten. Dieses Beispiel zeigt, daß unter bestimmten Voraussetzungen die „massigen" Mallets einerseits in der Anschaffung recht teuer sind, andererseits aber auch durchaus ihre gesamtbetriebswirtschaftlichen Vorzüge haben.

Die im Jahre 1940 beschafften 20 Einheiten der Gattung J-95 mit (2'C)C2'-Radsatzfolge der Delaware & Hudson-Bahn dienten dem Eilgüterzugdienst auf besonders schwierigen Strecken. Die Eisenbahngesellschaft verlangte von den Konstrukteuren der ALCO, daß das Vordergestell der Lok die zulässige Reibungsmasse noch auf 15-Promille-Steigungen voll ausnutzt. Bei 31 t zulässiger Achsfahrmasse erhielt deshalb das Vordergestell 93,5 t, die hintere Kuppelradsatzgruppe jedoch nur 91,4 t Reibungsmasse. Diese technische Maßnahme war insofern gerechtfertigt, als auf der nach oben geneigten Strecke das zurückweichende Kesselwasser eine Entlastung der vorderen Kuppelradsatzgruppe und eine zusätzliche Belastung der zurück-

(1'D)Dh4-Mallet-Lokomotive DD 5207, gebaut 1923 von Werkspoor für die früheren Holländischen Staatsbahnen auf Java (Indonesien). Die von der Hanomag entworfene Kapspur-Bauart, auch von Hartmann in Chemnitz geliefert, war – Fachpresseberichten zufolge – damals die bis dahin größte in Deutschland hergestellte Schmalspur-Dampflokomotive, Dienstmasse etwa 140 t. Das Foto (W. A. Pearce) zeigt die Lok zusammen mit der CC 5001 im Jahre 1972.

Eine der Größten des Jahres 1906: (1'C) (C1')-Mallet-Lok der Great Northern Railroad, Erbauer dieser 25 500 mm langen und 225 t schweren Lok Nr. 1800 war Baldwin.

Diese 1918 bei der ALCO mit Fabriknr. 60 000 gebaute (1'E) (E1')h4v-Mallet-Gigantin der Virginian Railroad hatte versuchsweise 120 mit Kohle beladene Güterwagen an der Tenderkupplung!

liegenden Radsatzgruppe bringt. Im übrigen ruhte das vordere Laufachs-Drehgestell mit 34,5 t, das hintere zweiachsige Deichsel-Gestell mit 52 t auf den Schienen. Jene mit Kuppelrädern von 1752 mm Durchmesser ausgerüstete Lok-Gattung besaß einen sechsachsigen Tender 3'3'T 85, der bei 2/3 Vorräten 141 t wog.

Die lange zuvor gebauten Mallets mit zwei fünfachsigen Kuppelradsatzgruppen, beispielsweise der Virginia-Eisenbahn, konnte man getrost als „Dinosaurier des Schienenverkehrs" bezeichnen. Sie hatten selbstverständlich ihre entwicklungsgeschichtliche Bedeutung, konnten jedoch mit den späteren Mallets höherer Achsfahrmassen und größerer Kuppelraddurchmesser für variantenreichere Einsätze nicht mithalten, zumal dann die Triebwerkgruppen mit je drei oder vier Kuppelradsätzen ausreichend dimensioniert werden konnten.

Sensationelle Spitzenreiter solcher Mallets wurden schließlich die weltbekannten „Big Boys". Im Technischen Fachblatt des Vereins Mitteleuropäischer Eisenbahnverwaltungen, Ausgabe vom 1. März 1943, stand: „Die als schwerste und leistungsfähigste Mallet-Lokomotive mit einfacher Dampfdehnung geltende Eilgüterzuglokomotive ist für 128 km/h Höchstgeschwindigkeit gebaut. Sie entwickelt eine größte Leistung von 7000 PS bei 112 km/h". Und die „Railway Gazette", Band 76 Nr. 5, überschrieb ihren

diesbezüglichen Beitrag mit „A remarkable American Locomotive Development“ (Eine bemerkenswerte amerikanische Lokomotiv-Entwicklung). Sämtliche Radsätze der Lok waren mit Rollenlagern ausgestattet, deren Betriebstemperaturen mit Erwärmungsmessern überwacht wurden. Die Masse der hin- und hergehenden Teile jeder Lokomotivseite belief sich auf 957 kg und hinten auf 870 kg. Die rotierenden Massen konnten voll ausgeglichen werden, die hin- und hergehenden nur zu 28 % (verteilt auf alle gekuppelten Räder). Vom Kessel der 25 von der ALCO gelieferten Riesenlokomotiven, Nrn. 4000–4024 der Union Pacific Railroad, wird in einem der folgenden Kapitel berichtet.

Die europäische Bedeutung der Mallet-Lokomotiven war vor allem in Ungarn sehr ausgeprägt. Die größte der verschiedenen ungarischen Mallet-Bauarten war die (1'C)C-Verbund-Lok, Reihe 601 der MÁV, des Jahres 1914. Bis 1919 wurden 60 Einheiten mit vierachsigem Schlepptender hergestellt. Die Baureihe 601 erhielt den größten Brotan-Kessel Europas. Stolze ungarische Eisenbahner sprachen damals von der stärksten europäischen Dampflokomotive (2360 indizierte PS) bis zum Jahre 1918. In Ungarn wurden übrigens insgesamt rund 200 Mallet-Loks vielfältiger Radsatzfolgen in Dienst gestellt. Auch Serbien bediente sich der Mallets, die als (1'C)(C1')n4v-Loks für 760 mm Spur im Jahre 1915 bei der ALCO in Amerika bestellt und im gleichen Jahr geliefert wurden.

Reibungsmasse 210 t, Verdampfungsheizfläche 515 m²: laufachslose (D)'Dh4v-Mallet-Güterzuglok Nr. 7048, gebaut 1913 von der ALCO für die Baltimore & Ohio Railroad. Hier sehen wir den bulligen Lastenschlepper im Jahre 1938 mit zylindrischem Tender-Wasserkasten.

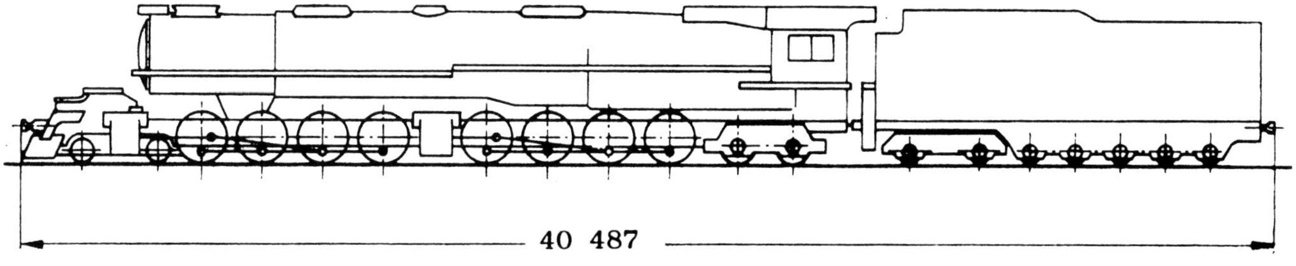

Die größte, schwerste und leistungsfähigste Mallet-Lokomotive der Welt: „Big Boy“ der Union Pacific Railroad, Klasse 4000

Duplex- und Triplex-Dampflokomotiv-Giganten

Lokomotivkonstrukteure haben sich schon viele raffinierte Dampflokomotiv-„Spielarten“ einfallen lassen, um betrieblichen Anforderungen immer besser gerecht zu werden. Manche fantasiereichen Projekte gingen daneben, zum Beispiel solche für gelenkige Monster-Kessel. Trotzdem wurden Erfolgserlebnisse, besonders seit der Jahrhundertwende bis in die fünfziger Jahre hinein, publizistisch genutzt, denn meist stimmten die lancierten Superlative: Die „Größten“ oder die „Stärksten“ der Welt wurden dann tatsächlich respektvoll als Spitzenleistungen der Lokomotivtechnik angesehen. Die Weltpresse, mitunter auch die Kino-Wochenschauen, berichteten von Mallet-Lokomotiven mit monströsen, wohnraumgroßen Wootten-Feuerbüchsen (für Anthrazit-Beschickung) und Lokomotiven mit Kamelrücken-Führerhaus auf dem Kessel, alles große und größte Mallet-Lokomotiven mit Schlepptender, kaum Mallet-Tenderlokomotiven wie in Europa.

Der Leistungsfähigkeit des Kessels wurden durch die Lokomotivlänge gewisse Grenzen gesetzt, die nicht überall hingenommen wurden. Oft gaben die viel zu langen Siede- und Rauchrohre unliebsamen Anlaß zu Beanstandungen. Eine bessere Abstimmung der Heizflächen-Dimensionen mit verkürzten Rohrwandabständen, größerem Kesseldurchmesser (soweit die Fahrzeugumgrenzung dies zuließ) oder mit Doppel-Kessel gehörten zu den Lösungsvorschlägen so lange, bis die Dampfkessel-Experten die Probleme beherrschten. Der Bau superlanger Lokomotiv-Giganten erlebte neue Impulse. Zu den konventionellen Steifrahmen-Lokomotiven kamen die langen Gelenklokomotivbauarten, später auch die steifrahmigen Maschinen mit zwei Triebwerken als Duplex-Giganten.

Die in den beiden ersten Jahrzehnten unseres Jahrhunderts als schwerste Lokomotiven der Welt geltenden (1'E)E1'-Mallet-Verbund-Lokomotiven der Atchison Topeka & Santa Fe Railroad wogen im Dienst mit Tender 387 t. In jenen Jahren hatte sich Baldwin mit einer für die Erie-Bahn entwickelten erweiterten Mallet-Gelenklokomotiv-Konstruktion eine interessante Variante ausgedacht, die mit drei Triebwerkgruppen und insgesamt zwei Hochdruck- und vier Niederdruckzylindern arbeitete. Bei 386,6 t Dienst- und 345 t Reibungsmasse übertraf die Triplex-Lokomotive („Centipede“) ihre Doppel-Fünfkuppler-Mallet-„Konkurrentin“ hinsichtlich Zugkraft ganz wesentlich: 726 kN am Haken waren eine ganze Menge Pluspunkte gegenüber der Santa-Fe-Lok mit nur 522 kN Zugkraft bei „bescheidenerer“ Reibungsmasse von 249 t. Die 1914 erstmals erschienene Erie-Triplex erlebte noch eine verstärkte Nachfolgerin mit einer Zugkraft von 730 kN. Eine zur gleichen Zeit von Baldwin für die Virginian Railway gelieferte Triplex-Lokomotive, Klasse X-A Nr. 700, galt laut Hersteller als einzige Sechszylinder-Triplex-Maschine

Die einst gewaltigsten aller Lokomotiven fuhren auf der Virginischen Eisenbahn. Das Baldwin-Archivbild zeigt eine (1'C) (C1')h4v-Modified-Mallet-Lok Nr. 3322 (Serie 3300) mit Gelenk-Kessel („flexible Boiler“).

ohne Verbundwirkung, die also nur mit Frischdampf und ohne Niederdruckzylinder arbeitete.

Beliebter als die Triplex-Lokomotiven waren die Duplex-Kreationen, die sogenannten steifrahmigen „Nonarticulated"-Bauarten. Dabei wurden die französischen Konstrukteure mit ihrer 1'BC1'-Güterzuglokomotive der PLM-Gattung 151 A 1-10 zur Schrittmacherfunktion animiert. Die imposanten Französinnen, die Anfang der dreißiger Jahre erschienen, erhielten ein ventilgesteuertes Verbundsystem, wobei die vordere Triebwerkgruppe die Niederdruckzylinder bekam. 3000 PS effektive Leistung am Tenderzughaken bei 75 km/h waren ein respektables Ergebnis des europäischen Lokomotivbaues jener Zeit. Für eine noch größere 2'BB2'-Nonarticulated entschied sich 1935 die Baltimore & Ohio Railroad. Jene leistungsstarke Duplex-Riesin wog im Dienst etwa 337 t. Ihre Länge über Kupplung maß 31 m.

Obwohl auch die Pennsylvania-Bahn kaum Erfahrungen mit Doppeltriebwerken im starren Rahmen gemacht hatte, entschloß sich der dortige Betriebsmaschinendienst im Sommer 1940 zu einer betrieblich besser geeigneten Neukonstruktion der überlangen „phantom-ähnlichen" 3'BB3'-Stromlinienlok S-1. Nr. 6100, die mit einer Länge von 42,75 m nicht gerade das „Ei des Columbus" war, wenngleich ihre Dimensionen insgesamt das Interesse fast aller Lokomotivbauer der Welt weckten. Arnold Haas berichtete im „Lok-Magazin" über den beabsichtigten Nachbau: „Man glaubte in der 2'BB2'-Achsanordnung eine verbesserte Ausführung der 2'D2'-Bauart gefunden zu haben." Die dann so entstandene T-1, Betriebsnummern 6110-11 (Prototyp) und 5500-49 (Serienausführung), konnten auf Dauer die in sie gesetzten Erwartungen nicht erfüllen. Sie litten unter Schleuderneigung, Anfahrschwierigkeiten vor schweren Zügen und unter wachsender Reparaturanfälligkeit. Aber bei hohen Geschwindigkeiten, so behaupteten manche Lokomotivmannschaften, lief die T-1 so ruhig wie ein Salonwagen. Die Lokomotiven mit ihren langgezogenen, aggressiv wirkenden Frontpartien konnten – die Kraft aus vier Zylindern auf zwei Triebwerke verteilt – durchaus ein gewisses gravitätisches Auftreten vermitteln. Die andere Nonarticulated Nr. 6130 der Pennsylvania-Bahn des Jahres 1941 sah mit ihrer 2'CB2'-Radsatzfolge und der geschoßartigen Rauchkammertür weitaus weniger elegant aus. Ein technisches Kunstwerk war sie nicht.

Bei Inbetriebnahme 1909 größte Schnellzuglokomotive der Welt: (2'B)C1'h4v-Lok Nr. 1398 der Atchison Topeka & Santa Fe RR. Die Lok besaß einen Gelenkkessel und hatte mit 1854,2 mm Durchmesser die bis dahin größten Treib- und Kuppelräder bei Mallet-Lokomotiven.

(1'D)D(D1')-Triplex-Lokomotive mit 6-Zylinder-Triebwerk für die Erie-Bahn in den USA. Die 1915 gebauten Nachfolgerinnen gleicher Gesamtkonzeption erhielten die größten bis dahin hergestellten Lokomotivkessel überhaupt. Unser Foto (Sammlung Haas) zeigt die Lok Nr. 5014 des Jahres 1914.

Die 2'BB2'h4-Duplex-Schnellzuglok Nr. 5507, Klasse T-1 der Pennsylvania-Bahn, hatte einen Brennkammerkessel mit 391 m² Verdampfungsheizfläche. Die Lok erhielt Rollenlager und wurde 1948 gebaut.
A. Haas

Oft handelte es sich bei vielen Duplex-Maschinen und anderen Riesenlokomotiven, teils mit architektonischem Gespür entworfen und ehrgeizig konstruiert, um Grenzwerte von Achsfahrmasse, Eigenmasse, Spurweite und Profil, mit denen die Ingenieure fertig werden mußten. Manche Entwurfszeichnung führte zum „Leviathan“ auf Schienen! Die großrädrigen und schnellsten Garratts (Algerien, Sao Paulo) gehörten zu den Riesen einer „Sonderklasse“, denen die Aura des Ungewöhnlichen anhaftete. Mallet-Lokomotiven, deren mächtige Kessel derart lang sein mußten, daß elastische und trennbare Verbindungen notwendigerweise eingefügt und zwischengeschaltet wurden, erfreuten sich keiner großen Beliebtheit. Zudem verlangten erweiterte Durchmesser von kürzeren Kesseln gleicher Heizflächendimensionen eine höhere Lage der Kesselmitten, die weniger von der Kippsicherheit der Lokomotiven, aber viel eher von der Fahrzeugumgrenzung abhängig waren.

Die breiteste und höchste Umgrenzungslinie besitzen in Europa die Russischen Eisenbahnen. Das Profil 1B wies bereits zwischen den beiden Weltkriegen bei 3250 mm Breite eine Höhe von 5300 mm auf. Daher hatten sich jahrzehntelang die dortigen Dampflokomotiven durch besonders hohe Kesselanordnungen auszeichnen können. Schon die 1926 entwickelte 2'D-Dreizylinder-Lokomotive, Klasse M, der Sowjetischen Eisenbahnen wies eine Kesselmittenlage über Schienenoberkante von 3450 mm auf. Auf Normalspur kam die österreichische 2'Bn2v-Schnellzuglokomotive, Baujahr 1903, auf ein Höchstmaß der Kesselmittenlinie von 2800 mm über SO. Die preußische S 10¹, Bauart 1911, hatte 2900 mm Höhe für die Kesselmitte. In den USA erreichte die schwere 1'E1'-Güterzuglokomotive 6100 der Baltimore & Ohio Railroad ein Höhenmaß der Mittellinie des Langkessels von 126 Zoll (3201 mm) über SO. Bei der imposanten Pennsylvania-Duplex-Schnellzuglokomotive T-1 waren es 3328 mm, womit aber immer noch nicht das überraschende Maß der viel älteren sowjetischen 2'D-Lokomotive erreicht wurde. Die berühmte, chinesische normalspurige 1'E1'-Lokomotive der Baureihe QJ, mit sechsachsigem Tender 29 181 mm lang, galt zwar als Hochleistungs-Güterzuglokomotive mit nahezu 3000 PS am Radumfang, mußte jedoch innerhalb der chinesischen Fahrzeugumgrenzung bei 4800 mm Höhe am Scheitel mit einem geringeren Kesselmittenabstand über SO auskommen. In Anbetracht des kleinrädrigen Triebwerks (1500 mm Kuppelraddurchmesser) gab es dabei allerdings auch keinerlei konstruktive Schwierigkeiten. Bemerkenswerterweise erhielt die DB-Lokomotive der Baureihe 23 eine Kesselmittenlage von 3325 mm (gemäß Zeichnung Fld 1.03 Bl.040) über SO. Das war fast das gleiche Maß wie es die riesige T-1 der amerikanischen Pennsylvania-Bahn präsentierte. Die DB-Lok der Baureihe 10 kam mit nur 3250 mm für die Mittenlage des Kessels aus.

Überraschungen verzeichnete man auch unter den Kleinen. Die Zwillings-Schlepptender-Lokomotive, Klasse NG, der Südafrikanischen Bahnen mit einer Spurweite von 2 Fuß (610 mm) verließ in ihrer neueren Ausführung während des Jahres 1939 die Werkhallen. Ihre Kesselmitte lag 1750 mm über SO. Auf den ersten Blick war dieses Maß eine Mini-Größenordnung, und doch ist es sensationell! Die 1750 mm machten das 2,86fache der Spurweite aus. Und dabei handelte es sich um einen „Rekord-Faktor", der – wie es in der seinerzeitigen Fachpresse hieß – sonst bei keiner Lokomotive vorkam. War diese „narrow-gauge"-Lokomotivbauart nicht eine Extra-Klasse im Reigen der Jumbos?

Nicht unbedingt eine Mammut-Bauart war die 1922 erstmals gebaute ungarische 2'Dh2-Reisezuglokomotive der Gattung 424. Aber das damals sensationelle Maß von 3300 mm zwischen Schienenoberkante und der Kesselmittellinie trug ihr den Ruf der höchsten Kessellage aller damaligen europäischen vierfach gekuppelten Personenzuglokomotiven ein. Im „Organ für die Fortschritte des Eisenbahnwesens" (Jahrgang 1925) las man sogar, daß die ungarische 2'D „die höchste europäische Normalspur-Kessellage" besaß. Somit konnte man dieser bis über 100 km/h erprobten Schlepptenderlokomotive durchaus das Prädikat einer „überragenden" Maschine zuordnen. Keine der spanischen Breitspurlokomotiven jener Zeit, keine der damaligen französischen „Mountains" hatte derart hoch angeordnete Kessel! Auch die österreichischen 2'D-Lokomotiven aus der Lokomotivfabrik der St.E.G. konnten bei 3250 mm Kesselmittenhöhe mit der aus Budapester Fertigung stammenden Baureihe 424 nicht mithalten.

Kessel-Größen und „Monster"-Lokomotiven

Das vorangegangene Kapitel hat uns klargemacht, daß sich die Welt der Dampflokomotiven zu einem bemerkenswerten Teil aus bewundernswerten „Monster-Konstruktionen" mit gigantischen Komponenten rekrutierte. Schon die Dimensionen von vielen Kesseln deuten auf ein unfaßbares Leistungspotential hin. Natürlich ist die Größe an sich noch keine Garantie fürs Fortleben in der Eisenbahn-Geschichtsschreibung, zumal es ohnehin unmöglich ist, den Preis für den besten, zuverlässigsten, bewährtesten und zugleich größten Dampfkessel-Riesen überhaupt zu vergeben. Soll er nach Nordamerika – vielleicht zu Baldwin in Philadelphia oder zur American Locomotive Company nach Schenectady – gehen, oder wollen wir ihn dem Osten – etwa dem Werk in Lugansk oder der berühmten Lokomotivfabrik Kolomna – zusprechen?

Der etwa 18,5 m lange Riesenkessel der sowjetischen 2'G2'-Lokomotive, Gattung AA, besaß den vorteilhaften Großrohrüberhitzer und war in der Lage, bei bester Kohlenqualität ungefähr 33,5 bis 35 t/h Dampf zu erzeugen und Zylinderleistungen bis 5800 PS zu ermöglichen. Die wasserberührte Verdampfungsheizfläche wurde mit 445 m^2 genannt. Der mit 10 m^2 bemessene Rost erhielt, wie bei allen Lokomotiven großer Dimensionen, mechanische Beschickung mit Stoker. Zum Vergleich: Der handbeschickte Wagnersche Langrohrkessel deutscher Einheitslokomotiven der Baureihen 01 und 02 besaß nur 4,41 m^2 Rostfläche und eine Kessellänge (einschließlich Rauchkammer) von lediglich 12,65 m. Die Lage der Kesselmitte über Schienenoberkante belief sich dabei auf 3100 mm. Die Kesselmittenachse der breitspurigen 2'G2'-Lok erreichte aber mit 3650 mm über Schienenoberkante die höchste Lage aller bekannten Lokomotivkessel. Doch diese sensationelle Steifrahmen-Lok blieb unbefriedigend und endete als Einzelgängerin.

Der Anfangserfolg der 2'F1'-Drillingslokomotive Nr. 9000 der Union Pacific Railroad, die im April

Einer der größten deutschen Export-Kessel des Jahres 1936, Gesamtlänge 13,5 m, Empfänger Chilenische Staatsbahn. Esslingen

1926 herauskam, garantierte erfreuliche Nachbestellungen: 15 Einheiten im gleichen Jahr und weitere 72 bis Anfang der dreißiger Jahre. Eine Superlativ-Aussage der Amerikaner war fällig: Die 2'F1'-Riesin rückte auf zum erfolgreichsten und stärksten Sechskuppler der Welt, der – in Lieferzahlen gemessen – die Spitzenposition einnahm. Der 17,1 m lange Brennkammerkessel sorgte trotz Kleinrohrüberhitzer mit nur zweisträngigen Elementen für eine genügend hohe Dampfleistung. Auf die Außenlänge des Stehkessels entfielen 5 m und auf die Rauchkammer 3,5 m Länge. Und so gab der Kessel eine indizierte Dauerleistung von 4750 h.p. = 4815 PS sowie eine Spitzenleistung von 4915 h.p. = 4980 PS her. Auf jener eindrucksvollen 2'F1'-Maschine konnten die beiden nötigen Verbundluftpumpen aus Profilgründen nicht – wie sonst meist üblich – seitlich montiert werden, so daß die Konstrukteure eine Lösung mit der Befestigung der Pumpen an der Rauchkammer-Vorderwand finden mußten. Die dadurch recht klein gehaltene längliche Rauckammertür war gerade noch gerechtfertigt, weil der Kessel gemäß amerikanischer Praxis weitgehend selbstreinigende Rauchkammern hatte.

Einen der größten, in Deutschland entwickelten und gebauten Lokomotivkessel für den Export lieferte im Jahre 1936 die Maschinenfabrik Esslingen an die Chilenische Staatsbahn (FF.CC.del Estado) nach Valparaiso. Jener rund 13,5 m lange Brennkammerkessel wies eine feuerberührte Verdampfungsheizfläche von etwa 310 m2 auf. Die Kessel-Rekorde hielten jedoch die USA-Lokomotivbauer. Die prominente 2'BB2'-Vierzylinder-Schnellzuglok T-1, die wir schon kennengelernt hatten, ein – trotz mancher Mißerfolge – viel bestauntes „Glamour Girl" auf den Gleisen der Pennsylvania und probeweise der Norfolk & Western hatte wohl einen etwas zu knapp bemessenen Brennkammer-Kessel mit 391 m2 Verdampfungsheizfläche und etwa 156 m2 Überhitzerfläche. Eine Strahlungsheizfläche von etwa 45,5 m2 erhöhte die Verdampfungsheizfläche nicht unwesentlich. Für den stokerbeschickten Rost hatten die Wärmetechniker 8,55 m2 Grundfläche vorgesehen, eine Größe, die dem dortigen Lokomotivpersonal als zu klein erschien.

Dennoch konnten Zylinder-Höchstleistungen von 6700 PS erzielt und bis zu 45 t Wasser stündlich verdampft werden. Der Kessel unter der Pseudo-Stromlinienverkleidung besaß einen größten Außendurchmesser von 2540 mm, wobei die Rohrlänge 5486 mm betrug und der Kesseldruck in Höhe von 21,1 bar unverändert von der größeren Vorgänger-Schwester S-1 (Nr. 6100) übernommen wurde. Jene 3'BB3'-Saurier-Lokomotive soll im März 1946 ein Tempo von 226 km/h vorgelegt haben. Doch auch die T-1, die gelegentlich einen 16-Wagen-Zug bis auf 130 mph (209 km/h) beschleunigt haben soll, konnte bei Geschwindigkeiten über 200 km/h mithalten. Der Dampfkessel der S-1 („Big Engine") hatte einen maximalen Innendurchmesser von 2591 mm und die enorme Verdampfungheizfläche von 525,9 m^2. Die Rohrlänge (= Rohrwandabstand) des Brennkammer-Kessels belief sich dabei auf 6676 mm und war „vorsichtiger" und risikoloser ausgelegt als bei den Kesseln der deutschen Baureihen 05 (7000 mm) und 06 (7500 mm). Die in eine Regellok umgebaute Kohlenstaub-Lokomotive 05 003 erhielt eine Rohrlänge zwischen den Rohrwänden von vorteilhafteren 5500 mm, ein Maß, das nahezu demjenigen des Kessels der T-1 entsprach.

Es existierten, wie wir inzwischen wissen, bereits viel früher monumentale Schienenwunder, die zum Welt-Ereignis hochstilisiert worden waren. Die Atchison Topeka & Santa Fe Railroad besaß ans Fantastische grenzende Lokomotivkonstruktionen, deren Mammutgröße leicht in planerische Sackgassen führen konnte. Das Ausschwenken des Kessels besonders langer Lokomotiven im Gleisbogen ließ die Befürchtung gefährlicher Profilüberschreitungen aufkommen. Findige Ingenieure kamen auf die Idee, gelenkige Kessel für überlange Hochleistungslokomotiven zu erfinden. Tatsächlich sind derartige Träume zum Leben erweckt worden: Zwei beweglich verbundene Kessel sollten zum Ziel führen. Die Atchison Topeka & Santa Fe versuchte es im Jahre 1909 mit zwei (2'B)C1'h4v-Lokomotiven Nrn. 1300/1301 (später 1398/1399). Der hintere jeweils über dem Hochdrucktriebwerk angeordnete Kessel der beiden kuriosen Pseudo-Mallet-Schlepptenderlokomotiven diente der Verdampfung. Der vordere Kessel über dem Niederdrucktriebwerk wurde zum Speisewasservorwärmer und zu einem zweiten Überhitzer – für den Hochdruck-Abdampf – umfunktioniert. Die verbindenden Rohre erhielten Kugelgelenke. Den beiden Kesseln gab man trennbare Verbindungen in Form „stählerner Faltenbälge". Baldwin entwickelte jedoch für die Gelenkkessel eine bewegliche Scharnierverbindung, die aus 50 Ringen bestand, das Maß des Kesseldurchmessers hatte und aus heutiger Sicht kaum vorstellbare, genietete V-förmige Falten, ähnlich einer Ziehharmonika, bildete. Die Sache wurde zur Konstruktionsgroteske, nachdem man sich auch noch andere Bauarten „elastischer" Gelenkkessel-Verbindungsglieder einfallen ließ, die gar nicht selten den sonst gewohnten schlanken Kesseln nun ein recht häßliches Aussehen verliehen. Aber die beiden Lokomotiveinheiten mit den Betriebsnummern 1300 und 1301 konnten immerhin bei ihrer Indienststellung als größte Schnellzuglokomotiven der Welt von sich reden machen. Die oft schadhaft werdenden Gelenkverbindungen und falsch dimensionierte Saugzuganlagen minderten allerdings die „Qualität" der Maschinen ganz beträchtlich.

Trotzdem wurden die Lokomotivbauer nicht müde, weiterhin Gelenklokomotiven mit Gelenkkesseln auf die Schienen zu stellen. Abenteuerliche Konstruktionen, darunter aus zwei Lokomotiven zusammengesetzte und schwenkbar verbundene Riesenlokomotiven, beispielsweise Lok 1157 mit (1'C)C1'-Radsatzfolge der AT & SF des Jahres 1910, und andere reizten immer wieder, den Superlativ-Trend anzukurbeln. Sogar die Topeka-Werkstätten schalteten sich in die planerischen Vorarbeiten ein. Die Warnungen vor solchen Doppel- und Gelenkkesselbauarten halfen wenig. Die (1'E)E1'h4v-Mallet-Lokomotive Nr. 3000 der Santa-Fe-Bahn wurde im Jahre 1911 mit ihren zwei Teilkesseln für die folgenden zwei Jahre zur größten und stärksten Dampflokomotive der Welt gemacht. Natürlich, mit 36 780 mm Gesamtlänge von Lok und Tender waren der „stolze" Doppel-Fünfkuppler und seine Schwestermaschinen eine Sensation, wenngleich sie den Ruhm, die Größten zu sein, bald abgeben mußten. Bei den USA-Bahnen und den Lokomotivfabriken regierte ein unerbittlicher Wettbewerb, der bis zum Überdruß getrieben wurde, obwohl die Schadanfälligkeit der „Schlangenlokomotiven" viele Bedenken und Enttäuschungen entfachte.

Blick auf die Rauchkammer-Stirnseite des stärksten Sechskupplers der Welt: 2'F1'-Lok Nr. 9000 der Union Pacific, kleine Rauchkammertür und Platznot an der Rauchkammer-Vorderwand.

Die als „Big Boy" bekannte Riesen-Mallet-Lok 4004 im Holiday Park von Cheyenne/Wyoming. Die Lok hatte das geräumigste Führerhaus aller Dampflokomotiven der Welt und einen etwa 23,5 m langen Kessel.

Das Spiel mit den Größten der Welt gipfelte in den (1'D)D(D1')- und (1'D)D(D2')-Triplex-Lokomotiven der Erie & Virginia Railroad (1914 – 1916) und in den Projekt-Zeichnungen von kaum noch vorstellbaren (1'D)D+D(D1')h8v-Quadruplex-Maschinen, sogar von (1'D)D(D)D'(D1')h10v-Quintuplex-Bauarten! Arnold Haas berichtete, daß sogar Gelenklokomotiven mit 25 Kuppelradsätzen zu Papier gebracht, aber nie gebaut wurden. Über die zugehörigen Dampfkesseldimensionen herrschte Stillschweigen...

Bei unseren Größenbetrachtungen bleibt es gar nicht aus, wiederholt auf die Abmessungen der „Königin der Wahsatch-Mountains" in Wyoming und deren Komponenten-Dimensionen zurückzukommen. Diese „Königin" – als Pionierlokomotive erstmals mit der Betriebsnummer 4000 der Union Pacific im Jahre 1941 geliefert – wurde eben zum Inbegriff der mächtigsten Dampflokomotive der Welt, der man in Eisenbahnkreisen und unter Lokomotivfreunden den Namen „Big Boy" gab. Ihr Dampfkessel besaß das respektable Maß von 23,5 m Länge! Kaum zu glauben: Die „Big Boy" fuhr mit einem Kessel, der länger war als unsere deutsche „Sachsenstolz" und die preußische P 10 jeweils mit Tender! Dagegen war der Kessel der „Big Engine" Nr. 6100 der Pennsylvania-Bahn „nur" 19 m lang. Aber es war ein Längenmaß, das immerhin noch die Länge über Puffer der preußischen P 8 in den Schatten stellte.

Was den Dampfkessel der (2'D)D2'h4-Superlokomotive so bewundernswert machte und viele Fachleute staunen ließ, das waren die Dimensionen und die Konzeption: Der Kessel bestand aus drei Schüssen, von denen der vordere kegelig war. Der innere Kesseldurchmesser betrug vorn 2413 mm bei 34 mm Wanddicke. Der maximale Außendurchmesser erreichte 3316 mm. Es handelte sich um eine genietete Konstruktion. Aber die 5970 mm lange und 2443 mm breite Feuerbüchse wurde geschweißt. Die Verbrennungskammer hatte eine Länge von 2845 mm, die geschweißte Rauchkammer eine solche von 4250 mm. Der Heißdampf-Mehrfachregler besaß noch einen Naßdampf-Hilfsregler, der bei Leerfahrten der Lokomotive allein benutzt wurde. Jedes Zylinderpaar entließ den Abdampf in ein Vierfach-Blasrohr, wofür zwei hintereinander angeordnete Schornsteine vorgesehen waren. Der zugehörige Vanderbilt-Tender wurde von einem zweiachsigen Drehgestell und fünf im Tenderrahmen gelagerten Radsätzen getragen. Dieser Tender 2'5 T 95 lief auf Rollenlager-Laufwerken. Die Riesenmaschinen waren als größte Mallets der Welt ein Volltreffer und – laut amerikanischen Fachpresse-Informationen – „eminently succesful in service".

Die Treibstangen der „Großen“

Riesenlokomotiven, so ungewöhnlich sie uns auch erscheinen mögen, resultieren aus einer überschaubaren Streubreite erstaunlicher Lokomotivkonstruktionen, deren Variantenvielfalt einer anzustrebenden, weitgehend ökonomischen Energieausbeute und betriebswirtschaftlichen Anforderungen der bestellenden Eisenbahn-Unternehmen folgt. Oft läßt sich dann ein bahnspezifischer Trend erkennen, wenngleich Experimentierfreude und individuelle Variabilität immer wieder neuen Stoff für Beratungen, Entwurfsgespräche, Kolloquien und Tagungen hergaben. Konstruktionsmodelle und Varianten grandioser Dampflokomotiven, poetisch zuweilen als majestätische Wunderwerke der Technik beschrieben, hatten schon immer mit mehr oder weniger Erfolg die konstruktiven und entwicklungstechnischen Aufgaben beeinflußt und damit die Ideenvielfalt bereichert.

Die einst so oft zitierte strotzende Kraftfülle hochrädriger Schnellzug- oder massiger Güterzuglokomotiven entsprang meist dem Anblick der Herkulesarbeit leistenden Stangentriebwerke. Und tatsächlich gehörten die während des Betriebes ständigen und komplizierten „Peitschwirkungen“ unterworfenen Treib- und Kuppelstangen zu den besonders problematischen Bauteilen einer Dampflokomotive. Die Erhöhung der Fahrgeschwindigkeiten und damit der Umdrehungszahlen der Treib- und Kuppelradsätze hatte natürlich eine Vergrößerung der Massenkräfte im Triebwerk zur Folge, die sich auch in der Mehrbelastung der Kurbelzapfen- und Stangenlager äußerte.

Besonders gefährlich waren die Beschleunigungen und Kräfte, die durch die gefürchteten Schleudervorgänge entstanden und zwar im Zusammenwirken mit wachgerufenen Trägheitskräften hin- und hergehender Massen. Die Ingenieure mußten bei der Dimensionierung aller Triebwerkteile eine ganz besondere Sorgfalt walten lassen, um schon allein mit den Zusammenhängen dynamischer Vorgänge der im Schubstangengetriebe auftretenden und zu beherrschenden Massenwirkungen fertig zu werden. Der Einfluß solcher Massenkräfte kann bei hohen Geschwindigkeiten gewaltig werden und Zapfenlagerdrücke erzeugen, die den Kolbendruck übertreffen. Besonders große und gefürchtete Kraftwirkungen treten bei Maximalgeschwindigkeiten und dem Schließen des Reglers auf, weil dann jede dämpfende Wirkung durch die Dampfkräfte in den Zylindern fortfällt.

Gegenüber den Anfangskonzeptionen des Lokomotivbaues mit hoch- und ungewöhnlich schräg angeordneten Dampfzylindern sind allmählich die ho

Die damals längste Treibstange der Welt für die österreichischen Lokomotiven der Reihe 214. Dieses Längenmaß von 4,25 m wurde erst im Jahre 1935 von der deutschen Baureihe 05 erreicht. WLF/Sammlung Rietsch

Die in eine Regellokomotive umgewandelte, frühere Kohlenstaublok 05 003 besaß relativ schlanke Treibstangen des Außentriebwerks mit 4,25 m Länge.
Krauss-Maffei

Die größte Reichsbahn-Güterzuglokomotivbauart, hier Lok 45 020 im Jahre 1957 in Friedrichshafen, mit 2,1 m Treibstangenlänge des Innentriebwerks.
Hanold

rizontalen oder nur wenig geneigt liegenden Zylinder bevorzugt wurden, um die Vertikalkomponenten der Treibstangendrücke zu beschränken. „Zyklopenhafte Dampflokomotivgrößen“ besaßen aber durchaus nicht notgedrungen oder nicht immer die größten und längsten Treibstangen. Im Entwurf von Mehrzylinderlokomotiven mit Innentriebwerken mußte ohnehin auf die Wahl des Antriebs und der Dampfmaschine Rücksicht genommen werden. Vier- oder Dreizylinder-Triebwerke, Einfachexpansions- oder Verbundmaschine, Einachs- oder Zweiachsantriebe sowie sonstige konstruktionsbedingte Verhältnisse beeinflußten die Treibstangenabmessungen, die unter den Maximen eines möglichst großen Widerstandsmoments gegen die hohen Biege- und Knickbeanspruchungen bei geringer Eigenmasse auszulegen waren. So äußerte sich Theodor Düring (1912 – 1985) über die Ausführung der mittleren Treibstange der größten Reichsbahn-Güterzuglokomotive 1'E1'h3 (Baureihe 45): „Bei 2100 mm Länge von Lagermitte zu Lagermitte ergibt sich leider das für die Ungleichförmigkeit des Kurbeltriebs maßgebende Verhältnis ‚Kurbelhalbmesser zur Stangenlänge' für das Mitteltriebwerk zu nur 1 : 5,85. Das war wie bei fast allen Drillingslokomotiven der Einheitsbauart kein günstiger Wert.“ Der Kolbenhub der Baureihe 45 wurde schon wegen des hohen Kesseldrucks von 20 bar mit 720 mm (Kurbelradius 360 mm) bemessen. Die grandiose badische Schnellzuglokomotive der Gattung IVh besaß nur 680 mm Hub und wies bei gleicher Treibstangenlänge von 2100 mm im Mitteltriebwerk ein Verhältnis von 1 : 6,18 auf, während sich für die 3 m langen Treibstangen des Außentriebwerks eine Relation von 1 : 8,82 ergab.

Treibstangenlängen für die Außentriebwerke großer Lokomotiven

Bauart der Lok	Baujahr	Bahnverwaltung	Treibstangenlänge mm
2'C1'h4v Klasse C	1909	Württembergische Staatsbahn	3000
2'C1'h4v Gatt. IVh	1918	Badische Staatsbahn	3000
1'D1'h2 Nr. 2102	1924	Delaware, Lackawanna & Western	3454
2'D1'h2 Nr. 5000	1924	Lehigh Valley	3810
1'D2'h2 Reihe 214	1928	Bundesbahnen Österreich	4250
2'D2'h2 Nr. 2650	1934	Northern Pacific Railroad	3048
2'C2'h3 Reihe 05	1935	Deutsche Reichsbahn-Gesellschaft	4250
2'G2'h2 AA 20-1	1935	Sowjetische Eisenbahnen	4002
1'Eh2 Reihe 42	1944	Deutsche Reichsbahn	3176
2'D2'h2 Nr. 6001	1945	New York Central Railroad	3200
1'E2'h3 152-01	1945	Französische Staatsbahn SNCF/DEL [1])	3400

[1]) Division des Etudes de Locomotives à Vapeur (DEL), Studie

Aber Schlankheit war gefragt. Die enorm langen Treibstangen der großen deutschen 05-Rekord-Stromlinienlokomotive sind mit hoher Knicksicherheit in beiden Haupt-Ebenen, jedoch bei nur 15 mm Stegbreite des Doppel-T-Querschnitts unter dem Gesichtspunkt der Masse-Reduzierung entwickelt worden. Die konstruktive Gestaltung, auch der Stangenköpfe, ließ trotz Berücksichtigung der zu erwartenden komplizierten dynamischen Beanspruchung eine gewisse Eleganz erkennen. Schließlich waren Kräftespiele auch bei 175 km/h zulässig und bei 200 km/h Rekordgeschwindigkeit plus Sicherheitszuschlag einzukalkulieren. Die schlanken 05-Treibstangen des Außentriebwerks wogen bei 4,25 m Länge nur je 315 kg einschließlich der Stangenlager!

Die aus Nickelstahl bestehenden, ebenso langen äußeren Treibstangen der zweizylindrigen österreichischen Reihe 214 mit nur 12 mm Stegstärke hatten eine Nettomasse von jeweils 386 kg, zusammen mit den massiven Lagerkonstruktionen allerdings 535 kg pro Stange. Adolph Giesl-Gieslingen nannte Eigenschwingungszahlen der Stange in vertikaler Richtung von 33 s^{-1} sowie eine Durchbiegung von knapp 8 mm bei Tempo 120 km/h, und „so konnte auch die größte von einer österreichischen Dampflokomotive je gefahrene Geschwindigkeit von 155 km/h, entsprechend 7,1 Radumdre-

Die rumänische Version der österreichischen 1'D2'-Lok. Hier der Lizenzbau 142.032 der CFR mit einem Schnellzug im Jahre 1969 bei Oradea. Bode

Die Konstrukteure waren immer bemüht, möglichst horizontal angeordnete oder nur mäßig schräg liegende Dampfzylinder unterzubringen, um die Vertikalkomponenten der Treibstangendrücke zu beschränken, hier die majestätische 2'D1'-Drillingslok 498.106 der ČSD im Jahre 1983 in Leipzig. Lüttich

hungen pro Sekunde", sorgenfrei angestrebt werden. Immerhin besaß die österreichische 1'D2' kein Drillingstriebwerk wie die deutsche 2'C2'-Lok, sondern eine Zweizylinder-Dampfmaschine mit anderer Leistungsverteilung und einem schlechteren Ungleichförmigkeitsgrad im Tangentialdruck-Diagramm.

Die Tendenz zu höheren Fahrgeschwindigkeiten beschränkte sich in Deutschland nicht auf leichtere Züge, die mit dreifachgekuppelten Dampflokomotiven gut befördert werden konnten, sondern sie erstreckte sich allmählich auf schnell fahrende schwerere Züge höheren Platzangebots, für die man Lokomotiven größerer Achsfahrmassen, das heißt höheren Kupplungsgrades, also mit vier Kuppelradsätzen, brauchte. In der Reichsbahn-Baureihe 06, in Deutschland eine letzte Entwicklung schneller und großer Stromliniendampflokomotiven, sah man eine geeignete Lösung zur Beförderung schwerer Fernschnellzüge. Für eine solche 2'D2'-Riesenlokomotive kamen ein Drillingstriebwerk und – im

Hinblick auf das Reichsbahn-Einheitslokomotivsystem – ein mit der 1'E1'-Baureihe 45 fast identischer Kessel mit 7500 mm Rohrlänge, also der größte jemals in Deutschland verwirklichte Lokomotivkessel in Betracht. Die von Krupp in Essen 1939 gelieferten beiden Einheiten der Reihe 06 mit „Niagara-Radsatzfolge" erschienen als einsame Monsterkonstruktionen auf deutschen Schienen. Auf einer Meßfahrt erreichte die 06 001 unter Inanspruchnahme der Kesselreserve eine kurzzeitige Maximalleistung am Zughaken von 2910 PS und 3670 PS in den Zylindern, jedoch bei beträchtlicher Überlastung des Kessels mit 76 kg/m²h statt des üblichen Nennwertes von 57 kg/m²h als Reichsbahn-Norm. Das Triebwerk arbeitete mit der bei Drillingslokomotiven üblichen Kurbelversetzung von 120 Grad. Es wurde ein Zweiachsantrieb vorgesehen, wobei der Mittelzylinder gegenüber den Außenzylindern nach vorn versetzt angeordnet worden war und auf den ersten Kuppelradsatz wirkte. Dabei kam man um eine relativ kurze Innen-Treibstange mit weniger günstigem Verhältnis von Kurbelhalbmesser zur Stangenlänge nicht herum. Die äußeren Treibstangen für den zweiten Kuppelradsatz blieben unter 4000 mm Länge. Über die Gesamtkonstruktion der 06 und ihr ˇ‚triebsverhalten sind kaum schmeichelhafte Kritiken laut geworden: Theodor Düring sprach von einer „im ganzen gesehen völligen Fehlkonstruktion". Die Schadanfälligkeit des mächtigen Kessels, die geringe störungsfreie Laufleistung sowie die lauftechnischen Probleme beim Durchfahren mancher Weichen und Gleisbögen machten die 06 001/002 nicht gerade zu einem „großen Wurf".

Übrigens: Für diejenigen, die es immer noch nicht glauben wollen, möge der Auszug aus Dürings Brief aus dem Jahre 1974 an den Verfasser dieses Buches Klarheit schaffen. Die beiden Lokomotiven der Baureihe 06 waren im Oberteil anthrazit-schwarz gespritzt. Die Längszierbänder bestanden aus blanker Chrom-Alu-Legierung. Das Trieb- und Laufwerk sowie der Rahmen, soweit im Ausschnitt der Stromlinienverkleidung seitlich sichtbar, waren in leuchtendem Rot gehalten. Düring: „Da ich im Sommer 1939 selbst an einer der ersten Versuchsfahrten der 06 001 vor dem Lok-Meßwagen vom LVA Grunewald aus nach Hamburg und zurück teilgenommen habe, andererseits aber während des Krieges die Maschinen in ihrer Einsatzzeit beim Bw Frankfurt (Main) 1 mehrfach im Betrieb gesehen habe, kann ich eindeutig bestätigen, daß die 06 nie den weinroten Anstrich der 05-Lokomotiven gehabt hat.

Drillingsschnellzuglok 10 001 der DB mit 3,8 m langen äußeren Treibstangen.
Krupp

Im weinroten Anstrich hat es nur die drei Lokomotiven 05 001/002 und 03 193 gegeben. Ob die Kohlenstaub-Versuchslok 05 003 noch in dieser Farbe erschien, entzieht sich meiner Kenntnis."

Die, wie die 06-Stromlinienlok, von Krupp als Baureihe 10 hergestellte, jedoch vom Technischen Gemeinschaftsbüro der Vereinigung deutscher Lokomotivfabriken in Zusammenarbeit mit der Deutschen Bundesbahn entworfene, teilverkleidete Drillings-Schnellzuglok mit 2'C1'-Radsatzfolge erhielt aus legiertem Stahl (25 Cr Mo 4) hergestellte Treibstangen und wurde, genauso wie die Baureihe 06, für 140 km/h Höchstgeschwindigkeit zugelassen. Die innere Pleuelstange bekam eine Länge von 2280 mm, die äußeren Treibstangen waren 3800 mm lang. Damit erreichten die 1957 gebauten, über Puf-

Eine der „Großen" Frankreichs: die 27 m lange 2'D1'-Lok 241 P der SNCF, Treibstangenlänge des Außentriebwerks 3,3 m.
Robinet

„The most powerful steam locomotive in the Iberian Peninsula": 1'E1'-Drillingslok 151.3101 der RENFE. Die Treibstangen des Außentriebwerks hatten ein Längenmaß in der Größenordnung von 4 m. Ponchielli

fer 26 503 mm messenden Schlepptenderlokomotiven 10 001 und 10 002 Treibstangen-Längenmaße, die an das Dimensionierungsvorgehen nordamerikanischer Dampflokomotivkonstrukteure erinnerten. Schon im Jahre 1918 hatte die traditionelle und leistungsfähigste USA-Lokomotivfabrik von Baldwin 3810 mm lange Treibstangen für das Außentriebwerk einer bis zu 161 km/h schnellen Drillingslokomotive der Philadelphia & Reading Railroad gefertigt. Es handelte sich um ein Triebwerk mit 2032 mm Raddurchmesser, und es waren die längsten Treibstangen, die von den Baldwin-Werken bis dahin ausgeführt worden sind.

Aber die Treibstangenlängen allein sind noch kein Maßstab für die Qualität und Zuverlässigkeit der Triebwerke. Für die Kräfteverteilung einer Kolbenmaschine hat auch die Abstimmung von Kurbelkreishalbmesser und Treibstangendimension, der Rapport, seine Bedeutung. Der für deutsche Bahnen nie gebaute Mountain-Typ, in Spanien und in der Tschechoslowakei mit Erfolg eingesetzt, erlebte besonders in Frankreich eine „Blütezeit der Lokomotivtechnik" mit beachtlichen Lieferungen in größerer Auflagenhöhe.

Die technisch und betriebswirtschaftlich wohl besten europäischen 2'D1'-Lokomotiven waren die 1948 erstmals beschafften und im Dienst bewährten 35 Maschinen der SNCF-Gattung 241 P. Jene einschließlich Tender 27 m lange Schnellzuglokomotive mit 2000 mm hohen Kuppelrädern hatte ein Vierzylinder-Triebwerk. 2200 mm lang waren die Treibstangen des Innentriebwerks (Verhältnis Länge/Kurbelradius = 6,76). Die Treibstangen des Außentriebwerks (Rapport 9,42) wurden mit 3300 mm bemessen. Die von französischen Eisenbahnern liebevoll als „P" bezeichnete 2'D1'-Mountain durfte während der Dampflokzeit in der Region Süd-Ost sogar den berühmten Luxus-Zug „Mistral" und im Norden den „Rapide Paris – Amsterdam" an den Haken nehmen. Und wie man damals unter der Regie von „Seiner Majestät der Dampf" gelegentlich hörte, war das Glücksgefühl dortiger Eisenbahnfreunde einfach berauschend, wenn eine „Große P" sich vor den Zug setzte. Bei der imposanten, 1938 gebauten 2'C2'-Zweizylinder-Schnellfahr-Versuchslokomotive Nr. 6998 der Sowjetischen Eisenbahnen kam das wohl nur selten vor, weil sie als Experimentiermaschine kaum dem Publikum zugänglich war. Doch eine auffallende Riesenstromlinienlok mit ihrer Kesselmittenlage von 3400 mm über Schienenoberkante, mit 2200 mm hohen Kuppelradsätzen und mit recht großen, 3870 mm langen Treibstangen war die 180 km/h schnelle Maschine auf jeden Fall. Jugendträume, die nun langsam verblassen, konnte sie schon wecken.

33 m lange Kondensations-lokomotiven

Im Laufe der rund 150jährigen Dampflokomotiventwicklung sind die klassischen Bauarten Stephensonscher Grundform sowohl als Tender- wie auch als Schlepptenderlokomotiven mit „moderneren“ und dampftechnisch abgewandelten Lokomotiv-Varianten konfrontiert worden. Gemeint sind hierbei nicht nur Torf-, Kohlenstaub- und Ölfeuerungen sowie Mitteldruck- oder Hochdruckkessel, Gelenklokomotiven und Gleichstrom-Dampflokomotiven, sondern ganz spezielle Bauarten zur Anpassung an bestimmte Betriebsanforderungen, darunter nicht allein Zahnradbahn- und Dampfspeicherlokomotiven, sondern vor allem die sogenannten Kondensationslokomotiven.

Gedacht ist dabei nicht unbedingt an die sich im robusten Lokomotivbetrieb mit ständig wechselnden Leistungsansprüchen kaum durchsetzenden Erprobungen mit Unterdruckkondensation, wobei gleichzeitig ein Übergang von der Kolbenmaschine zur Turbine angezeigt erschien. Angesprochen sind hier vielmehr die für größere Stückzahlen, überwiegend in Henschel-Konstruktionsabteilungen entworfenen Kolbendampflokomotiven mit Kondensationstender zur Speisewasserrückgewinnung, um den Wasservorrat des Tenders zu ergänzen. Eine solche Kondensationslokomotivbauart wurde von Henschel in Kassel erstmals im Jahre 1931 für die Argentinische Staatsbahn entwickelt und als meterspurige 1'D1'-Lokomotive geliefert. Diese aufsehenerregende Lokomotive war in der Lage, auf Strecken, deren Betrieb unter Wassermangel oder schlechter Wasserbeschaffenheit litt, einen großen Aktionsradius ohne Wassernehmen zu beherrschen. Dabei zeigte sich eine beträchtliche Schonung des Kessels durch Wegfall von Kesselsteinablagerungen und der Korrosionswirkungen eines mitunter salzhaltigen Speisewassers. Der Abdampf der Lok wurde in luftgekühlten Kondensatoren auf dem Tender bei Atmosphärendruck „niedergeschlagen“. Das Kondensat floß dem Kessel zu.

Sechs Jahre später erhielt das Kasseler Unternehmen wiederum von der Argentinischen Staatsbahn eine Bestellung für 30 große 2'D1'-„Moun-

Henschel-Lok 52 1949 mit Kondensationstender 2'2'T 13,5 im Einsatz bei der DB im Jahre 1952

tain“-Lokomotiven, von denen sechs mit Speisewasser-Rückgewinnung durch Abdampfkondensation zu liefern waren. Die Konstrukteure schwitzten: Einerseits mußten der Raumbedarf und die Eigenmasse des Kondensatorkomplexes möglichst klein sein, andererseits sollte der Leistungsbedarf der Lüfter nur so hoch ansteigen, daß die Antriebsenergie noch aus dem Abdampf der Lokomotivzylinder ohne nennenswerte Beeinträchtigung der Lokomotivleistung entnommen werden konnte. Anhand solcher Vorgaben an die Kühltechnik sind Tenderformen projektiert worden, die zwar wegen eines reduzierten Rohwasservorrates eine etwas geringere Dienstmasse als der „Regeltender“ der anderen Mountains aufwiesen, aber mit der Unterbringung der voluminösen Kondensatoranlage eine höhere Leermasse hatten:

Vergleich von Kondens- und Regeltender der argentinischen 2'D1'-Lokomotiven

	Mit Kondensation	Ohne Kondensation
Leermasse der Lokomotive	74,2 t	69,9 t
Dienstmasse der Lokomotive	83,9 t	79,5 t
Rohwasservorrat des Tenders	10,3 m³	28,0 m³
Kondensat	1,5 m³	–
Leermasse des Tenders	44,3 t	30,5 t
Dienstmasse des Tenders	65,5 t	68,8 t

Kondensationslokomotive, Baureihe 52 der DR, mit vierachsigem Tender 2'2'T 13,5

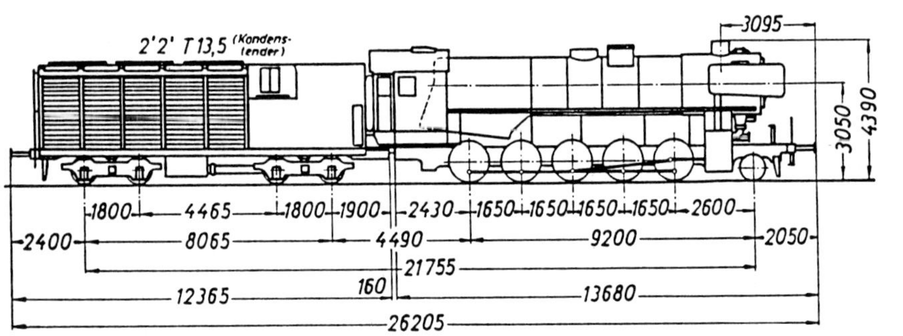

Unten: Die längste Reichsbahn-Kondensationslokomotive, Baureihe 52, mit fünfachsigem Tender 3'2'T 16

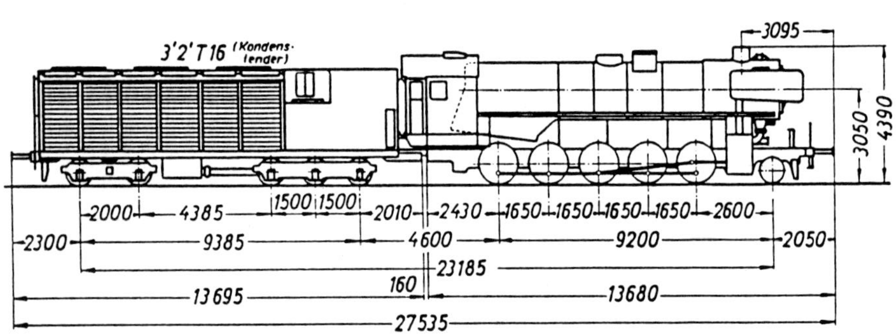

Der Leistungsbedarf für den Kühlluftdurchsatz im Kondensator war abhängig von dessen Stirnfläche und Blocktiefe. Die Fahrzeugumgrenzung ließ in Höhe und Breite im Bedarfsfall lediglich eine Längenentwicklung übrig, die auf den Tender zukam. Mit einem Gesamtradsatzstand der Kondenslokomotiven Nrn. 8000 – 8005 von 20 955 mm (gegenüber 19 780 mm der Regellok) und einer Länge über Kupplung von rund 24 m hatte man die größten Kondensationslokomotiven auf 1000 mm Spurweite geschaffen. Diese sich später als sehr erfolgreich erweisende Lokomotiven waren zwar nicht schwerer, aber um rund 1 m länger als die im Jahre 1940 von der nordamerikanischen ALCO für die Brasilianische Zentralbahn gelieferten 1'E2'-Meterspurlokomotiven.

Die bekanntesten, für deutschen Bedarf auf den östlichen Kriegsschauplätzen eingesetzten Kondensationslokomotiven waren die 1'E-Lokomotiven der Baureihe 52 mit Kondensationstender in fünf- und vierachsiger Bauart. Richard Roosen schrieb in seinem Buch dazu: „Die fünfachsige Bauart entstand dadurch, daß für die zugrunde zu legende Höchsttemperatur der Umgebungsluft von 50 °C der Kondensator in Stahlausführung aus Gewichts- und Platzgründen nicht mehr auf einem vierachsigen Laufwerk untergebracht werden konnte. Daß die Lokomotive sich dadurch nicht auf den üblichen Drehscheiben wenden ließ, wurde für das Einsatzgebiet nicht als gewichtiger Mangel gewertet, da mit einem Wenden in Gleisdreiecken gerechnet wurde.“

Die nach dem zweiten Weltkrieg noch verbliebenen und eingesetzten Kondensationslokomotiven schieden von etwa 1953 an aus dem Dienst aus. Mit 26,2 m Länge über Puffer für die Lok mit Vierachs- und mit 27,5 m mit Fünfachs-Kondenstender gehörten diese Lokomotiven zu den längsten und größten des europäischen Eisenbahngeschehens.

Die Entwicklung dieser speziellen Art leistungsfähiger Dampflokomotiven fand damit aber noch längst kein Ende. So wuchs beispielsweise der Wasserbedarf des südafrikanischen Bahnbetriebes sehr stark an, was bedeutete, daß besonders während der Wintermonate das dringend benötigte Wasser der regenarmen Landschaft entzogen werden mußte, wodurch der Grundwasserspiegel litt. Mit den zunehmenden Transportaufgaben kam es, daß die in jener Zeit für das Karroogebiet ausgeschriebene neue 2'D2'-Lokomotivbauart, Klasse 25, auch eine Spielart mit Kondensationstender erhielt. Die Südafrikanischen Eisenbahnen entschlossen sich

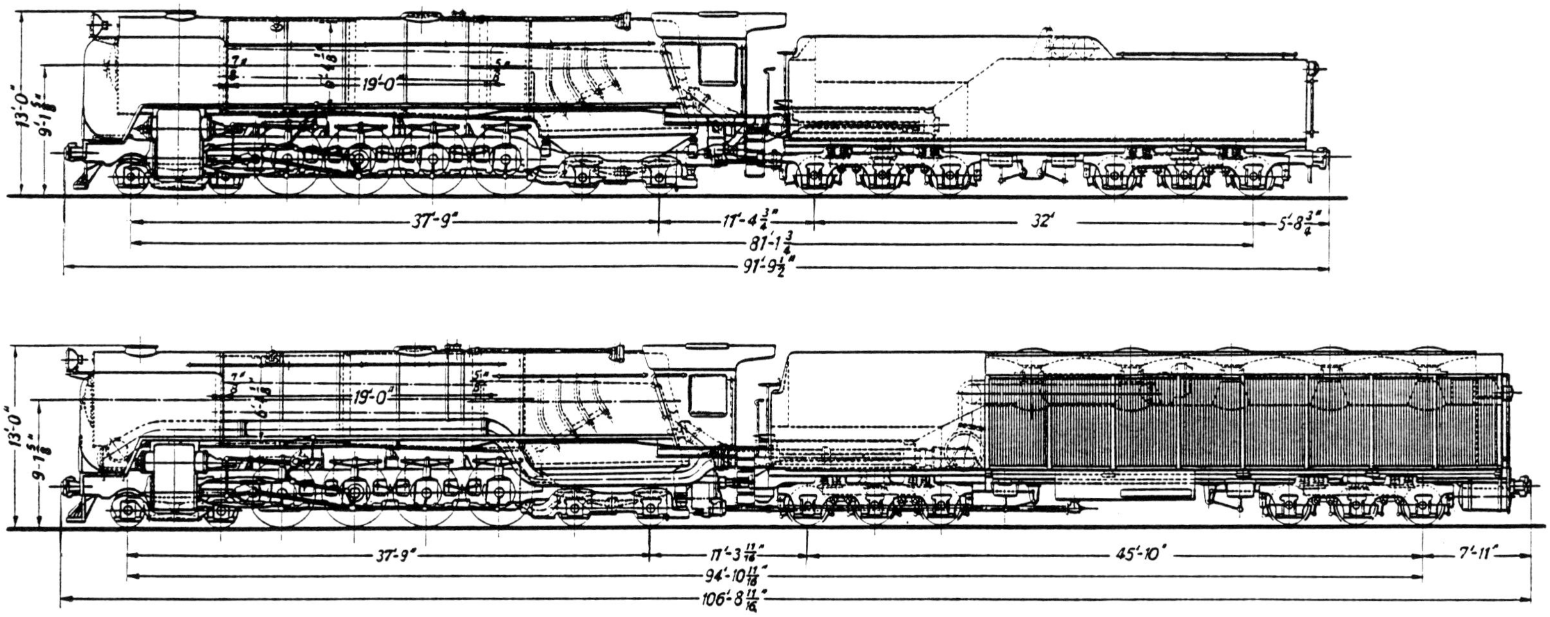

Die „mächtigsten" Steifrahmen-Kapspur-Dampflokomotiven: Klasse 25 NC (oben), Baujahr 1952, und Klasse 25 C (Baujahr 1953), beide von Henschel an die damaligen Südafrikanischen Eisenbahnen (SAR) geliefert

nach reiflicher Überlegung, von den 140 im Jahre 1951 bestellten Einheiten der Klasse 25 nunmehr 90 Lokomotiven mit Kondensationseinrichtung in Auftrag zu geben, so daß nur 50 Maschinen – als neue Gattung 25 NC (Non Condensing) – als Regellokomotiven verblieben. Die Gesamtlieferung wurde auf die North British Locomotive Company in Glasgow und auf die Henschel & Sohn GmbH in Kassel verteilt.

Der Verfasser, der in den Jahren 1952 bis 1954 im Technischen Gemeinschaftsbüro der Vereinigung deutscher Lokomotivfabriken in Kassel-Mittelfeld beschäftigt war, konnte den ersten bei Henschel als Musterlokomotive fertiggestellten, sensationell anmutenden Kondensations-Giganten, Klasse 25 der South African Railways (SAR), besichtigen. Auf Verlangen der Bahn erhielten diese und alle folgenden Lokomotiven einen mächtigen einteiligen Stahlgußrahmen mit angegossenen Zylindern. Dem Tender diente ein 17 m langer und rund 11 t schwerer Stahlgußrahmen als „Unterbau". Beides bildete für den Betrachter im Lokomotivbau noch nie gesehene gießtechnische Leistungen.

Die nahezu 33 m langen Kondensationslokomotiven waren die größten Lokomotiven Südafrikas und zugleich die außergewöhnlichsten und stärksten Kondensationslokomotiven der Welt! Jene „Jumbos auf Schienen" wurden zu einem Musterbeispiel internationaler Zusammenarbeit zweier Lokomotivfabriken, der nordamerikanischen General Steel Castings Corporation (Commonwealth) und den technischen Abteilungen der South African Railways.

Die Dampfleistung des mit 290 m^2 Gesamtheizfläche bemessenen Kessels (6,5 m^2 Rostfläche) und damit die zu kondensierende Abdampfmenge lag mit etwa 24 t/h doppelt so hoch wie bei den vorher gebauten Kondensationslokomotiven. Bei der Klasse 25 auf Kapspur, mit 3000 indizierten PS, hatte man es mit einem „As" der Lokomotivtechnik zu tun, das durchaus nicht nur für die riesigen Anhängemassen des berühmten „Blue Train" (12 Wagen bei 670 t), sondern auch für schnelle Güter- und sonstige Reisezüge bis um etwa 1000 t am Zughaken auf Strecken mit Höhenwechseln zwischen 400 m und 1400 m hervorragend geeignet war.

Obwohl die Klasse 25 der SAR zu den Schmalspurlokomotiven gehörte, beeindruckte ihr äußeres Erscheinungsbild und übertraf in den Längen sogar manche Lokomotivriesen auf Normal- und Breitspur: Die etwa gleichstarke spanische 1'E1'-Drillingslokomotive besaß eine Gesamtlänge über Puffer von „nur" 25 800 mm und wog im Dienst etwa 213 t. Die große 1'E1'-Normalspur-Griechin My alpha (indizierte 2830 PS) war 24 930 mm lang und wog im Dienst 199 t. Die 2'D2'-Lokomotiven 1001–1010 für die Breitspurstrecken (1676 mm) der Chilenischen Staatsbahn leisteten indizierte 2700 PS und hatten eine Dienstmasse von 208 t und eine Gesamtlänge über Kupplung von 25 725 mm. Die

Die größte Kondensationslokomotive mit Kolbendampfmaschine, im Einsatz auf Kapspur bei der SAR, Zwischenhalt in der Wüste
SAR

chilenischen 2'D2'-Lokomotiven entstanden – wie die in ihren Dimensionen überragenden Kondenslokomotiven – bei Henschel, ein Unternehmen, das auch stolz auf seine Chile-Lieferung war: Die 1935 gelieferten zehn Lokomotiven galten „als die zur Zeit schwersten Schnellzug-Lokomotiven" deutscher und auch europäischer Herkunft, deren Abmessungen nur durch die bekannten Riesenlokomotiven nordamerikanischer Bahnen übertroffen wurde.

Die Pioniertaten der Ingenieure und Lokomotivtechniker, die unter Beibehaltung der alten Dampflokomotive-Grundform einzelne, aber bedeutende Neuerungen eingeführt hatten, mußten viel Kleinarbeit leisten, ohne den Glauben in ihre Sache und den Mut nicht zu verlieren.

Heißdampf, Hochdruckdampf, Einzelachsantrieb, Dampfturbinen-Triebwerke, mechanische Rostbeschickung, Stromlinie und Kondensation gehören in die lange Reihe zunächst noch unerprobter Innovationstechnik, die meist von fortwährenden Störungen begleitet war und den Weg in betriebstechnisches Neuland erschwerte.

Dampfturbinenlokomotiven mit sogenannten auf dem Tender untergebrachten Rückkühlanlagen sind gebaut oder als über 26 m lange Lokomotiven entworfen worden. Manche Konstrukteure waren schon dabei, Kondensationsturbinen-Lokomotiven zu entwerfen, die sich ggf. als Standard-Bauart eignen könnten. Die Wartungs- und Instandhaltungsarbeiten der Dampfkessel ließen sich auf ein Mindestmaß herabsetzen, weil dank einer Kondensatspeisung eine weitgehende Schonung des Dampf-Erzeugers gewährleistet war.

Welche Denkarbeit zur erfolgreichen Konstruktion von Kondensationslokomotiven geleistet wurde, offenbaren nur einige der vielen Probleme, ohne deren Lösung man nicht zum Ziel kommt: Kondensator und Ermittlung der notwendigen Querschnitte der Kühlluftwege, Kühlluftbedarf und abzuführende Wärmemenge, Kühlluftgeschwindigkeit und Wärmeübergangszahlen, Oberflächenkondensation, Misch- oder Einspritzkondensation zählten zum unumgänglichen Fragenkomplex der einschlägigen Entwicklungsabteilungen. Man mache sich einmal klar, was auf die Konstrukteure der größten SAR-Kondensationslokomotive, Klasse 25, allen voran Richard Roosen (1901 – 1980), zukam: „Für das Durchsaugen der Kühlluft durch den Kondensator wurden fünf Lüfterräder von 2000 mm Durchmesser vorgesehen, die bei Vollast und einer Außenlufttemperatur von 40 °C eine Kühlluftmenge von rund 360 kg pro Sekunde, also rund 1,3 Millionen m^3 je Stunde zu fördern hatten."

Die Kühlluftprobleme für die Transformatoren und für die Fahrmotoren elektrischer Lokomotiven sind kaum geringer. Die Radial- oder Axiallüfter müssen die Kühlluft bei möglichst geringen Strömungswiderständen und in Abhängigkeit von der Außenlufttemperatur gut dosiert zu den Fahrmotoren, zum Transformator-Ölkühler, zu den Stromrichtern und den Bremswiderständen fördern. Lokomotivtechnik ist eben nicht „nur" Maschinenbau, Elektrotechnik und Elektronik, sondern unter anderem auch Thermodynamik.

Aus dem größten Dampflok-Bauprogramm der Welt: Reko-Lok 52 8012 am 15. August 1993 mit drei Mitropa-Wagen in Aalen

Schnellzuglok 02 0201 – die „Große" der DR: Mit 25 145 mm Länge über Puffer ist sie größer als die Einheitslokomotiven der Reihen 01, 01.5 und 01.10. Die abgebildete Reko-Lok hat 2300 mm Kuppelraddurchmesser. A. Müll

Triebwerk der Reko-Lok
18 314 (02 0314) mit
2100 mm hohen Rädern,
vor der Lok der Verfasser.

Blick auf das Triebwerk der österreichischen 1'D2'-Lok mit der 4,25 m langen Treibstange.

Österreichische 1'C2'-Schnellzuglokomotive 310.23 mit 2140 mm Kuppelraddurchmesser. Die Lokkonstruktion geht auf Gölsdorf zurück, der als erster europäischer Konstrukteur die Radsatzfolge 1C2 für Schlepptender-Lokomotiven wählte. A. Müll

05001

01111

Bei einem Gesamtradsatzstand von Lok und Tender mit 20329 mm war die Reichsbahn-Lok der Baureihe 01 auf der 23-m-Drehscheibe gut unterzubringen.

Linke Seite oben: Stromlinien-Lok 05 001 im Nürnberger Verkehrsmuseum.

Linke Seite unten: Die Lok mit der „höchsten europäischen Normalspur-Kessellage“: ungarische 2’Dh2-Lok der Gattung 424, hier während einer Präsentation am 4. Oktober 1987 in Wien-Nord, mit 3300 mm von Schienenoberkante bis Kesselmittenlinie. A. Müll

Die größte Dampflok ihrer Zeit in China: 1'E1'h2-Lok der Gattung QJ mit sechsachsigem Tender (Gesamtlänge über Kupplungen 29 180 mm), hier im Jahre 1980 vor einem schweren Reisezug in Richtung Great Wall. Die große Lok besitzt einen Brennkammerkessel mit Stokerfeuerung.
W. A. Pearce

Die größten Kondensationslokomotiven im Südafrika-Dienst in Zweifachtraktion vor schwerem Güterzug
SAR

Im Jahre 1961 von Krupp und Siemens geliefert: Co'Co'-Lok K-01 (Stundenleistung 4965 kW) für die 50-Hz-Strecken der UdSSR.
Siemens

Zur Verwendung im USA-Nordost-Korridor: Co'Co'-Lok Nr. 605 (Gattung E60CP) der AMTRAK; die 22 400 mm lange und 165 t schwere Lok erhielt eine Maximalleistung von rund 4400 kW, Bahnstromsystem 11 kV/25Hz.

Bo'Bo'Bo'-Expreßzug-Lokomotiven EF 65, Baujahr 1964, der Japanischen Eisenbahnen, hier in Kyoto.
M. Makono

Co'Co'-Lok 103 223 der DB vor IR 2466 im Jahre 1993 in Aalen. Die 20 200 mm lange Lok hat eine Stundenleistung von 7080 kW.

ELEKTRISCHE LOKOMOTIVEN

Zur Gigantomanie

Die „Gigantomanie“ und die mächtigen „Monster-Konstruktionen“ hatten durchaus nicht allein im Dampflokomotivbau, sondern auch im Elektrolokomotiv-Entwurf ihren Platz. Schon die früheren, mit Zirkel und Lineal, mit Rechenschieber und primitiven Taschenrechnern unter seltener Akribie in Schwarzweiß auf dem Reißbrett entworfenen Konstruktionen ließen Übergriffe in neue Techniken, aber ebenso Übergänge zum außergewöhnlichen Großlokomotivbau erkennen.

Jahrzehntelang bewältigten Dampf- und elektrische Lokomotiven – trotz zeitweiser verbaler Gegnerschaft unter Dampfmaschinenbauern und Elektrotechnikern – gemeinsam schwerste Zugförderungsaufgaben. Durch den Zerfall politischer Blöcke entstehen heute viele durchlässige System- und Verwaltungsgrenzen. Neue Triebfahrzeuge müssen projektiert, gebaut und erprobt werden, die möglichst systemkompatibel sein müssen. Die Eisenbahnfreunde wie auch die Techniker gewöhnten sich an eine neue bereicherte Fachsprache. Der modulare Aufbau, die GTO-Technik und die Baukastensysteme für ganze Lokomotiv-Familien machen die Runde. Die über viele Perioden hinweg gebrauchten Begriffe und Begriffsinhalte der Treib- oder Triebräder, der Achslasten, Achsdrücke oder Achsfahrmassen, der Dienstgewichte oder Dienstmassen sind definitionsgerecht verständlich geblieben. Die lokomotivspezifische Fachsprache wandelt sich ebenso wie die zugehörigen Technologien.

In der Gegenwart eines erneuten kräftigen Aufschwungs der elektrischen Zugförderungstechnik – vom Reihenschluß-Stromwendermotor bis zur Leistungselektronik mit Drehstromantriebsvarianten – entstehen nun kompakte und „athletische“ Hochleistungslokomotiven mit Superlativ-Leistungsangeboten bis zu 7,2 MW je Einheit! Ohne die alten „Dinosaurier“ und Rahmenmaschinen, deren Laufwerk und Leistungsübertragung auf die Radsätze weitgehend von der Dampflokomotive übernommen worden ist, ohne wissenschaftliche, experimentelle und praktische Arbeiten, denen sich die einstige Lokomotiv- und heutige Bahn-Industrie mit ihren Ingenieuren und vielen Fachleuten fast aller technisch-wirtschaftlichen Fakultäten unterzogen haben, wäre der Elektrolokomotivbau vielleicht in anderen Bahnen verlaufen.

Seite 89: Gotthard-Riesenlok Ae 8/14 Nr. 11852 der SBB in Göschenen. Sie war in ihrer Zeit die Stärkste der Welt. SBB

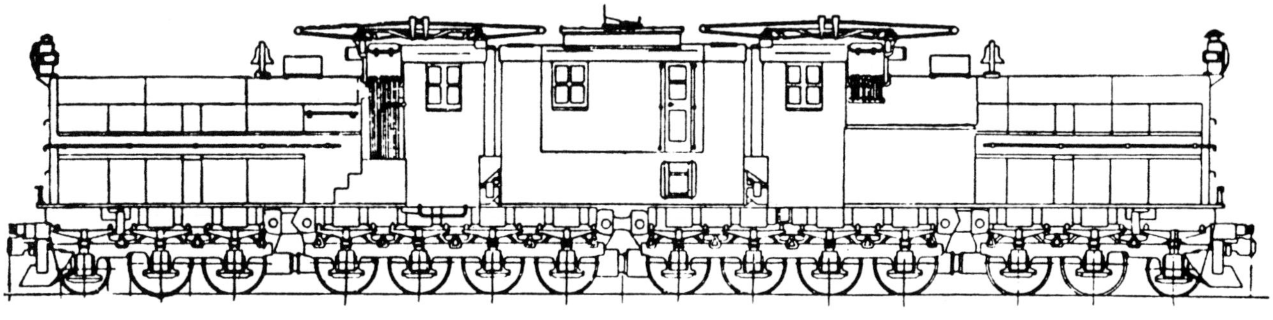

240 t Dienstmasse auf 28 Rädern: (1'Bo)Do'Do'(Bo1')-Güterzuglokomotive der Chicago, Milwaukee & St. Paul Railroad. Die 20 420 mm lange 3-kV-Gleichstromlok wurde 1918 gebaut.

28 Räder, das technisch Machbare und das konstruktive Wagnis

Von den in der internationalen Tages- und Fachpresse der ersten Hälfte unseres Jahrhunderts dem Publikum als „Ereignis-Fotos" präsentierten Errungenschaften und Sternstunden des Eisenbahnwesens gehören manche in die Reihe der Bilddokumentationen des Lokomotivbaues. Die interessantesten Abbildungen von mächtigen „Jumbo-Lokomotiven" weckten beim Betrachter unwillkürliche Hochgefühle für fantastische Leistungen, Weltrekord-Geschwindigkeiten, gewaltige Gewichte und außergewöhnliche Zugkräfte.

Über die Ursachen der Konstruktion solcher hochgelobter Schienentriebfahrzeuge machte sich das Reise-Publikum kaum viele Gedanken. Die früher in den USA untereinander hart konkurrierenden Eisenbahngesellschaften lieferten den Technikern oft genug einen Motivationsschub zur Entwicklung immer leistungsfähigerer Lokomotiven. Und die Mehrleistung brauchten die Bahnen, um mit größeren Lasten die Geländeschwierigkeiten zu meistern und auch den unerbittlicher werdenden Wettbewerb in der Existenznot der privaten Bahngesellschaften bestehen zu können.

Der Kraftverkehr auf den Straßen und im Netz der Highways machte den Bahnen sehr zu schaffen, animierte sie aber, wenn auch zunächst nur zögernd, zum Erwerb und Einsatz vielgestaltiger komfortabler und schneller Langstrecken-Luxuszüge mit Klubwagen, Bar, Radio, Speise- und Schlafka-

Die „Tausendfüßler"-Maschine hatte 12 Triebradsätze, Batchelder-Antrieb und eine Einheitsmasse von etwa 74 kg/PS.

1'E1'-Elektrolok Nr. 153 der Berner Alpenbahngesellschaft Bern-Lötschberg-Simplon (BLS), Baujahr 1912, damals eine der größten elektrischen Lokomotiven Europas und in jener Zeit stärkste Einrahmen-Elektrolok der Welt. Oerlikon

binenwagen mit Duschräumen. 16- bis 18-Wagenzüge mußten her, und in der Vergangenheit versäumte Investitionen waren zu „überspielen“. Wer sollte denn nun 900 t im Reisezugdienst und die auf mehrere tausend Tonnen angewachsenen Güterzüge über den Kontinent ans Ziel bringen? Da war eben die Ingenieurkunst der Lokomotivbauer gefragt, aber nicht, um sich im lokomotivtechnischen „Größenwahn“ gegenseitig zu übertreffen, sondern um den Bahnen einen kräftigen Attraktivitätsschub zu bringen. Lokomotivbau ist also keineswegs nur eine Sache des Konstrukteurs oder der jeweiligen Lokomotivfabrik, ganz gleich ob die Dampf-, Diesel- oder Elektrolokomotivkonstruktion gefordert ist. Hier hatten vor allem die Bahndienststellen, ihre Betriebswirtschaftler und Öffentlichkeitsarbeiter mitzureden. Letztere gewannen zwar erst in den späten zwanziger und in den dreißiger Jahren zunehmend an Einfluß, aber zugkräftiges Objekt des Großmaschinenbaues war die außergewöhnliche Lokomotive in der Öffentlichkeit allemal.

Die Chicago, Milwaukee & St. Paul Railroad hatte schon vor dem ersten Weltkrieg auf einigen wichtigen Strecken den elektrischen Betrieb eingerichtet und dabei das 3000-V-Gleichstromsystem gewählt. Die zu beschaffenden elektrischen Lokomotiven mußten 720 t schwere Reisezüge mit 96 km/h und Güterzüge von 2250 t mit 25,5 km/h über lange, etwa 10 Promille geneigte Steigungen schleppen. Dazu benötigte die Bahn Lokomotiven mit acht Triebradsätzen und zusätzlich vier Laufradsätzen, um die zulässigen Achsfahrmassen nicht zu überschreiten. Die Projektdiskussionen endeten mit der Entscheidung, eine 34,34 m lange (2'Bo)Bo' +Bo'(Bo2')-Doppellokomotive zu bauen, die eine Stundenleistung von mindestens 25 320 kW herzugeben hatte. Der Raum in der Lokomotive mußte ausreichen zur Unterbringung der elektrischen und bremstechnischen Ausrüstung, des ölgefeuerten Zugheizkessels, der Lüftermaschinen, der beiden stirnseitigen Führerkabinen, des Brennöl-Behälters und aller Armaturen. Außerdem mußte die Begehbarkeit der Innenräume gewährleistet sein. Hinzu kamen zeitweise 1,5 m hohe Gerüste für die Stromabnehmer, weil die Fahrleitung in 7620 mm Höhe über Schienenoberkante angeordnet war. Es entstand also eine mit elektrischer Bremse ausgestattete „Superlativ-Bauart“, die nach dem damaligen Stand der Technik den verkehrsspezifischen Innovationen gerecht werden sollte, ohne durch eigenwillige planerische Komplikationen belastet zu sein. Auf längeren 20-Promille-Steigungen der Felsengebirge mußte übrigens noch eine Schiebelokomotive mithelfen, um die schweren Güterzüge ungeteilt über die Berge zu bringen. Die erste der bestellten (2'Bo)Bo'+Bo'(Bo2')-Lokomotiven ist von den Lieferwerken, der General Electric Co und der American Locomotive Company (ALCO), zehn Monate nach Auftragseingang im September 1915 fertiggestellt worden. Sie wurde zunächst mehreren Probefahrten unterworfen und dann werbewirksam in zahlreichen bedeutenden Städten als „größte elektrische Lokomotive der Welt“ zur Schau gestellt. Die Dienstmasse der Doppellok-Riesin belief sich auf 256 t, davon standen 203 t als Reibungsmasse zur

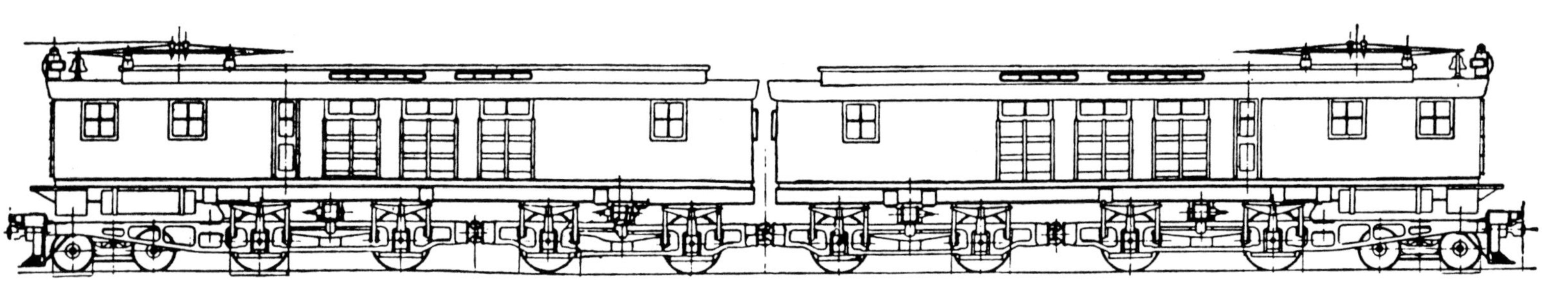

280 t Dienstmasse auf 24 Rädern: (2'Bo)Bo'+Bo'(Bo2')-Gemischtzuglokomotive der Chicago, Milwaukee & St. Paul Railroad. Die höchste Triebradsatzfahrmasse betrug 28 t. Die 34 140 mm lange 3-kV-Gleichstromlok wurde 1917 in den Dienst übernommen. An Größe und Masse war sie eine Rekordlokomotive.

Verfügung. Bei einem Versuch gelang es, einen 4200 t schweren Güterzug auf 10 Promille Gefälle mit rund 40 km/h in Beharrungsfahrt und mit elektrischer Bremse sicher zu Tal zu bringen. Dabei war es außerdem möglich, den ungewöhnlich schweren Zug von 40 km/h auf 11,2 km/h abzubremsen.

Die Chicago, Milwaukee & St. Paul Railroad nahm die – damals auch nach deutschen Maßstäben – einzigartige Herausforderung an, die leistungsgerechte Verbesserung ihrer Zugförderungsdienste phantasievoll anzugehen. Sie erteilte einen Anschlußantrag für zwölf weitere, im Reisezugdienst verwendbare Doppellokomotiven und darüber hinaus für 30 solcher (2'Bo)Bo'+Bo'(Bo2')-Güterzuglokomotiven.

Dieselbe Chicago-Milwaukee-Eisenbahngesellschaft, inzwischen in jener Zeit führend bei der nordamerikanischen 3000-V-Gleichstrom-Elektrifizierung, beschaffte im Jahre 1918 eine 22,11 m lange (anderen Quellen zufolge 20,42 m) und knapp 100 km/h schnelle (1Bo)Do'Do'(Bo1)-Lokomotivbauart, einen Koloß mit 28 Rädern und Batchelder-Antrieb. Jene Antriebsform ohne Zahnradgetriebe (gearless motor) arbeitete mit auf den Achswellen

Nordamerikanische „Mammut-Elektrolokomotiven".

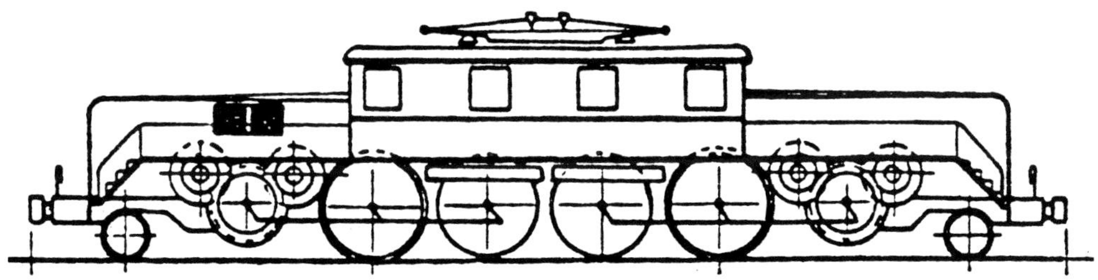

11 kV/25 Hz: Pennsylvania Railroad (1924) Länge über Kupplung 19 790 mm, Höhe über SO 4720 mm.

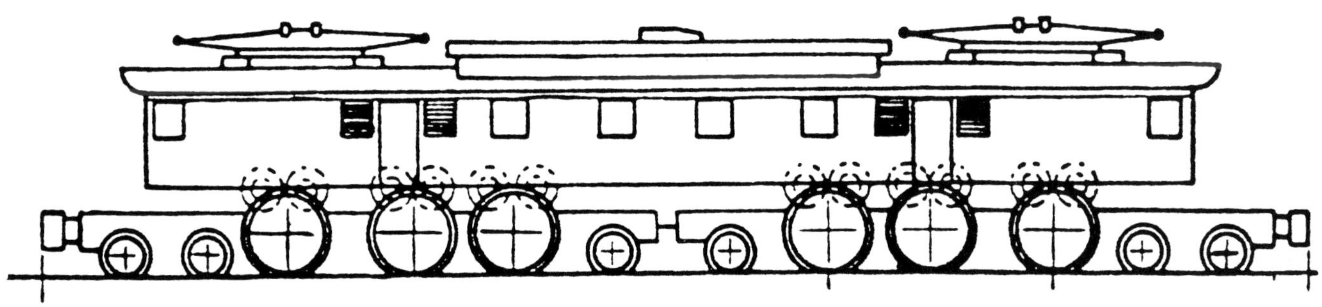

3 kV Gleichstrom: Chicago, Milwaukee & St. Paul Railroad (1920) Länge über Kupplung 27 000 mm, Höhe über SO 5180 mm.

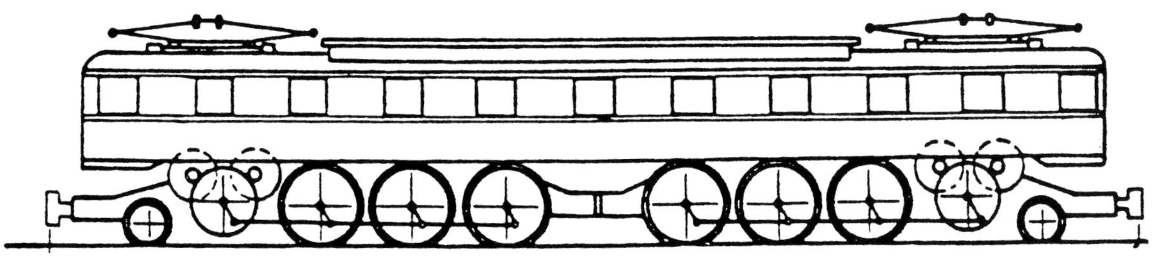

11 kV/25 Hz: Pennsylvania Railroad (1917) Länge über Kupplung 23 320 mm, Höhe über SO 4720 mm.

angeordneten Fahrmotoren-Ankern. Die Polschuhe der im Rahmen aufgehängten Magnetgestelle ließen einen gewissen Raum für das senkrechte Spiel des kleinrädrigen Radsatzes. Diese Art des Antriebs erlaubte geringste Triebachsstände von nur 1390 mm und einen Gesamtradsatzstand von nur 19 370 mm bei 14 Radsätzen mit 28 Rädern! Die Motoren der von der General Electric Co gelieferten „Kompakt-Jumbo-Lok" konnten alle, zu je sechs, vier oder drei in Reihe geschaltet werden, wobei die Dreierkombination bei 1000 V je Motor eine Fahrgeschwindigkeit von 80 km/h zuließ. Der massige Schwergewichtler, ebenfalls mit elektrischer Bremse – acht Motoren als Stromerzeuger, vier Motoren in Erregerschaltung – stellte schon in seiner Projektphase ein Wagnis dar. 240 t Eigenmasse waren vorgesehen. Herausgekommen sind 265 t! Mit der Motorenanordnung konnten je Radsatz lediglich 200 kW, insgesamt nur 2400 kW untergebracht werden. Außerdem waren die verlangten 100 km/h Höchstgeschwindigkeit zu hoch gegriffen. Ungewöhnliche Lösungen und Risikobereitschaft können vielversprechende Entwürfe durchaus zum gescheiterten Experiment degradieren.

Viele Konstrukteure folgten dem verständlichen Wunsch, die Grenzen des Machbaren herauszufinden. Das alleinige Überflügeln von Lokomotiven konkurrierender Bahngesellschaften durch sensationelle oder exklusive Mammut-, Monster- oder Jumbo-Größen wäre kaum ein ausreichendes Argument, wenn keine Rechtfertigung zur angestrebten Leistungssteigerung erkennbar wäre. Freilich, in Extremfällen könnte leicht das Verhältnis zwischen äußerer Form und dem technischen Inhalt verlorengehen und ausarten.

Die dem elektrischen Betrieb nachgesagte Einfachheit bezog sich eigentlich nur auf die Leichtigkeit der Maschinenbedienung, denn der Lokomotiv-Mechanismus war wohl kaum einfacher als bei den Dampflokomotiven. Daß jedoch in der elektrischen Zugförderung die Zukunft lag, daran zweifelte niemand. Schrittmacherdienste auf diesem Wege leistete vor allem der europäische Lokomotivbau. So lieferten die Schweizerische Lokomotiv- und Maschinenfabrik (SLM) in Winterthur und BBC im Jahre 1922 eine gemeinsam entwickelte Schnellzug-Versuchslokomotive, die mit der Betriebsnummer 11000 von den Schweizerischen Bundesbahnen (SBB) in Dienst gestellt worden ist. Die 21 m lange und 126,8 t schwere, als „Tatzelwurm" oder „Feldschlange" in die schweizerische Lokomotivgeschichte eingegangene Maschine Ae 4/8 hatte einen dreigeteilten Kastenbau, dessen Mittelteil den Transformator, den Hauptschalter, die Stufenschaltersteuerung und den Trafo-Ölkühler enthielt. Das spezielle Merkmal dieser mit 1610 mm hohen Treibrädern ausgestatteten Lok waren ihre beiden 1'B-"Triebköpfe" beiderseits des Mittelkastenaufbaues mit seinen zwei Laufradsätzen. Jeder „Triebkopf" besaß Einzelachsantriebe, jedoch einer anderen Bauart. Der eine wurde mit BBC-Buchli-Antrieb ausgerüstet, der andere nach Tschanz mit doppelter Übersetzung und Kardananlenkung.

Die merkwürdige Probelokomotive hatte, so hieß es, viele Fehler und wurde „zum Teil ein Mißerfolg", woraus allerdings wertvolle Erkenntnisse für nachfolgende Konstruktionen gewonnen werden konnten. Die an der Motorwelle jedes der vier Fahrmotoren erreichte Stundenleistung von viermal 490 = 1960 kW wurde von den wenige Jahre später gebauten Lokomotiven Ae 4/7 der SBB übertroffen. Aber schon im Jahre 1912 hatten die von der SLM, von Oerlikon und BBC gemeinsam entwickelten elektrischen 1'E1'-Elektrolokomotiven der Berner Al-

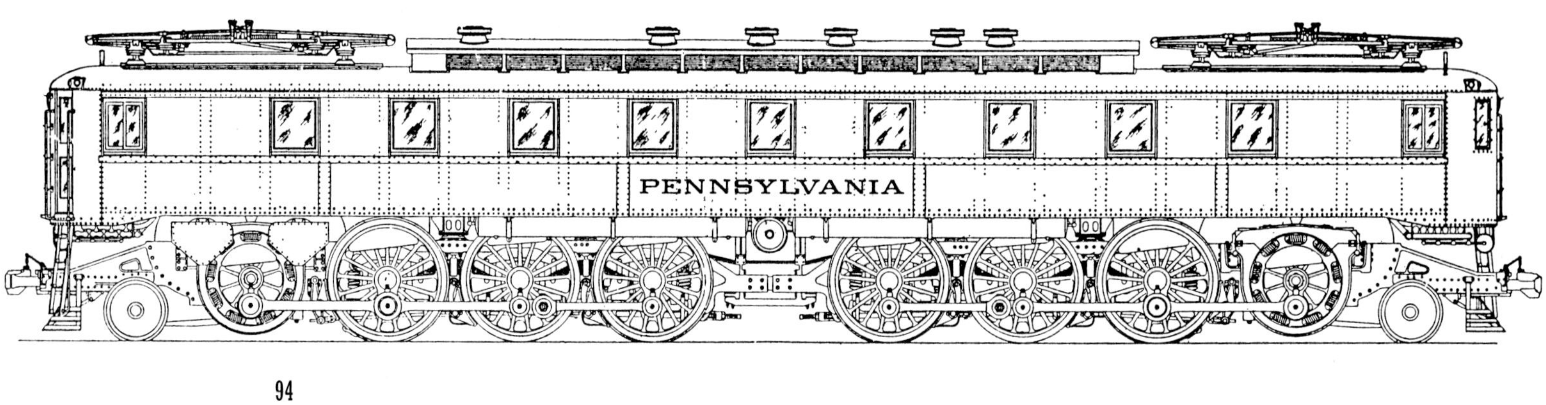

„The most powerful single-unit electric locomotive" ihrer Zeit, Baujahr 1917. Es handelt sich um eine Phasenumformer-Lok für Einphasen-Wechselstrom-Fahrleitung 11 kV 25 Hz des „Pennsylvania Railroad Systems".

penbahn-Gesellschaft Bern-Lötschberg-Simplon (BLS), Betriebsnrn. Fb 5/7, 151 – 163, eine Stundenleistung erzielt, die mit etwas über 1850 kW nahe an diejenige der zehn Jahre später erschienenen Versuchs-Schnellzuglokomotive Ae 4/8 herankam. Beide Lokomotivbauarten waren für den Betrieb unter Einphasen-Wechselstrom-Fahrleitung mit 15 kV (16²/₃ Hz) bestimmt. Die mit zwei hochgelagerten „Triebmaschinen", Blindwellenvorgelegen, Dreieck- und Kuppelstangen ausgestatteten, nur 16 000 mm langen BLS-Lokomotiven bekamen im „Organ für die Fortschritte des Eisenbahnwesens" das inoffizielle Prädikat „eine der größten elektrischen Lokomotiven Europas". Im Rollmaterialverzeichnis der Schweiz las man sogar „die seinerzeit stärksten elektrischen Lokomotiven der Welt", wenngleich es wohl exakt gewesen wäre darauf hinzuweisen, daß hier elektrische Einrahmen-Lokomotiven gemeint sind. 16 m Lokomotivlänge genügten hier bei hervorragender Nutzung des Kastenaufbau-Innenraumes, um die beiden voluminösen Fahrmotoren, den Transformator, die Schaltwerkausrüstung, Kompressoren, Hilfsapparaturen und Lüfter unterzubringen, ohne die stirnseitigen Führerräume einzuengen.

Die bis in die Nähe des Gigantismus reichenden Lokomotivdimensionen sind keine verwirklichten Träume eines ehrgeizigen Technikers. Die Konstruktionsgrößen sind vor allem abhängig von der bahnseitigen Planung des vorgesehenen Betriebsprogrammes und der daraus errechneten Zughakenleistung. Zulässige Achsfahrmassen, kleinste mögliche Halbmesser der zu durchfahrenden Gleisbögen, Wartungsfragen und die Daten der gewünschten Betriebsbereitschaft sind mitbestimmende, wesentliche Faktoren während der Reißbrettarbeit.

Das Einbeziehen der aktuellen Fertigungstechnik ist ebenso wichtig wie die Berücksichtigung der Diagnose- und Betriebsleitsysteme. Die Voraussetzungen für einen etwaigen modularen Aufbau beeinflussen den Raumbedarf in gleicher Weise wie Mehrsystemausrüstungen und ein anwachsender Leistungsbedarf mitentscheidend sind. Erfreulicherweise erlaubt die innerhalb der modernen Steuerungselektronik mit steckbaren Baugruppen angestrebte Miniaturisierung der Bauelemente eine immer kompaktere Formgebung.

Die Zeiten sind vorbei, als reichlichere Abmessungen der zulässigen Fahrzeugumgrenzungen für die Konstrukteure aus Übersee oftmals wertvoller waren als die Berücksichtigung irgendwelcher Neuerungen technischer Art. Daß über längere Zeiträume hinweg auch außeramerikanische Bahnverwaltungen und Lokomotivproduzenten dem USA-Beispiel der „Großzügigkeit in der Lokomotivdimensionierung" folgten, konnte wohl nicht überraschen. Auch der sowjetische Lokomotivbau auf Breitspurbasis verschmähte mitunter jene Konstruktionspraxis aus Übersee nicht. Doch auf unserem engmaschigen europäischen Normalspur-Bahnnetz fand man nur selten einen konservativen amerikanischen Abglanz mit lokomotivspezifischen „Baustil-Kopien". Mehr Designer-Aktivitäten, wie sie trotz aller Kreuzfeuer der Kritik im nordamerikanischen Lokomotivbau zumindest vorübergehend anzutreffen waren, hätte sich auch mancher europäische Eisenbahnfreund und Lokomotiv-Liebhaber schon viel früher gewünscht, ohne gleich an eine architektonische Überinstrumentierung zu denken. Gottlob, die gegenwärtigen Triebfahrzeug-Gestaltungen, die Projektskizzen in architektonischer Vielfalt, die (Farb-)Design-Entwürfe und die differenzierten Modellstudien machen Mut und lassen hoffen.

Rekord-Konstruktionen: über 2 m hohe Räder für elektrische Lokomotiven

Manche Lokomotivbauer-Träume, nicht nur mit Dampflokomotiven, sondern auch mit den im Aufbruch befindlichen elektrischen Lokomotiven Tempo zu machen, führten schon in der Zeit vor 1914 zu ehrgeizigen konstruktiven Bestrebungen. Die im Elektrolokomotivbau geplanten und versuchten Triebwerkgestaltungen, die Aufteilung der Leistung in eine größere Anzahl baugleicher Einzelmotoren, die Gesamtleistung einer starken Lokomotive aus einem alleinigen „Mammut-Motor" zu holen oder sie in höchstens zwei großen Motoren zu konzentrieren, sind in allen Varianten erprobt worden. Große Lokomotivmotoren konnten allerdings nicht mehr dem Radsatz in „Trambahn-Anordnung" direkt oder als Getriebemotor zugeordnet werden. Man konstruierte dann voluminöse Antriebsmaschinen als hochliegende Gestellmotoren. Solche langsamer drehenden, aber gut zugänglichen Elektromotoren arbeiteten über Treib- und Kuppelstangen unmittelbar oder über ein Vorgelege auf die Radsätze. Im allgemeinen konnte das Kurbelgetriebe mit Rücksicht auf die konstruktive Ausführung und wegen der Fliehkraftbeanspruchung der Stangen äußerstenfalls für 400 U/min ausgelegt werden. Die Treibraddurchmesser gerieten in die Abhängigkeiten einer ganzen Antriebskonzeption, darunter Motordurchmesser und Ankerdrehzahl, Treib- und Kuppelstangenanlenkungen, Massenkraftwirkungen bei vorgegebener Höchstgeschwindigkeit, Achsstände und Fahrzeugumgrenzung. Kreiselwirkungen der schweren Rotoren im Rahmen bei Richtungsänderungen der Lokomotive im Gleis, Resonanzstörungen und die Längenänderungen (Stauchungen und Zerrungen) im Bewegungsspiel der Stangen machten solche Getriebe zu sehr komplizierten Gebilden, deren Beherrschung recht problematisch wurde. Trotzdem hatte man es geschafft, Antriebe mit hochgelagerten, abgefederten Einphasen-Wechselstrom-Langsamläufer-Motoren niederer Frequenz für elektrische Reisezuglokomotiven mit Treibrädern im Durchmesser-Maß großer Räder der Schnellzug-Dampflokomotiven zu schaffen.

Trotz der vielfach gepredigten Rücksichten auf die Umlaufzahlen der Motorenanker und der Übertragungsorgane sollten Stangengetriebe nur für solche Lokomotiven verwendet werden, die mit Geschwindigkeiten unter 100 km/h verkehren. Aber im Jahre 1911 hatte die mit kompensiertem Wechselstrom-Reihenschlußmotor (2660 mm Ständerdurchmesser) und 1600 mm hohen Treibrädern ausgerüstete 2'B1'-Lokomotive ES 2 der KPEV während der Erprobungen bereits das sensationelle Tempo von 135 km/h erreicht. Die Presse machte das Publikum mit solcher Eisenbahngeschwindigkeit vertraut. Immerhin gehörte die preußische ES 2 in die

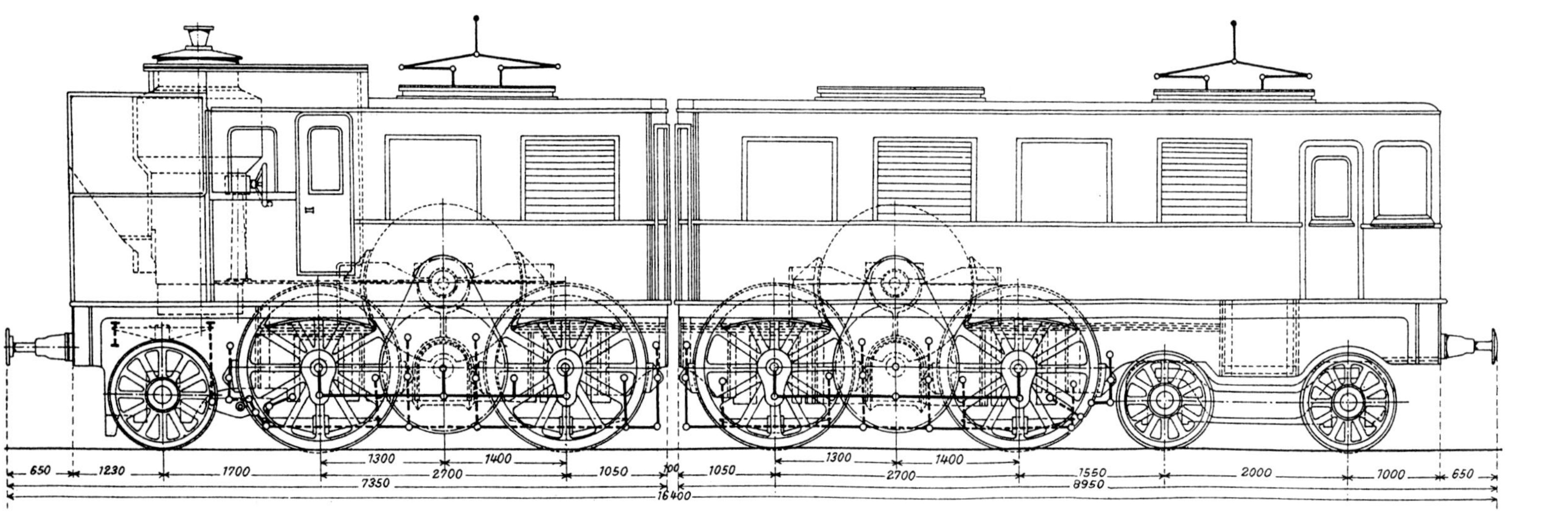

2'B+B1'-Personenzug-Lokomotive EP 209/210 der KPEV. Die mit Gestellmotoren ausgerüstete, von Bergmann gebaute Lokomotive hatte einen Treibraddurchmesser 1700 mm.

Die 2'BB2'-Lokomotive E 52 33 brachte 140 t auf die Waage und besaß nur 1400 mm Triebraddurchmesser. Hier sehen wir sie als DB-Lokomotive im Betriebszustand von 1960. DB

Rekord-Liste der Stangenlokomotiven! Andererseits sind die im Jahre 1920 erstmals bestellten österreichischen 1'C1'-Lokomotiven der Reihe 1029 mit Doppelmotor-Stangenantrieb und 1740 mm Treibraddurchmesser versuchsweise zwar 80 km/h gefahren, aber später für nur 75 km/h zugelassen worden. Die von der Deutschen Reichsbahn 1922 erstmals bestellten 2'C2'-Schnellzuglokomotiven der Baureihe E 06 durften mit ihren 1600-mm-Kuppelrädern laut Zulassung immerhin 110 km/h schnell sein. Jene großen Maschinen mit 2940 mm langen Schräg-Treibstangen und einem riesenhaften Bahnmotor von 3360 mm Ständer- und 2580 mm Ankerdurchmesser waren im elektrifizierten Netz Mitteldeutschlands um Magdeburg, Dessau, Halle (Saale) und Leipzig eingesetzt. Einige von ihnen überlebten sogar den zweiten Weltkrieg.

Je nach Gesamtkonzeption der elektrischen Lokomotiven unterschieden sich die zulässigen Höchstgeschwindigkeiten der Stangenlokomotiven, besonders im Reisezug- und Mehrzweckeinsatz, trotz nur wenig voneinander abweichender Treib- und Kuppelraddurchmesser ganz beträchtlich. Georg Lotter meinte noch in den dreißiger Jahren, daß der Treibraddurchmesser von 1600 mm einer Maximalgeschwindigkeit von 90 km/h am besten angepaßt sei. Die große 2'BB2'-Reichsbahn-Elektrolok E 52 erhielt jedoch nur 1400-mm-Kuppelräder und wurde mit ihren Doppelmotor-Parallelkurbel-Antrieben trotzdem für 90 km/h zugelassen. Natürlich gab es bei einer solchen, sofort in einer Serie von 35 Einheiten bestellten Lokomotive, die ohne vorausgeliefertes Erprobungsmuster entstand, verschiedenartige maschinen- und lauftechnische Probleme, die beseitigt werden konnten. Aber am Treibraddurchmesser lag es nicht. Ulrich Schwanck meinte hierzu im „Lok-Magazin": „Der Treibraddurchmesser von 1400 mm war der geforderten Höchstgeschwindigkeit von 90 km/h sehr gut angepaßt." Unterschiedliche Ansichten und Erfahrungen hörte man eben auch von besonnen rechnenden Ingenieuren. Jedenfalls galt die 140 t wiegende E 52 bereits damals als „Jumbo". Schließlich war sie die größte und schwerste Einrahmen-Elektrolokomotive der Reichsbahn.

Die kombinierten oder individuell erdachten Kon-

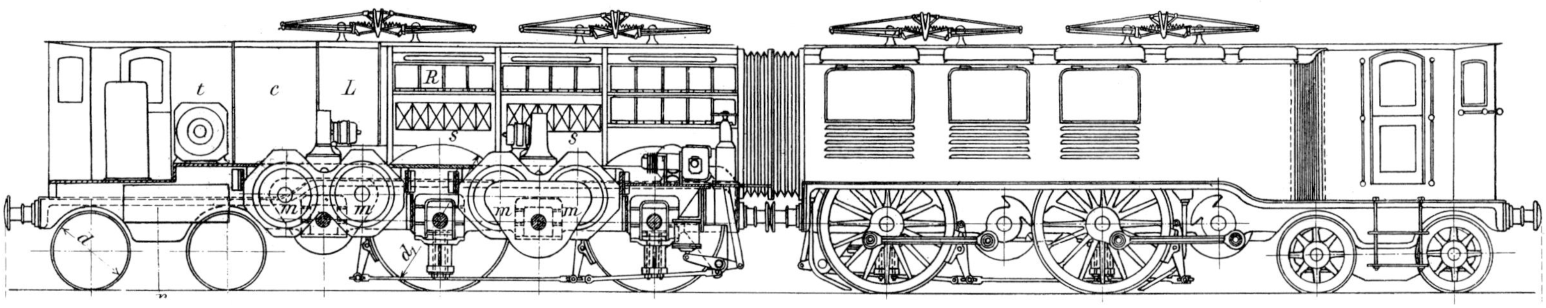

Während der vor dem ersten Weltkrieg begonnenen Vorarbeiten zur Elektrifizierung der englischen Hauptbahnen hatte man die Verwendung hochgespannten Gleichstromes untersucht. Das Archivbild zeigt hierzu den Entwurf einer merkwürdigen 2'AA+AA2'-Schnellzug-Doppellok für 4000 V Gleichstrom-Oberleitung. Gesamtleistung 1860 kW, Triebraddurchmesser 1950 mm.

struktionskonzepte hatten sich im Laufe der Zeit in einem Maße fortzuentwickeln, wie die betriebstechnischen Ansprüche und die Möglichkeiten einer sich wandelnden Technik es verlangten. Die raffinierte konstruktive Ausgestaltung progressiver und kleinrädriger Antriebsmechanismen, nicht allein für langsamere Güterzüge, sondern allmählich auch für den Mehrzweck- und Schnellverkehr, gewannen bei den Bahnen der Welt schrittweise, teils mit zeitlicher „Phasenverschiebung" die Oberhand.

Manche der frühen Hauptbahn-Elektrifizierungen erfuhren dennoch, mitunter zeitlich parallel zu den „Kleinrädrigen", kräftige Impulse von den Projekt-Teams, die schweren und wuchtigen Großrad-Triebwerke weiterzuentwickeln. So entstand beispielsweise während der vor dem ersten Weltkrieg begonnenen Elektrifizierungsarbeiten britischer Hauptbahnen und im Zusammenhang mit den Untersuchungen zur Verwendung hochgespannten Gleichstromes der Entwurf einer skurrilen 2'AA + AA2'-Schnellzug-Doppellokomotive für 4 kV. Jede Lokomotivhälfte besaß zwei einzeln, mit Blindkurbel und Kuppelstange angetriebene Riesenradsätze von 1950 mm Durchmesser! Damit erhielt plötzlich ein „Riesenradmaß" im britischen, eigentlich auch im europäischen Elektrolokomotivbau seine Daseinsberechtigung. Obwohl man bei dieser mit zweimal 930 kW Stundenleistung projektierten Mammutmaschine den Einzelachsantrieb, also die Aufteilung der Maschinenleistung auf mehrere Motoren, wählte, blieb es beim Stangenantrieb. War auch diese seltsame Entwicklung ein Kind des weiterhin dominierenden Einflusses der Dampflokomotiv-Triebwerke?

Selbst als in Großbritannien der Stangenantrieb an Bedeutung verloren hatte, wurden immer noch „Hochrädrige" überwältigender Dimensionen angeschafft. Beispielhaft waren sie nicht: Im Jahre 1922 konstruierte Sir Vincent Raven, Chefingenieur der North Eastern Railway, eine mächtige „high-speed-1800-hp-express-locomotive" der Radsatzfolge 2'Co2' für Probe- und Meßfahrten auf der Strecke Newcastle–York. Die elektrische Ausrüstung lieferte die Metropolitan-Vickers-Gesellschaft. Jene Lok bezog ihre Leistung aus drei doppelten Triebmaschinen für 1500 V Gleichstrom. Der Urheber dieser mit hoher Schwerpunktlage in Darlington hergestellten Lokomotive (Bahnnr. 13) hatte allerdings wenig Freude daran. Die rund 102 t schwere und 16,3 m lange sowie 145 km/h schnelle „Hochbeinige" tat ihren Dienst nur im bescheidenen Einsatz auf der Shildon-Newport-Line. Was diese 2'Co2'-Lok aber zur Sensation machte, das waren ihre 1850 mm hohen Treibradsätze mit dem von Westinghouse geförderten „quill-drive"-Einzelachs-Antriebssystem. Die hochbeinige britische Elektrolok besaß also trotz ihrer Riesenräder kein Kuppelstangen-Triebwerk! Übrigens, anderen Quellen zufolge hatte die britische Raven-Riesenrad-Lokomotive auf der Shildon-Newport-Neigung, die auf einem 29 km langen Abschnitt um 122 m ansteigt, beste Resultate gezeigt, wobei der Triebraddurchmesser sogar mit dem sagenhaften Maß von 2042 mm genannt wurde. Ob allerdings jene Lok ihrer Zeit weit voraus war, wie es hieß, mag in Anbetracht ihrer Hochrad-Antriebstechnik dahingestellt bleiben.

Die nordamerikanische Pennsylvania-Bahn bevorzugte noch im Jahre 1924 zwar auch einen, wenn auch gemäßigten Triebrad-Gigantismus, aber ihre 11-kV-Einphasen-Wechselstromlokomotiven, Klasse L5, mit 1'BB1'-Radsatzfolge und den amerikanischen Elektrolok-Rekord-Kuppelrädern von 2032 mm Durchmesser erhielten weiterhin das Stangentriebwerk, und zwar mit Blindwellen-Zwischengetrieben. Sonst gingen die Konstrukteure in jener Zeit kaum über das Zweimeter-Maß hinaus. Dafür maßgebend waren auch die relativ guten Erfahrungen mit der „most powerful single-unit electric locomotive in the world“ der Pennsylvania-Klasse FF-1 aus dem Jahre 1917. Hiermit gemeint war die große (1'C)(C1')-Phasenumformer-Lokomotive, vorzugsweise für die Strecke Johnstown–Altoona (Alleghany-Gebirge), für die man den 11-kV-Einphasen-Wechselstrom-Betrieb eingerichtet hatte. Die Stundenleistung der etwa 240 t schweren Lokomotive wurde mit 3530 kW beziffert. Jene FF-1 war mit Blindwellengetriebe und Kuppelstangen zur Drehmomentübertragung auf die 1830 mm hohen Kuppelräder ausgestattet. Trotz eines Gesamtradsatzstandes von 19 480 mm konnten Gleisbögen bis herab zu 85 m Halbmesser durchfahren werden.

Eine andere Elektrolok-Bauart der Pennsylvania-Bahn war eine 2'B+B2'-Güterzug-Doppellokomotiv-Einheit, deren 1830 mm hohe Kuppelräder ihre Leistung über einen Schrägstangenantrieb erhielten. Es handelte sich um 600-V-Gleichstromlokomotiven für Stromschienenbetrieb im „Manhattan Transfer“. Einige dieser im Jahre 1910 in den Betrieb übernommenen Doppel-Lokomotiven, Klasse DD-1, sah man noch im Jahre 1967 bei der Long Island Railroad.

Auch auf europäischen Bahnen führten die „Großrädrigen“ durchaus keinen Dornröschen-Schlaf. Die französische Paris-Lyon-Mittelmeer-Bahn (PLM) erprobte in den zwanziger Jahren elektrische Experimentierlokomotiven mit Triebraddurchmessern von 1610 mm, zehn Jahre zuvor sogar mit 1700 mm, und erreichte Versuchsgeschwindigkeiten bis 125 km/h. Die experimentierfreudige PLM erhielt im Jahre 1925 von Fives-Lille eine 22,65 m lange Doppellok, Gattung 242 CE1, der man einen Kuppelstangenantrieb mit 1650 mm hohen Rädern zuordnete. Jede der beiden 2'B1'-Lokomotivhälften besaß für ihre Antriebsgruppe nur einen einzigen hochgelagerten Elektromotor. Diese „un peu à la maniére du mécanisme des locomotives à vapeur“ konstruierte 1,5-kV-Gleichstrom-Lokomotive stand bei Geschwindigkeiten bis um 90 km/h und auf 18-Promille-Rampen wegen Schadanfälligkeit allerdings nur kurzzeitig im Dienst. Um 1927 ist sie aus dem Betrieb zurückgezogen worden.

Elektrische 2'Do1'-Schnellzuglokomotive E 21 01 mit einem für deutsche Elektrolokomotiven außergewöhnlichem Triebraddurchmesser von 1750 mm.
AEG

Ansicht der im Jahre 1930 gebauten FS-„Riesenrad-Lok“ E 326, ursprünglich projektiert für 150 km/h Höchstgeschwindigkeit.
FS

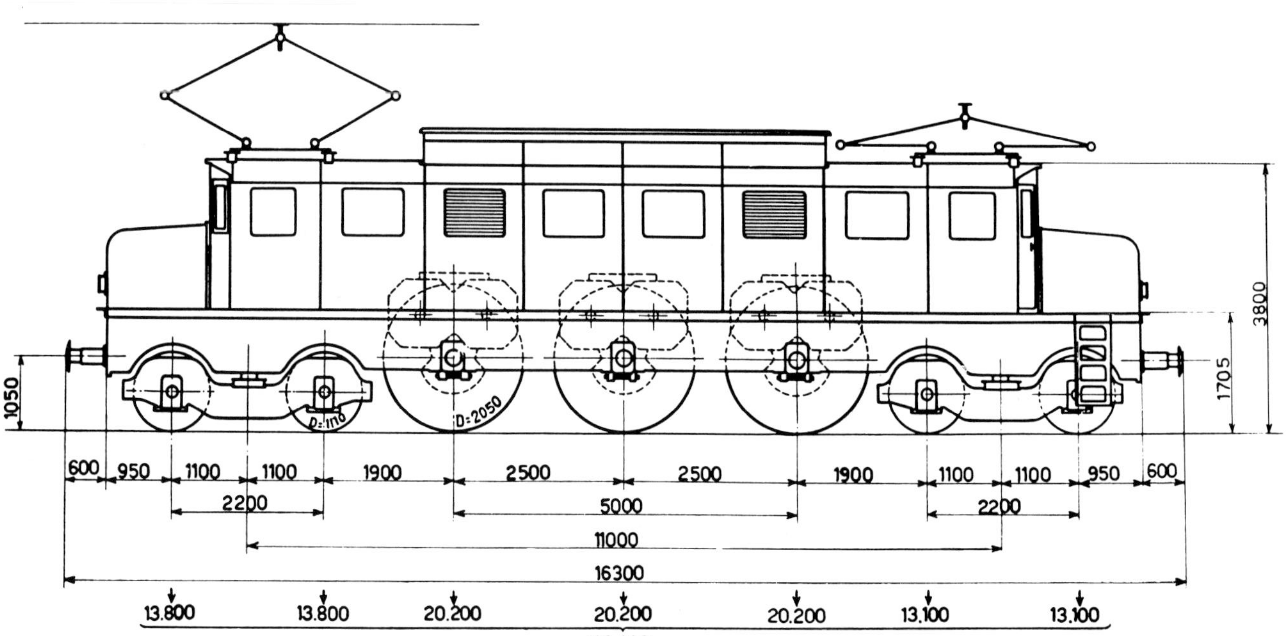

Elektrische Lokomotive mit Triebraddurchmesser in Rekordgröße: 2'Co2'-Baureihe E 326 der FS mit 2050 mm Raddurchmesser und einer Dienstmasse von 114,4 t.

Etwa zur selben Zeit nahm die Deutsche Reichsbahn die erste der beiden elektrischen 2'Do1'-Lokomotiven E 21 01/02 in Betrieb. Konstruktionsfirma und Lieferant war die AEG, die im Jahre 1926 die Debütantin (Dienstmasse 121,8 t) fertigstellte. Jener 2'Do1'-Lokomotivtyp mit Doppelmotor-Einzelachsantrieb war nicht nur der „Vorreiter" des AEG-Kleinow-Federtopfantriebes, sondern auch der „Pioniertyp" mit 1750 mm Treibraddurchmesser, der sonst im Lokomotivbau für elektrifizierte deutsche Hauptbahnen nicht vorkam. Für Reichsbahn-Elektrolokomotiven galt dieses Durchmesser-Maß als Rekord. Es erreichte immerhin mit 1750 mm den Treibraddurchmesser der preußischen Dampflokomotive P 10! Und beiden, der E 21 und der P 10, billigte man eine zulässige Höchstgeschwindigkeit von 110 km/h zu.

Noch höher hinaus wagten sich die italienischen Elektrolokomotiv-Konstrukteure. Für die 1930 und 1932 gebauten 2'Co2'-Schnellzuglokomotiven der FS mit Doppelmotoren und Blattfederantrieb (E 326 001) oder Westinghouse-Schraubenfeder-Übertragung (vorübergehend für E 326 002) wählte man den kolossalen Triebraddurchmesser von 2050 mm. Das war „Spitzenklasse" für europäische Serien-Elektrolokomotiven und mit an Sicherheit grenzender Wahrscheinlichkeit auch „Weltrekord" für elektrische Serienlokomotiven mit Einzelachsantrieb! Die E 326 war für eine Höchstgeschwindigkeit von 150 km/h ausgelegt, im Plandienst jedoch für nur 130 km/h, dann später für bloße 105 km/h zugelassen. Ihre hohe Achsfahrmasse von 19,5 bis 20 t

Stirnansicht der italienischen Schwergewichtlerin E 428 221, hier im Hauptbahnhof von Mailand.

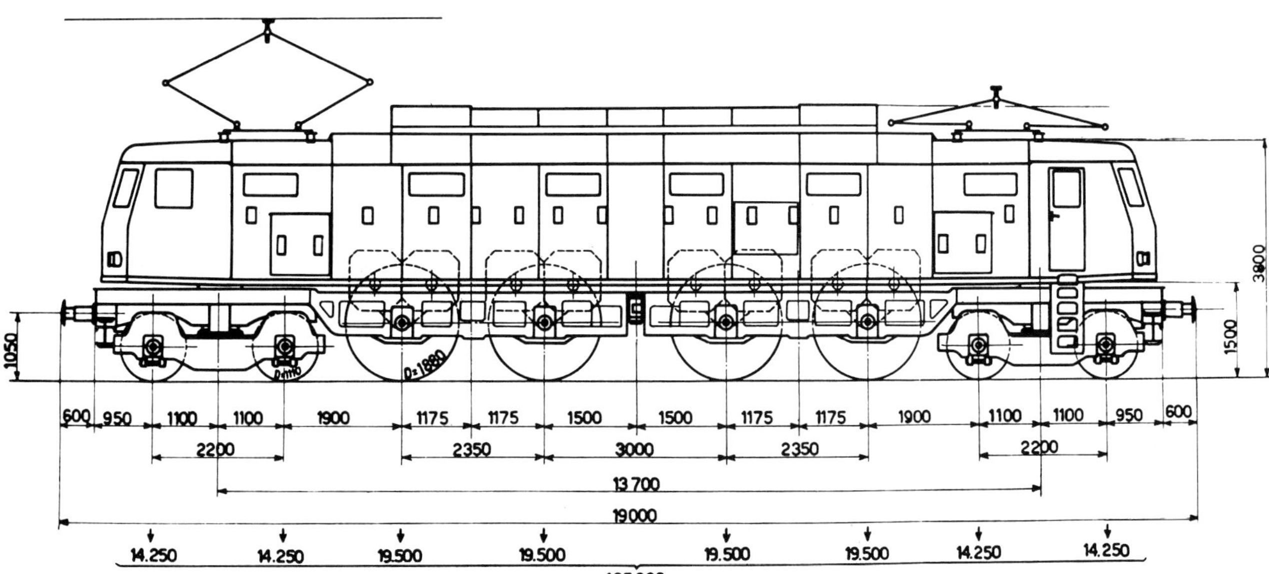

Ein europäischer Koloß: Die 135 t schwere (2'Bo)(Bo2')-Gleichstrom-Lok E 428 der FS erhielt einen Triebraddurchmesser von 1880 mm.

(2'Co)(Co2')-Elektrolok, Gattung GG-1 der Pennsylvania-Bahn, mit 1448 mm Triebraddurchmesser, vor dem früheren Pullman-Express. „The Broadway Limited"

beschränkte den Einsatz auf nur wenige geeignete Strecken. Die anschließend konstruierte, wesentlich größere elektrische Schnellzuglokomotive E 428 der FS mit (2'Bo)(Bo2')-Radsatzfolge und rund 130 t Dienstmasse baute man besser mit geringerer Achsfahrmasse von 18,7 t und etwas kleinerem Triebraddurchmesser von 1880 mm.

Als die Auslieferung der erstmals 1934, dann bis 1943 gebauten 242 Einheiten der E 428 in vollem Gange war, zeichnete sich bereits die „neue Welle" konsequenter Entwürfe vereinheitlichter laufradsatzloser und kleinrädriger Gleichstromlokomotiven in Italien und ebensolcher Wechselstromlokomotiven in Deutschland ab, eine Entwicklung, der sich auch andere Eisenbahnverwaltungen anschlossen.

Die zusammenfassende Auswahl-Liste der „Riesen- und Großrad-Lokomotiven" nennt die Größenordnungen der Durchmesser. In den verschiedenen lokomotivgeschichtlichen Schriftquellen der Bahngesellschaften und mancher Fachpresse-Organe wurde leider nicht immer darauf hingewiesen, ob sich die Laufkreisdaten an neuen oder halbabgenutzten Rädern orientierten. Trotzdem sieht man, daß erstaunliche elektrische Lokomotiven mit Treibrädern entwickelt worden sind, deren Durchmesser diejenigen vieler deutscher Schnellzug-Dampflokomotivgattungen und sogar der „Niagara"-Schnellzuglokomotiven, Klassen S-1b und S-2a, der New-York-Central-Bahn (NYC) übertrafen.

Ausgewählte Treibraddurchmesser elektrischer Lokomotiven

Bahnverwaltung	Bauart	Baujahr	Laufkreisdurchmesser mm
Italienische Staatsbahn	2'Co2' E 326	1930	2050
North Eastern Railway	2'Co2' Nr. 13	1922	2032
Pennsylvania Railroad	1'BB1' Klasse L 5	1924	2032
Italienische Staatsbahn	(2'Bo)(Bo2') E 428	1934	1880
Pennsylvania Railroad	(1'C)(C1') Klasse FF-1	1917	1830
Deutsche Reichsbahn	2'Do1' E 21 01	1927	1750
Paris-Lyon-Mittelmeer-Bahn	2'B+B2' Versuchslok	1910	1700
Bundesbahnen Österreich	1'C1' Reihe 1029 (E 33)	1923	1700
Schweizerische Bundesbahnen	1'Bo+2+Bo1' Erprobungslok 11300	1922	1610
Kgl. Preußische Eisenbahn-Verwaltung	2'B1' ES 2	1911	1600
Deutsche Reichsbahn	2'C2' E 06 (ES 51)	1923	1600
Deutsche Reichsbahn	1'Do1' E 19 01	1940	1600

Die größten Lokomotivmotoren der Welt

Für die elektrifizierten schlesischen Gebirgsstrecken hatten die Bergmann-Elektrizitäts-Werke in Berlin und die Linke-Hofmann-Lauchhammer AG elf elektrische 2'D1'-Personenzuglokomotiven EP 236 bis EP 246 (Reichsbahnnummern E 50 36 bis E 50 46) geliefert, von denen die EP 245 (E 50 45) auf der Eisenbahntechnischen Ausstellung in Seddin 1924 zu sehen war. Die elektrische Ausrüstung, so teilten die Bergmann-Elektrizitäts-Werke mit, wurde ursprünglich für eine Radsatzanordnung 1'D1' mit einer Treibachsfahrmasse von 16,8 t und einer Laufachsfahrmasse von 15 t entworfen. Erst nachträglich wurde mit Rücksicht auf die Vereinheitlichung die Bauart 2'D1' gewählt und die Treibachsfahrmasse auf 18 t erhöht. Weil dabei an der elektrischen Ausrüstung nichts mehr zu ändern war, mußte der mechanische Teil bewußt schwerer ausgeführt werden, als eigentlich nötig gewesen wäre. Das Elektrizitäts-Unternehmen meinte hierzu ergänzend, daß der elektrische Teil trotzdem möglichst leicht, auch bei den erforderlichen 2200 kW nicht schwerlastig ausgeführt werden sollte. Es kam dafür ein hochliegender Einzelmotor mit „reinem" Stangenantrieb in Betracht. Für den Motor, so argumentierte der Hersteller, stand die ganze Breite zwischen den Rahmenblechen zur Verfügung. Herkömmliche Einphasenmotoren waren an gewisse elektrotechnische Grenzen gebunden und ließen sich deshalb nur mit geringerer Breite bauen. Für die elf Lokomotiven wurde deshalb eine andere Schaltung der Ankerwicklung verwendet, die die verfügbare Breite voll auszunutzen vermochte.

Auch der Ständer des Motors wies eine Besonderheit auf. Während die damals üblichen Motoren mindestens zwei Wicklungen im Ständer trugen, die um eine halbe Polteilung gegeneinander verschoben waren, war bei diesen 2'D1'-Lokomotivmotoren nur eine einzige Wicklung vorgesehen. Dazu brauchte man weniger Kupfer, womit sich auch die Masse verminderte. So kam man bei 250 Anker-Umdrehungen je Minute und 2200 kW Stundenleistung mit einem Ständerblech-Durchmesser von 2800 mm aus, während die Masse des Motors (ausschließlich Motorwelle) „nur" 18,7 t und die pro 1 PS errechnete Masse den damals außergewöhnlich niedrigen Wert von 6,23 kg aufweisen sollte. Als weiteren Vorteil rühmten die Erbauer den Fortfall des Fahrtwenders, der sonst wegen der hohen Stromstärken recht groß geworden wäre. Die Umsteuerung wurde statt dessen durch Bürstenverschiebung ermöglicht, die man außerdem dazu her-

Der größte Bahnmotor der Welt in der 2'D1'-Lokomotive EP 235 der KPEV, spätere E 50 35.

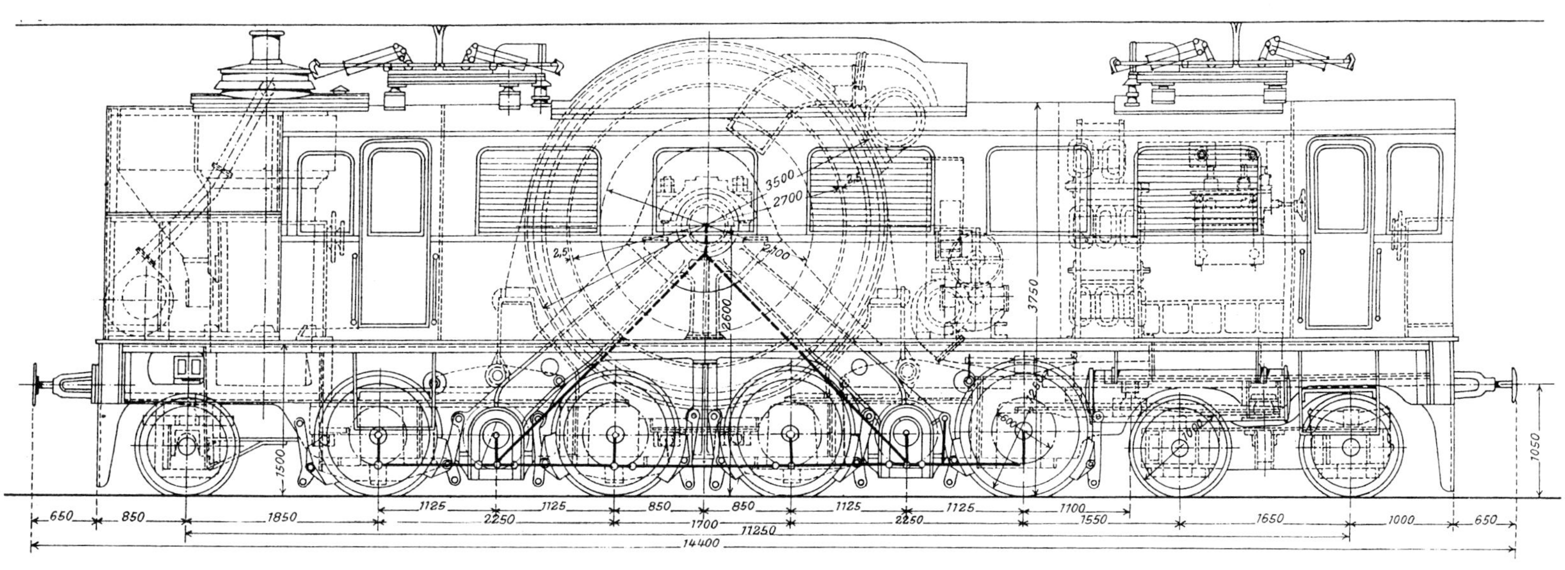

Siebenachsige elektrische Schnellzuglok E 06 05 mit Einphasenmotor (250 U/min), Dreiecktriebwerk und zwei Blindwellen. Der 36polige Riesenmotor (Stundenleistung 2780 kW) gehörte zusammen mit dem der E 50 35 zu den größten Lokomotivmotoren der Welt. RVM-Filmstelle

anzog, bei höheren Geschwindigkeiten die Motorleistung, die normalerweise der Charakteristik des Reihenmotors entsprechend stark sinken würde, auf nahezu voller Höhe zu halten, ohne daß dazu irgendwelche andere Vorkehrungen, wie Schalter und Zusatzstufen am Transformator, notwendig gewesen wären.

Die Probelokomotive und die folgenden Vorauslokomotiven wiesen allerdings einige konstruktive und elektrotechnische Unterschiede auf. Alle hatten unter 45 Grad geneigte Treibstangen. Der gesamte mächtige, hochliegende Lokomotivmotor brachte also ohne Welle tatsächlich eine Masse von 18,7 t auf die Waage. Die als Versuchsfahrzeug konstruierte Vorauslokomotive EP 235 (E 50 35) unterschied sich übrigens von den elf Serienlokomotiven durch einen noch gewaltigeren, 22 t schweren Motor. Bei einem äußeren Durchmesser von 3600 mm, einem Läuferdurchmesser von 2700 mm und einem Kommutatordurchmesser von 2100 mm wurde er trotz einiger gewichtsmindernder konstruktiver Bemühungen der größte Bahnmotor der Welt!

Die 1922 bestellten 2'C2'-Schnellzuglokomotiven ES 51 bis ES 55 (Baureihe E 06 der Reichsbahn) erhielten den im Prinzip gleichen hochgelagerten 36poligen Wechselstrom-Reihenschlußmotor ohne Wendepole wie die E 50^3 der Serienbauart. Die großen, auf die Blindwellen wirkenden Treibstangen, die unter 52 Grad gegen die Senkrechte geneigt waren, bildeten das Erscheinungsbild des Dreieck-Antriebes. Mit 3360 mm Ständerdurchmesser und 2580 mm Ankerdurchmesser stuften die Historiker jenen mit 1194 Kommutatorlamellen ausgestatteten Lokomotivmotor als den zweitgrößten der Welt ein.

Der hochgelagerte Gestellmotor wurde übrigens schon in der Zeit um 1909 für Lokomotiven verschiedener Bahnen vorgeschlagen und verwendet. Man glaubte, damit allen Anforderungen von Zugkraft und Geschwindigkeit in wirtschaftlicher Weise gut entsprechen zu können. Die gesamte Lokomotivleistung war dabei in einem einzigen riesigen, vorteilhaft zugänglichen Fahrmotor zusammengefaßt untergebracht. Die Treibstangen zwischen Motor und Blindwellen ließen sich sogar senkrecht anlenken. Der Antrieb mit Hilfe steil stehender Stangen provozierte allerdings besonders unliebsame Beeinträchtigungen des Fahrzeug-Federungssystems durch zusätzliche wechselnde Einwirkungen auf die Tragfedern. Solche Kräftepulsationen beeinflußten auch die Laufruhe der Lokomotiven.

Sich amerikanischen Gepflogenheiten annähernd,

Drehstromlok E 331.11 der FS mit zwei hochgelagerten Gestell-Großmotoren, Blindwellen und Kuppelstangen-Triebwerk, Höchstgeschwindigkeit 100 km/h, Lok hier noch ohne Stromabnehmer. TIBB

gab man der E 06 eine ganz besondere Rahmenkonstruktion mit einem Mittelstück aus Stahlguß. Es nahm die Lager für Motoranker und Blindwellen auf.

Bei der Dampflokomotive waren die im Kreise bewegten Massen relativ gering. Bei der elektrischen Lokomotive aber wirkte, wie es Walter Kleinow (AEG) damals darstellte, als treibendes Element ein Anker, der eine sehr große umlaufende Masse verkörperte. In den Getriebeteilen, welche die Ankermasse und die Lokomotivmasse miteinander verbanden, traten Kräfte auf, die nach Größe und Richtung fortdauernd wechselten. Es zeigten sich dabei Schwingungen, die erfahrungsgemäß mit zunehmendem Verschleiß und sich vergrößerndem Lagerspiel zu empfindlichen Störungen führten und die Stetigkeit der Leistungsübertragung gefährdeten. Erstaunlicherweise konnten sich elektrische Lokomotiven dieser Konzeption im Bahnbetrieb verschiedener Länder, auch bei Geschwindigkeiten bis 110 km/h, über längere Perioden im Dienst behaupten. Ein Beispiel hierfür war die deutsche E 06, die 1924 auf der Seddiner Ausstellung erschien und sogar nachbeschafft wurde. Beispielhaft war auch die 2'B2'-Wechselstromlokomotive, Reihe P, der Riksgränsenbahn des Jahres 1915. Die 1910 gelieferte 1'B+B1'-Doppellokomotive 070 der New York, New Haven & Hartford Railroad (11,6 kV, 25 Hz) hatte in jeder Lokomotivhälfte einen Langsamläufer-Gestellmotor mit Schrägstangen-Anlenkung, dessen Gehäuse-Durchmesser fast die Größenordnung des deutschen Motors der E 06 erreichte. Auch die italienischen 2'C2'-Drehstromlokomotiven mit 1630 mm Kuppelraddurchmesser, Gattungen E 331 und E 332 (Baujahre 1916 bis 1920), gehörten in diese Beispiel-Reihe von Großmotorlokomotiven mit Schrägstangen-Antrieb.

Lokomotiv-Ungetüme und Triebwerk-Varianten

Besonders massige Elektrolokomotiv-Ungetüme gab es in den Vereinigten Staaten von Amerika schon vor dem ersten Weltkrieg bis in die zwanziger Jahre hinein immer wieder. Ob bei solchen, nicht in jedem Falle hochleistungsfähigen Maschinen wachgewordene gestalterische „Ur-Träume" der Konstrukteure oder bei der Angebotseinreichung spontan forsche Konzeptionen im Spiel waren, ist nicht bekannt. Immerhin war es die erstaunliche Tatkraft derer, die unerschrocken problematische Entwürfe angepackt und ihre Pläne verwirklicht haben: Die 32,13 m lange (1'B)(B1')+(1'B)(B1')-11-kV-Einphasenwechelstrom-Doppellokomotive, gebaut um 1915 von der Westinghouse Electric & Manufacturing Company in Pittsburgh und von den Baldwin Locomotive Works in Philadelphia für die Norfolk & Western Railroad, hatte eine Gesamtmasse von nahezu 300 t. Jede Treibachsgruppe besaß ein zwischen beiden Treibradsätzen angeordnetes Blindwellenvorgelege, das über Kuppelstangen die Radsätze antrieb. Die monumentalen vier Stromabnehmer waren kontakt- und betriebsfähig bis zur maximalen Fahrleitungshöhenlage von 7,85 m über Schienenoberkante! Zum Vergleich: Die zulässigen Höchstschwankungen der DR- und DB-Fahrleitungen beliefen sich auf 4,8 bis höchstens 6,7 m über Schienenoberkante. Die bullige Elektro-Doppellok-Riesin übertraf sowohl mit ihrer Gesamtlänge als auch mit der Dienstmasse die im Jahre 1914 gelieferte größte normalspurige Mallet-Schlepptenderlokomotive für China. Erbauerin der (1'D)D1'+2'2'-Mallet-Lok für die Peking-Suiyuan-Bahn war die American Locomotive Co (ALCO), die dieses chinesische Kraftpaket mit 26 m und den Nachbau des Jahres 1922 mit 29 m Länge dimensionierte und den Lokomotiven eine Dienstmasse von 200 bis 215 t gab.

Im Jahre 1924 nahm die Norfolk & Western Railroad einen anderen Einphasenwechselstrom-Doppellok-"Dinosaurier" für ihr mit 11 kV (25 Hz) elektrifiziertes Streckennetz in Betrieb. Die 29,6 m langen und rund 365 t schweren Doppellokomotiven hatten eine Reibungsmasse von 270 t bei einer Achsfahrmasse von 33,7 t! Die Radsatzfolge (1'B)(B1') +(1'B)(B1') wies eine Kuppelstangenanordnung auf, deren Prinzip etwa der Woodard-Anlenkung vieler amerikanischer Dampflokomotiv-Triebwerke entsprach. Mit zwölf Doppellok-Giganten (Stundenleistung 5900 kW), die in vier Gruppen aufgeteilte Kuppelstangentriebwerke mit Blindwelle besaßen, ersetzte die Norfolk & Western im schwersten Güterzugverkehr 34 Mallet-Dampflokomotiven!

In den sogenannten goldenen zwanziger Jahren bevorzugten viele Eisenbahnverwaltungen in Europa und in den USA immer noch die Stangenantriebe für den schweren elektrischen Hauptstreckendienst. Erst um die Jahrhundertwende 1932/33 hatten die Ungarischen Staatsbahnen ihre ersten beiden Elektrolokomotiven mit sechs gekuppelten, in einem steifen Rahmen gelagerten Radsätze in Betrieb genommen. Es war die vom 1931 im 62. Lebensjahr verstorbenen Kálmán Kandó entwickelte V 60 mit großem, hochliegendem Motor, Stangenanordnung und typischem Kandó-Dreieck. Mit dieser Konstruktion vermied Kandó die sonst für herkömmliche Dreiecksantriebe üblichen auf- und abgleitenden Kulissen. Für Geschwindigkeiten von 90 bis 100 km/h erschien die Verwendung von Stangen als Übertragungs- und Kuppelorgane damals noch vertretbar. Der individuelle Einzelachsantrieb, der es ermöglichte, die rotierende Bewegung des Fahr-

Eine neue Dimension: Elektrolok V 60 der MÁV mit Stangen-Triebwerk und sechs Kuppelradsätzen. Es ist der einzige steifrahmige Sechskuppler-Elektrolok-Typ, hier die Phasenumformer-Lok V 60 001. Haraszti

Das österreichische Krokodil: Lok 1189.02 aus dem Jahre 1926. Lokomotiven dieser Bauart besorgten viele Jahre hindurch den schweren Schnellzugdienst über die Steilrampen der Arlbergstrecke.
ÖBB

motors unmittelbar, also ohne Zwischenumformung in eine hin- und hergehende, auf den Treibradsatz zu übertragen, hatte sich allerdings als zweckmäßigere Lösung längst aufgedrängt, namentlich dann, wenn es sich um die Steigerung der zulässigen Höchstgeschwindigkeit bis in Bereiche um 120 km/h handelte und dafür serienreife Antriebe auch für Großlokomotiven zur Verfügung standen.

Die Chicago, Milwaukee & St. Paul Railroad sowie die New York, New Haven & Hartford Railroad zählten in Zusammenarbeit mit der nordamerikanischen Industrie zu den Vorreitern der vermehrten Einführung von Großlokomotiven mit Einzelachsantrieben verschiedener Konzeptionen. Zu nennen wären in diesem Zusammenhang die gewaltigen (2'Co)(Co2')- und die (2'Co1')(1'Co2')-Bauarten für Einphasenwechselstrom (11 kV, 25 Hz) einerseits und 3 kV Gleichstrom andererseits. Schon die 42 Einheiten der 280 t schweren und 34,14 m langen Gleichstrom-Doppellokomotiven der Chicago, Milwaukee & St. Paul Railroad, einer überaus rührigen Bahngesellschaft, gehörten mit dem Achsbild (2'Bo)Bo+Bo(Bo2') im Jahre 1917 in die Reihe der ganz großen und zukunftsträchtigen Konkurrentinnen der Stangenlokomotiven. Das kolossale Fahrzeug war übrigens damals an Größe und Masse eine weltweit beachtete Rekordlokomotive.

Über fünf-, sechs- oder siebenstellige Entwicklungskosten, wie sie heute selbst bei Kleingeräten „üblich“ sind und mit Fördermitteln subventioniert werden, ist im damaligen Lokomotivbau – wenn es überhaupt nennenswerte Zuschüsse gab – nicht viel Aufhebens gemacht und auch kaum etwas Konkretes über Summen oder etwaige Konditionen überliefert worden, wohl auch deshalb nicht, weil gar nicht exakt definiert wurde, welche Beträge eigentlich der „Neuentwicklung“ anzulasten waren.

Ein weiteres Beispiel sei die geglückte Entwicklung der sehenswerten schweizerischen, etwa 20 m langen Krokodil-Lokomotiven Ce 6/8 verschiedener konstruktiver Varianten. Mit jeweils zwei, nicht synchron laufenden Stangentriebwerken für bis zu 75 km/h Höchstgeschwindigkeit wurden jene repräsentativen Gelenklokomotiven bald zum „Aushängeschild“ schweizerischer Eisenbahntechnik. Die zwei Motoren jedes der beiden Schwenkgestelle der Ce 6/8II übertrugen ihre Drehmoment über Getriebe auf eine Blindwelle, deren Kurbeln an einem Ende des Kuppelrahmens angelenkt waren. Das andere Ende des Rahmens bewegte die Kurbel an

Der elastische Doppelmotor-Antrieb, System Negri mit Blattfederbündeln, der FS-Schnellzuglok E 428, Raddurchmesser 1880 mm.
FS

einer ursprünglich pendelnd aufgehängten Hilfswelle. Damit versuchten die Konstrukteure einen geeigneten Antrieb zu schaffen, bei dem im Gegensatz zum konventionellen Schrägstangentriebwerk nur Horizontalkräfte von der Vorgelegewelle auf die Räder übertragen werden. Bis zum Jahre 1922 kamen 33 Lokomotiven dieses Typs bei den Schweizerischen Bundesbahnen (SBB) in Dienst. Sicherlich gehörten die betriebsbereit 128 t wiegenden elektrischen „Krokodil"-Lokomotiven nicht zur Kategorie protziger Monumental-Lokomotiven. Die für 1650 kW Stundenleistung am Radumfang ausgelegte Ce $6/8^{II}$ mauserte sich im Laufe der zwanziger Jahre eher zur eisenbahntechnischen Dominante der SBB. Bestimmt ist es keine Übertreibung festzustellen, daß das inzwischen legendäre schweizerische „Krokodil" unter Hinweis auf seine durchaus innovative Originalität lokomotivtechnisch Weltniveau erreichte. Manche Eisenbahnfreunde mögen jener idyllischen „Krokodil-Zeit" nachtrauern und ihren Erinnerungen freien Lauf lassen, schließlich bekam dieses Symbol klassischer Elektrolokomotiven durch die nachgelieferten 130,9 t schweren und 1800 kW stündlich leistenden Ce $6/8^{III}$ eine längere Dienstzeit. Erstaunlicherweise kehrten die Konstrukteure bei diesen Nachlieferungen von 1926 wieder zum unkomplizierten Schrägstangenantrieb zurück.

Die letzte, von der Deutschen Reichsbahn-Gesellschaft in Betrieb genommene große Schnellzuglokomotive mit Stangentriebwerk, Radsatzfolge 2'C2', war die E 06 12 (E 06^{1}) des Jahres 1928.

Sozusagen an den Grundfesten des Baues gigantischer Elektrolokomotiven rüttelten in den Jahren 1923/24 die Lokomotivingenieure der ALCO und von Westinghouse: Auf den dortigen Reißbrettern entstand der Typ eines Triplex-Monstrums für die Virginian Railway. Die Radsatzfolge (1'B)(B1')+(1'B)(B1')+(1'B)(B1'), die Dienstmasse von 590 t (!) und die Leistung von 5300 kW bei 21,5 km/h machten diesen, über Kuppelstangen angetriebenen Frühzeit-Koloß zum „Tonnage"-Weltspitzenreiter. Die Leistung ist in Anbetracht des Einheitsgewichts von 111 kg/kW eher bescheiden, doch die rund 800 kN Zugkraft am Haken waren bei dieser klotzigen Güterzuglokomotive entscheidend. In seltenen Fällen „zerlegte" man die Triplex-Maschinen (mit Phasenumformer) in Einzel-Einheiten oder als Duplex-Lokomotive, womit sie der Konstruktion für die Norfolk & Western-Doppellokomotiven näherungsweise entsprachen. Insgesamt sind 36 Virginia-Einzel-Einheiten beschafft worden. woraus zwölf superschwere Triplex-Phasenumformer-Giganten zusammengestellt werden konnten.

Die deutsche und die österreichische Elektrolokomotiv-Entwicklung war in den dreißiger Jahren bis zur großen Zäsur des Krieges bereits zu Entwurfskonzepten für weitgehend vereinheitlichte Typenreihen vorangeschritten. Das Schwergewicht lag schon unverkennbar bei den hochleistungsfähigen Lokomotiven für die schwereren Zugförderungsaufgaben. Man kam damit eigentlich der Ursprungseigenschaft der „eisernen Bahn" sehr nahe, die mit ihrem geringen Rollwiderstand von Anfang

Die stärkste elektrische Einrahmenlokomotive der Welt in den vierziger Jahren: Lok E 19 01 mit AEG-Federtopf-Antrieb.
AEG

Das berühmte schweizerische Krokodil: (1'C)(C1')-Gelenklok Nr. 14315 der SSB.
SLM

an dazu prädestiniert war, sehr schwere Lasten mit relativ geringem Energieaufwand zu bewegen.

Der sich im Laufe der Zeit bei elektrischen Lokomotiven durchsetzende Einzelachsantrieb der verschiedensten, mehr oder weniger erfolgreichen Systeme (Tatzlagermotoren mit Zahnradgetriebe, Buchli, Westinghouse, AEG-Kleinow, Jacquemin, Bianchi, SLM, Fanelli, BBC, Negri, Alsthom, FS-Gelenkhebel mit tanzendem Ring, Gummiringfeder SSW, Kegelringfeder LEW und andere) führte innerhalb der vielfältigen Entwicklungsstufen auch zu aufsehenerregenden „Jumbos auf Schienen“. Die deutschen E 18 und E 19 holten sich ihre „Lorbeeren“ in den dreißiger Jahren als stärkste elektrische Einrahmen-Lokomotiven der Welt. Und auch in der Schweiz steigerten sich die Konstrukteure mit ihren Schöpfungen in die Sphären der Weltrekorde. Für die Gotthard-Bahn wurden im Jahre 1930 zwei schwere und weltweit bewundernswerte, 34 m lange Doppel-Lokomotiv-Giganten Ae 8/14 Nrn. 11801 und 11851 der SBB gebaut. Beide Maschinen erhielten die Radsatzfolge (1'A)A1A(A1')+(1'A)A1A(A1'). Sie glichen in ihrem Aussehen einer riesigen kurzgekuppelten Mammut-Lokomotive. Sie waren im Dienst untrennbar. Die beiden Lokomotivhälften besaßen keinen festen Radstand. Die Führung im Gleis übernahmen die jeweils voranlaufenden kombinierten Treibachs-Laufachs-Gestelle, von der Schweizerischen Lokomotiv- und Maschinenfabrik (SLM) erstmals 1924 eingeführt und als „Java-Gestell“ bekannt.

Umbau-Version der Gotthard-Lok Nr. 11851, hier mit insgesamt vier Java-Lenkgestellen.
SBB

Die schwerste elektrische Lokomotive Europas: 1'D+D+D1'-Triplex-Bauart, Gattung Dm 3 der Schwedischen Staatsbahn.
SJ

Die Konstruktion basierte auf dem Krauss-Helmholtz-Lenkgestell, hatte jedoch einen zurückverlegten, hinter der Triebradsatzwelle liegenden Drehzapfen. Die Lok 11801 besaß einen Buchli-Antrieb, galt als ausgezeichnete Kurvenläuferin und hatte nur einen Führerstand. Die Apparate beider Lokomotivhälften arbeiteten zwangsläufig miteinander.

Die SLM und die BBC hatten die Ae 8/14 Nr. 11801 im Jahre 1931 als erste Maschine geliefert. Die Schwesterlok Ae 8/14 Nr. 11851 wurde als sogenannte „Gegenvariante“ mit dem Universal-Antrieb der SLM ausgerüstet. Jeder der acht Treibradsätze erhielt seinen Antrieb durch zwei schräg über den Rädern auf dem Hauptrahmen koaxial fest gelagerten Motoren. Die Versuche ergaben eine Stundenleistung, an den Motorwellen gemessen, von 6470 kW bei 62 km/h und eine Dauerleistung von 6100 kW bei 65 km/h. Als dritte der schweizerischen Großlokomotiven folgte die Ae 8/14 Nr, 11852. Sie war mit ihrer Höchstleistung von 8830 kW damals die stärkste elektrische Lokomotive der Welt, weshalb sie im Sommer 1939 auf der Landesausstellung in Zürich größte Bewunderung hervorrief. Wiederum handelte es "sich um eine Doppellokomotive für Einphasenwechselstrom (15 kV, $16^2/_3$ Hz) mit acht Triebradsätzen. Die Dienstmasse belief sich auf 236 t bei einer Reibungsmasse von 160,5 t oder (nach Achsfahrmassenumstellung) 173,6 t.

Die Entwicklung von kurzgekuppelten Doppellokomotiven hatten die Konstrukteure schon vor dem ersten Weltkrieg eingeleitet. Und es gab damals schon Kuriositäten oder sogar Fehlkonstruktionen. Eine derartige mißratene Doppellokomotive baute im Jahre 1913 die American Locomotive Company mit 2'Bo+Bo2'-Radsatzfolge. Die elektrische Ausrü-

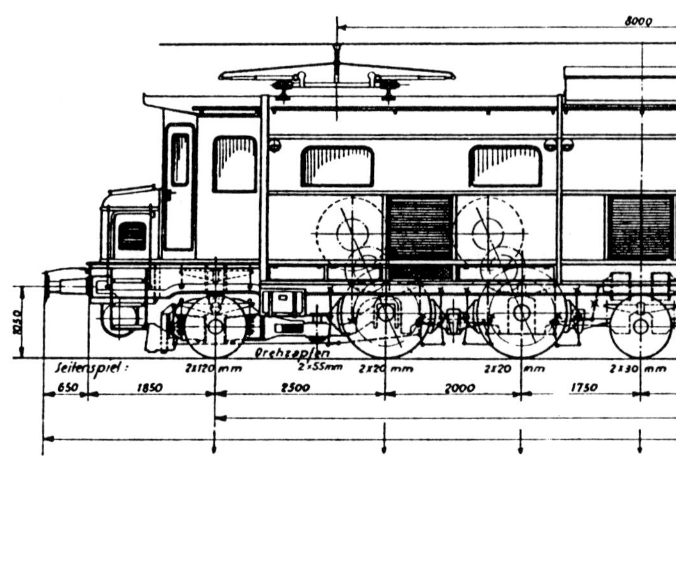

stung stammte von der General Electric Company für den Betrieb mit Einphasenwechselstrom 11 kV und 25 Hz der New York, New Haven & Hartford Railroad. Das Kuriose dieser Konstruktion war der Einzelachsantrieb durch Blindwelle und Kuppelstangen, obwohl sowohl die Blindwelle als auch die Kuppelstangen als typische Bauelemente des Gruppenantriebes galten. Die 132 t schwere, ästhetisch recht lieblos gestaltete Lok mit der Nr. 068 wurde zur kostspieligen Außenseiterin. Man nannte sie „Bull Moose“, den „Elendsbullen“. 1928 kam die Lok auf den Schrottplatz. Aber große Doppellokomotiven sind noch im Jahre 1961, beispielsweise von Henschel für den „Trans Europ Express“, mit serienmäßigen Triebdrehgestellen als 37,48 m lange Bo'Bo+Bo'Bo'-Duplex-Bauart entworfen und vorgeschlagen worden.

Erstaunlich lange hielt die Schwedische Staatsbahn (SJ) am Stangenantrieb ihrer elektrischen Lokomotiven fest. Noch im Jahre 1970 entschied man sich für die Neuanschaffung elektrischer Lokomotiven mit Stangentriebwerk zum Einsatz im Streckendienst. Warum auch nicht? Die Antriebsdisposition für Blindwelle und Kuppelstangen kennt so gut wie keine freien Fliehkräfte. Und alle seit 1925 bis um 1970 für den Schnellzug- und Güterzugdienst gelieferten SJ-Stangenlokomotiven wiesen viele Vereinheitlichungsmerkmale auf. Wichtigster Unterschied waren eigentlich nur die Übersetzungsverhältnisse der Zahnradgetriebe.

Für den Reisezugverkehr auf der Lapplandbahn sorgten zwei, im Jahre 1922 angeschaffte 123,2 t schwere und 21 400 mm lange 2'B+B2'-Doppellokomotiven der SJ-Gattung Pb. Bemerkenswert an diesen „Schwerarbeiterinnen des Nordens“ war ihr bescheidener Kuppelraddurchmesser von 1350 mm, mit dem sie für stattliche 100 km/h Höchstgeschwindigkeit zugelassen wurden! Mit weiter zunehmendem Erzverkehr wuchs auch das Interesse an Doppellokomotiven für den Massenguttransport. Es kamen die 1'C+C1'-Maschinen der Gattung Of und – als erstes bewundernswertes „Highlight“ dieser Entwicklung – die aus Of-Lokomotiven zusammengebauten 197 t schweren und 31 355 mm langen Triplex-Maschinen Of 3 als 1'C+1'C+C1'-Einheiten der fünfziger Jahre.

Man hat mit diesen außerordentlich robusten und anderen Kuppelstangenlokomotiven der Doppellok- und Triplex-Bauart recht gute Erfahrungen gemacht.

Ansicht des Doppellokomotiv-Giganten El 12.2113, Gattung Dm, gebaut für Norwegen. NSB

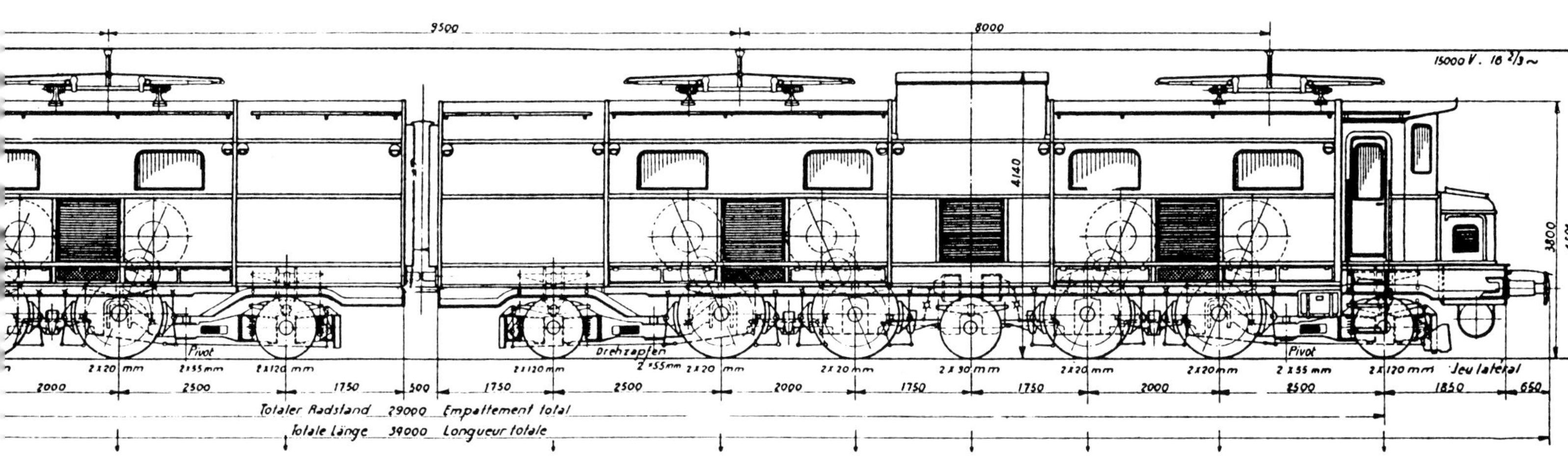

Die 34 m lange und 246 t schwere Gotthard-Doppellokomotive Ae 8/14 Nr. 11851 der SBB. SBB

Bo'Bo'+Bo'Bo'-Doppellok WL 8 der Sowjetischen Eisenbahnen. APN

Die Staatsbahn sah noch keinen Grund, die Entwicklung aufzugeben. Die 186 t schweren, in den Jahren 1953 bis 1970 in Dienst gestellten 1'D+D1'-Erzzug-Doppellokomotiven, Gattung Dm, mit nur 25 100 mm Länge über Puffer leisteten stündlich 3800 kW und konnten 3500 t, bestehend aus 65 Erzwagen zu je 54 t, gut über die Strecke bringen. Bei äußerster Überlastungsmöglichkeit der Fahrmotoren sind Zugkräfte bis 455 kN entwickelt und Kurzzeit-Leistungen bis 5880 kW festgestellt worden. In den Jahren 1954 bis 1957 hatte übrigens auch die Norwegische Staatsbahn (NSB) vier Lokomotiven gleicher Bauart bezogen.

Für Erzzüge von 5000 t stellte die SJ im Jahre 1960 noch drei gigantische 1'D+D+D1'-Kolosse der Klasse Dm 3 in ihren nordischen Betriebsdienst ein. Es waren eigentlich normale Dm-Lokomotiven mit einer zusätzlichen Mittel-Einheit. Für die insgesamt 35 250 mm lange Triplex-Lokomotive Dm 3 brachte das Meßergebnis eine Dienstmasse von 264,8 und eine Stundenleistung von 6 mal 950 kW = 5700 kW. Eine Rekordmarke war erreicht: Die Dm 3 wurde die schwerste elektrische Lokomotive Europas! Bis 1970 kamen noch schwerere 273,2 t wiegende Triplex-Lokomotiven hinzu, die eine Leistungsspitze von 9800 kW hergaben!

Nachdem nun längst kleinere und mit höheren Drehzahlen arbeitende Gleichstrom-, Wechselstrom-, Mischstrom- und Drehstrommotoren auf höherem technisch-wirtschaftlichem Niveau konstruiert und eingeführt werden konnten, war das allmähliche Verschwinden der schwerfälligeren Stangentriebwerke vorgezeichnet. Interessante und leistungsfähige Riesenlokomotiven dieser Art mußten ihren Dienst quittieren. Und damit war auch das Ende der skandinavischen Lokomotiv-Giganten nahegerückt. Dennoch sind einige erhalten geblieben.

Die vielen Varianten der Einzelachsantriebe erhielten Vorrang. Ihre Entwicklung über einen Zeitraum von ungefähr 70 Jahren stellte eine außerordentliche technische Leistung des internationalen Lokomotivbaues dar.

Eine beträchtliche Anzahl von „Jumbo"-Elektrolokomotiven besaßen die Sowjetischen Eisenbahnen, wenngleich die Bahn-Elektrifizierung in den zwanziger und dreißiger Jahren noch nicht sehr ausgeprägt und überwiegend mit 1,2 kV und 1,5 kV Gleichstrom angelegt war. Im Jahre 1931 wurden mehrere wissenschaftliche Institute der Sowjetunion mit der Lösung der Frage nach dem geeigneten Hauptbahn-Elektrifizierungssystem beauftragt. Obwohl sich zunächst das Gleichspannungsfahrleitungsnetz für 3 bis 3,3 kV in größerem Umfang durchsetzte, plädierten die Wissenschaftler bereits damals für das Einphasen-Wechselstromsystem mit der Industriefrequenz von 50 Hz und einer Fahrdrahtspannung von 20 bis 25 kV. Natürlich hemmte der zweite Weltkrieg die Entwicklung. Aber nach Befriedigung des dringendsten Nachholbedarfs nach 1945 widmeten sich die Sowjetischen Eisenbahnen verstärkt dem elektrischen Bahnbetrieb, wobei auch die Konstruktion elektrischer Riesenlokomotiven ihren Lauf nahm.

Von 1956 an bestellten die Sowjetischen Eisenbahnen keine Hauptstrecken-Dampflokomotiven mehr, sondern nur noch elektrische Triebfahrzeuge

Co'Co'-Gleichstrom-Lokomotive, Gattung WL 22M mit 22 t Achsfahrmasse, mit einem Reisezug entlang dem Fluß Irkut. APN

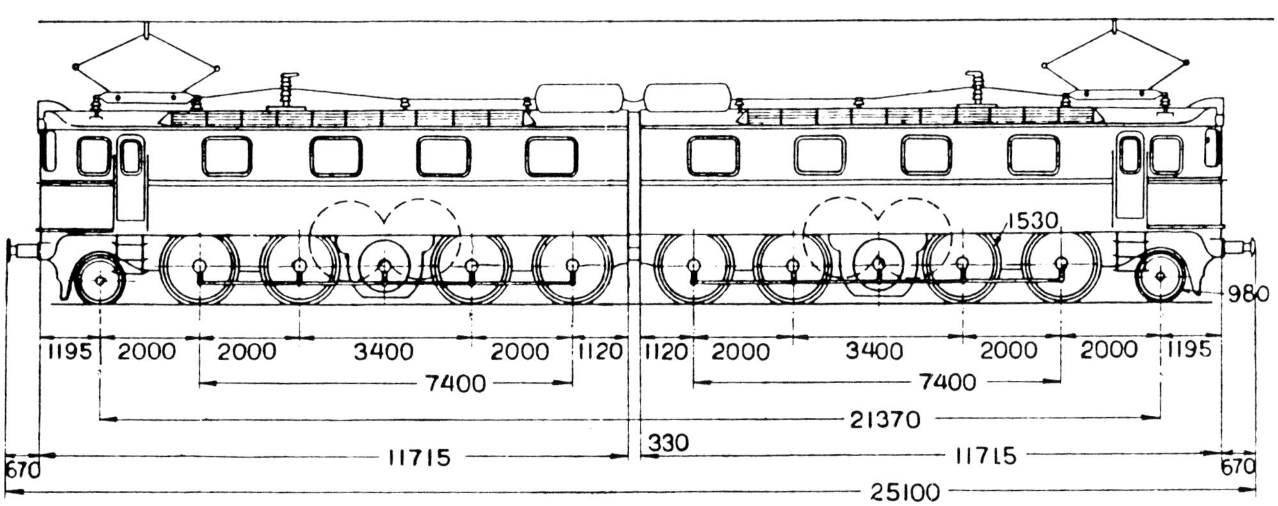

Schwedische Güterzug-Doppellokomotive mit 1'D+D1'-Radsatzfolge, Gattung Dm.

Achtachsige Doppellok WL 10 der SŽD, Nennleistung 5070 kW für gemischten Dienst.

und Dieseltriebfahrzeuge. Die W.W.Kuibyschew-Werke, Kolomna, lieferten im Jahre 1956 ihre letzte Dampflokomotive ab. Es war die geschmückte 2'D2'-Maschine P 36 0251 mit der Fabriknummer 10420. Die großen Lokomotivfabriken, hauptsächlich in Nowotscherkassk, Tiflis und Riga, steigerten nun ihre Jahreslieferungen auf 650 elektrische Lokomotiven und etwa 100 elektrische Triebzüge und Triebwagen.

Die ab 1947 gebaute Co'Co'-Gleichstromlokomotive, Baureihe WL 22 m, war für mehrere Jahre die stärkste sechsachsige elektrische Güterzuglokomotive der SŽD. Ihre Stundenleistung von 2400 kW genügte bald nicht mehr. In der Zeit von 1953 bis 1961 wurden wesentlich stärkere Gleichstromlokomotiven produziert, darunter die Bo'Bo'+Bo'Bo'-Doppellokomotive, Baureihe WL 8 (H 8), aus Nowotscherkassk. Diese 27 520 mm lange Lok konnte mit einer Stundenleistung von 4200 kW und einer Dienstmasse (gleich Reibungsmasse) von 184 t aufwarten. Das Werk in Nowotscherkassk lieferte in der ersten Hälfte der sechziger Jahre die gewaltige Bo'Bo'+Bo'Bo'-Versuchslokomotive WL 80, die mit einer Stundenleistung von 6480 kW und 184 t Dienstmasse damals als leistungsfähigste elektrische Lokomotive der Sowjetunion galt und zur Serienausführung mit Halbleitergleichrichtern weiterentwickelt worden ist.

Die Kapazität der Güterzüge wurde in den siebziger Jahren durch die Anhebung der zulässigen Achsfahrmassen von 22 auf 25 t erhöht, wofür leistungsstärkere elektrische Lokomotiven für beide Bahnstromsysteme der UdSSR bestellt wurden. Die bewährte Bo'Bo'+Bo'Bo'-Doppellokomotiv-Konzeption des Typs WL zeigte sich als außerordentlich entwicklungsfähig, sowohl für das Gleichspannungs- als auch für das Einphasen-Wechselstromnetz (25 kV, 50 Hz). Die drei führenden Lokomotivhersteller bauten beispielsweise die Elektrolokomotiv-Varianten WL 80R, WL 80T und WL 80W sowie die WL 80K, die für Leistungsgrößen von etwa 5000

Elektrische Gleichstrom-Doppellokomotive ČS 200 für die SŽD: Stundenleistung 8400 kW, Länge über Kupplung 33 080 mm.

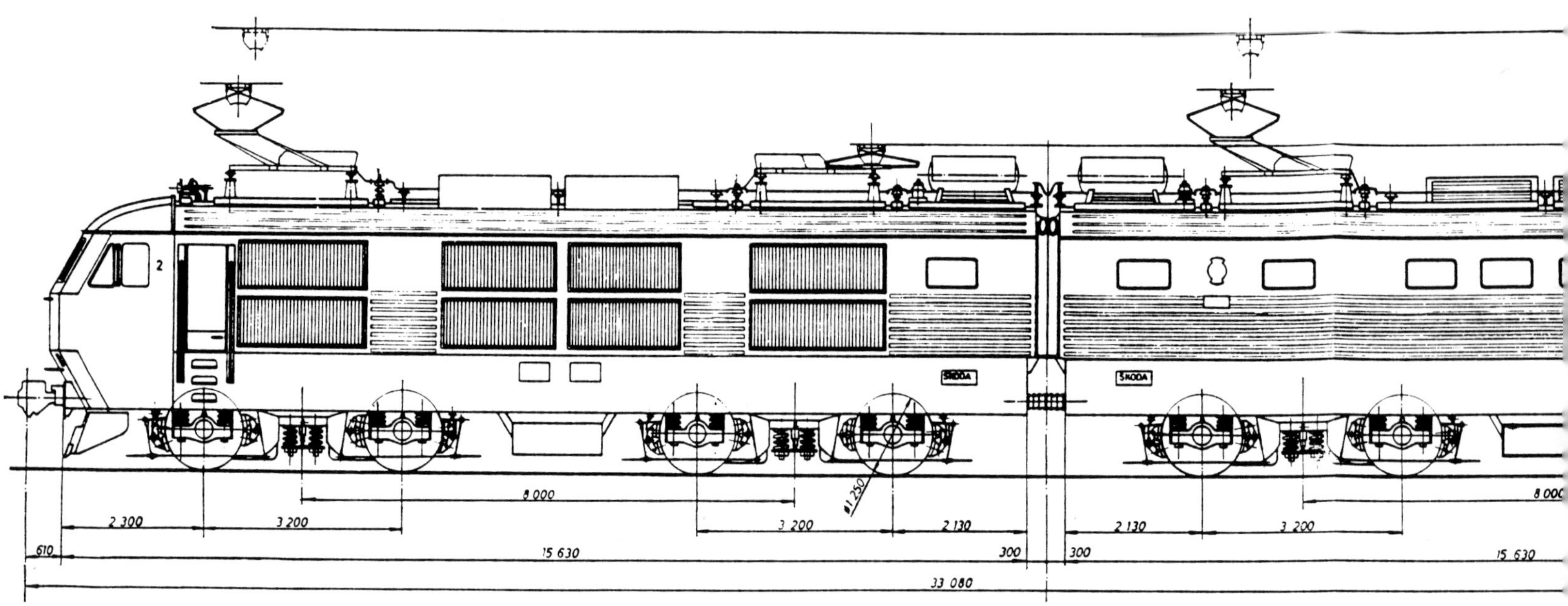

bis stündlich 8000 kW ausgerüstet und einsetzbar waren.

Auf der „Großen Schau für Eisenbahnen und Transport“ 1986 in Tscherbinka bei Moskau präsentierte die UdSSR die neue Doppellokomotive WL 85 als stärkste Lokomotive der Welt. Für 25 kV Einphasenwechselstrom (50 Hz) ausgelegt, mit zwölf Triebradsätzen ausgestattet, bedeutete die WL 85 mit 10 000 kW Stundenleistung eine neue Leistungskategorie für Lokomotiven der SŽD Die Ingenieure hatten inzwischen schon Fahrmotoren für Antriebsleistungen von 1000 bis 1200 kW je Radsatz erprobt. Die Tendenz führte, wie auch in Mitteleuropa, zum kommutatorlosen Drehstrommotor, den man in den siebziger Jahren bereits für zwei Prototyplokomotiven WL 80A und WL 80W mit Erfolg verwendete und damit der Drehstrom-Antriebstechnik zum Eingang in den sowjetischen Lokomotivbau verhalf.

Im Jahre 1991 mußte die „Titanen-Lokomotive“ WL 85 den Titel der „Stärksten“ einer anderen Gigantin, der WL 86, überlassen. Die neue Rekordhalterin bestand wie ihre Vorgängerin aus zwei Sektionen mit insgesamt zwölf Triebradsätzen. Ihre Stundenleistung erreichte jedoch 11 400 kW. Die weit über 30 m lange Riesen-Doppellokomotive für 110 km/h Höchstgeschwindigkeit war für die Beförderung von Güterzügen mit 6000 t bestimmt. Für noch schwerere Massengut-Züge plante man bereits – wie in Schweden – noch größere, aus drei Einheiten zusammengesetzte Triplex-Elektrolokomotiven. Solche breitspurigen Kolossal-Maschinen konnten dann, über die Kupplungen gemessen, stattliche 49 m lang sein! Das war eine Größenordnung, welche die normalspurigen Bo'Bo'+Bo'Bo'-Riesenlokomotive, Baureihe 8K der Chinesischen Staatsbahnen (CR), mit ihren 36,23 m bei weitem übertraf. Jene chinesischen 25-kV-Schwergewichtlerinnen mit Thyristorsteuerung sind 1985/86 von der europäischen 50-Hz-Arbeitsgemeinschaft entwickelt worden. Nur selten dürfte eine derart gigantische Lokomotivbauart mit insgesamt 150 Exemplaren in Fernost beschafft worden sein. Auch die chinesische Doppellokomotive SS 4 besaß gewaltige Dimensionen, die sich mit den breitspurigen Riesen der UdSSR durchaus messen konnten!

Viele Exportlokomotiven nach China und in die Sowjetunion, vorwiegend aus der Bundesrepublik Deutschland, Frankreich und aus der Tschechoslowakei, haben in den Empfängerländern mitgeholfen, konstruktive Anregungen zu geben und den elektrischen Bahnbetrieb auszudehnen. Im Jahre 1960 erhielt China aus Frankreich die neue 50-Hz-Lokomotivgattung 6 Y_2 mit wassergekühlten Ignitrons und Gleichstrom-Reihenschlußmotoren. Mit 23 020 mm Länge, 23 t Achsfahrmasse und einer Stundenleistung von 4630 kW zählte sie zu den großen Co'-Co'-Kraftprotzen der Simplex-Bauart. Die von Krupp und den Siemens-Schuckert-Werken (SSW) im Jahre 1961 für die Sowjetischen Eisen-

Die Lok WL 80R ist die Thyristor-Version der WL 80T der Sowjetischen Eisenbahnen. Diese 1976 entwickelte achtachsige Doppellokomotive für 25 kV/50 Hz Bahnstrom wiegt 184 t und hat eine Stundenleistung von 6520 kW. Das Archivfoto zeigt die WL 80R 1549 neben einer WL 11.

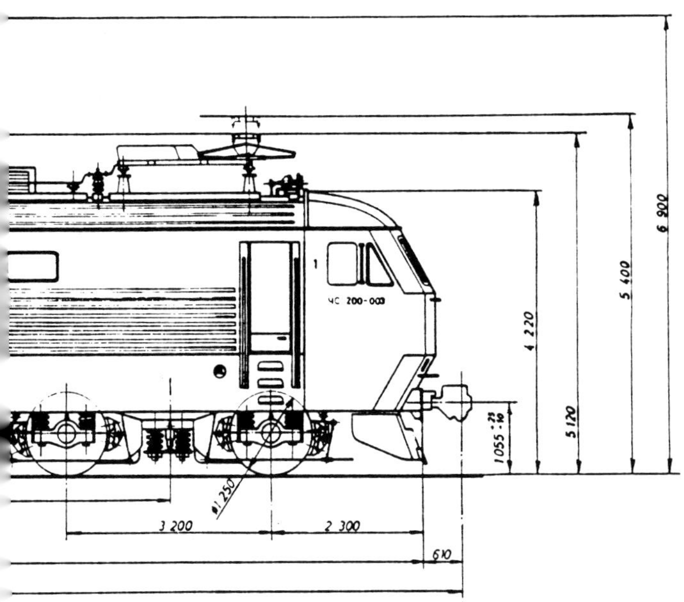

Die leistungsstarke 3000-V-Gleichstromlok WL 11 der SŽD erreichte als 49 260 mm lange Einheit mit drei Sektionen eine Stundenleistung von 8040 kW. Unser Archivbild zeigt die WL 11 als riesige Viersektionen-Lokomotive.

bahnen produzierten Co'Co'-50-Hz-Lokomotiven, Baureihe K, leisteten stündlich 4950 kW und hatten eine Gesamtlänge von 21 020 mm. Von Alsthom aus Frankreich waren zwei Jahre zuvor 160 km/h schnelle Co'Co'-Ignitron-Lokomotiven, Baureihe Fp, mit 23060 mm Länge auf die mit 25 kV und 50 Hz elektrifizierten breitspurigen Strecken der UdSSR gekommen.

Monumentale Dimensionen erreichten die in den Jahren 1983 bis 1985 aus der Tschechoslowakei bezogenen Bo'Bo'+Bo'Bo'-Doppellokomotiven ČS 7 und ČS 8. Die 34 040 mm langen ČS 7-Gleichstromlokomotiven waren überwiegend für den schweren Expreßzug-Dienst mit 160 km/h Höchstgeschwindigkeit bestimmt. Die andere Škoda-Bauart ČS 8 besorgte den schweren Zugdienst unter der mit 25 kV (50 Hz) gespeisten Fahrleitung. Dabei sind Spannungstoleranzen von 19 kV bis 29 kV zugelassen worden. Die für die Sowjetunion entwickelte Škoda-Lok ČS 200 war eine Gleichstrom-Variante (3 kV) als Schnellfahrlok bis 220 km/h Höchstgeschwindigkeit. Die Radsatzfolge war dieselbe wie bei den Gattungen ČS 7 und ČS 8. Doch die Gesamtlänge, über Kupplungen gemessen, beträgt 33 080 mm. Alle drei monströse Lokomotivgattungen haben zur Verjüngung der Zugförderung auf den bedeutenden Strecken der UdSSR wesentlich beigetragen. Die Herstellerin und Entwicklungsfirma Škoda nannte für alle diese Lokomotiven bereits das neue Spurweitenmaß von 1520 mm statt der zuvor üblichen 1524 mm.

Auf den kapspurigen Japanischen Eisenbahnen jener Zeit (damals noch JNR) erreichten die elektrischen Lokomotiven zwar nicht die enormen Dimensionen wie in China und in der Sowjetunion, aber sensationslos war der Maschinendienst trotzdem nicht. Japanische Bahndienststellen bevorzugten lange Zeit die Einrahmen-Lokomotiven mit angelenkten Drehgestellen. Einer der Frühzeit-Kolosse aus dem Jahre 1935 war die (2'Co)(Co2')-Lokomotivbauart für den Betrieb mit 1,5 kV Gleichstrom. Dieser immerhin 21 200 mm langen, aus den Werkstätten der North British Locomotive Co und der English Electric Co stammenden Kapspur-Riesin folgten bald die neueren Lokomotiven EF 10 und EF 58 der gleichen Radsatzfolge, jeweils mit nahezu 20 m Länge, sowie die 22,5 m langen Bo'Bo'+Bo'Bo'-Doppellokomotiven EH 10 der Jahre 1954/57, alle aus japanischer Fertigung und dort für das 1,5 kV-Gleichstromsystem entwickelt. Die kompakteren 50- und 60-Hz-Wechselstrom-Lokomotiven ED 94 (Baujahr 1966) und ED 78 (Baujahr 1968) besaßen die Bo'2'Bo'-Radsatzfolge und waren über Kupplungen 17 600 und 17 900 mm lang. Die ED 78 und die ED 71 wurden oft miteinander kombiniert und als 35 m lange Doppellokomotive eingesetzt.

Inzwischen haben sich die Japanischen Eisenbahnen und die Sowjetischen Eisenbahnen jeweils neu formiert. So beschlossen im Februar 1992 die Staatschefs der Gemeinschaft Unabhängiger Staaten (GUS), die Sowjetischen Eisenbahnen (SŽD) aufzulösen und statt dessen in ihren Staaten eigene Eisenbahnen aufzubauen. Die Eisenbahnen der Baltischen Staaten hatten sich schon zuvor abgespalten. Sämtliche Eisenbahnausrüstungen, darunter auch die Lokomotiven und das übrige Rollmaterial, wurden Eigentum der Eisenbahnen in den jeweiligen Ländern, nicht jedoch die Güterwagen und Container.

Alle die aus dem Bestand der Eisenbahnen der Sowjetunion, Chinas und Japans hier erwähnten elektrischen Lokomotiven besitzen – wie schon aus den Achsformeln hervorgeht – den Einzelachsantrieb. Wegen vieler in der internationalen Literatur – nach Lokomotivumbauten und strukturellen Umorganisationen – nicht übereinstimmenden technischen Angaben von osteuropäischen und Fernost-Lokomotiven wird es wohl nicht ausbleiben, daß sich manche technische Information leider nur in der Frageform präsentiert. In der Zahlentafel ist aber die Absicht verfolgt worden, eine weitgehende Sicherheit in den Größenordnungen zu vermitteln.

Beispiele der größten elektrischen Lokomotiven osteuropäischer und fernöstlicher Staaten

Bahnverwaltung	Inbetriebnahme	Spurweite mm	Radsatzfolge	Gattung	Bahnstromsystem	Stundenleistung kW	Dienstmasse t	Länge über Kupplung/Puffer mm
Japanische Staatsbahnen	1935	1067	(2'Co)(Co2')	8000	1,5 kV –	1400	116	21 209
Sowjetische Eisenbahnen	1953	1524	Bo'Bo'+Bo'Bo'	WL 8	3 kV	4090	184	27 520
Chinesische Staatsbahnen	1960	1435	Co'Co'	6 Y2	25 kV/50Hz	4400 [1])	138	23 020
Sowjetische Eisenbahnen	1961	1524	Co'Co'	K-01	25 kV/50Hz	4950	138	21 020
Südkoreanische Staatsbahnen	1972	1435	Bo'Bo'Bo'	8000	25 kV/60Hz	4200	129	20 730
Sowjetische Eisenbahnen	1976	1524	Bo'Bo'+Bo'Bo'	YC 200	3 kV --	8400	156	33 080
Polnische Staatsbahnen	1976	1435	Bo'Bo'+Bo'Bo'	ET 40	3 kV –	4680	164	34 420
Sowjetische Eisenbahnen	1977	1524	Bo'Bo'+Bo'Bo'	WL 80W	25 kV/50 Hz	8000	192	32 840
Sowjetische Eisenbahnen	1978	1524	Bo'Bo'+Bo'Bo'	ČS 200	3 kV –	8400	156	33 080
Tschechoslowakische Staatsbahnen	1980	1435	Bo'Bo'+Bo'Bo'	E 479.1	3 kV –	5000	170	34 540
Sowjetische Eisenbahnen	1983	1524	Bo'Bo'+Bo'Bo'	ČS 7	3 kV –	6160 [2])	172	34 040
Sowjetische Eisenbahnen	1983	1524	Bo'Bo'+Bo'Bo'	ČS 8	25 kV/50 Hz	7200 [2])	175	32 780
Chinesische Staatsbahnen	1986	1435	Bo'Bo'+Bo'Bo'	8K	25 kV/50Hz	6400 [2])	184	36 228
Türkische Staatsbahnen	1987	1435	Bo'Bo'Bo'	E 43	25 kV/50 Hz	3180 [2])	120	20 240
Tschechoslowakische Staatsbahnen	1965	1435	Co'Co'	S 699.001	25 kV/50Hz	4800	126	20 000
Sowjetische Eisenbahnen	1975	1524	Bo'Bo'+Bo' Bo'+Bo'Bo'	WL-11	3 kV –	8040	252	49 260[3]
Chinesische Staatsbahnen	1987	1435	Bo'Bo'+Bo'Bo'	SS 4	25 kV/50 Hz	6400 [2])	184	36 228
Sowjetische Eisenbahnen	1959	1524	Co'Co'	F 05	25 kV/50 Hz	4630	130	23 060
Rumänische Staatsbahn	1965	1435	Co'Co'	060 EA/EB	25 kV/50 Hz	5400	126	20 000 [4])

[1]) Dauerleistung bei 46 km/h
[2]) Nennleistung nach UIC
[3]) Prototyp als Versuchslok
[4]) Loktyp wurde in konstruktiven Varianten geliefert.

Größte Leistungen - kompakt verpackt

Die Konstruktions-Epoche, größte Leistungen und hohe Reibungsmassen auf superlangen elektrischen Doppel- und Triplex-Lokomotiven unterzubringen, fand bald nach dem zweiten Weltkrieg ihren Ausklang bei denjenigen Eisenbahnen, die sich starke und leistungsfähige Lokomotiven mit neuer Antriebs- und Steuerungstechnik anschaffen konnten. Dabei boten sich die Vorteile an, Höchstleistungen bei möglichst geringem Einbauvolumen zu installieren. Die oft geforderten großen Reibungsmassen ließen sich mit einrahmigen Drehgestell-Lokomotiven auf sechs oder gar nur vier Treibradsätzen erzielen, weil inzwischen auf zahlreichen Bahnlinien und Hauptabfuhrstrecken der Oberbau verstärkt wurde und die zulässigen Achsfahrmassen heraufgesetzt werden konnten. Die „Dinosaurier der Schiene", monumentale Doppel- und Dreifach-Lokomotiven mit Stangen- oder Einzelachs-Antrieben mußten – bis auf wenige – allmählich abtreten. Die ständig gekuppelten, als eine einzige Betriebseinheit geltenden, meist nur in den Betriebswerken trennbaren Mehrsektions-Einheiten ließen die immer häufiger geforderte Flexibilität der Zugförderung vermissen. Ungezählte Lokomotivfreunde trauerten den gigantischen, nur von einem Führerstand aus oder gar über Funk gesteuerten Kraftbrocken verständlicherweise nach. In einigen Regionen, beispielsweise im nördlichen Schweden auf schwerer Lapplandfahrt, sieht man noch die einst so sensationellen Riesen. Unter vielen Eisenbahn-Interessenten scheint sich ein Wechsel vom früheren Technik-Bewunderer zum Geschichtsromantiker zu vollziehen.

Beharrliche Recherchen in der Lokomotivgeschichte fördern eine Vielzahl hochinteressanter, auch weniger baustilbildender Mehrfach-Jumbos zutage, von denen wir hier viele, aber aus Platzgründen natürlich längst nicht alle konturenhaft kennengelernt haben. Zeitgemäß ist nicht der in „starrer Verbundenheit" praktizierte Doppel- oder Mehrsektions-Lokomotivdienst, sondern die sogenannte Doppeltraktion mit beliebig trennbaren Steuerleistungen und „Norm-Lokomotiven", die ggf. als Vorspann lediglich für einige schwierige Streckenabschnitte oder besonders gewaltige Anhängemassen in Frage kommen und einen wirtschaftlichere-nund flexibleren Einsatz gewährleisten. Trotz allem hatte sich die größte deutsche Doppel-Lokomotive, mit einer halben Million Reichsmark zugleich die teuerste deutsche Elektrolokomotive ihrer Zeit, seit ihrer Indienststellung im Jahre 1927 bis Ende der sechziger Jahre im Betrieb behaupten können. Gemeint sind die 20 900 mm langen 1'Co'+Co1'-Maschinen der Baureihe E 95, die eigentlich den bereits antiquierten Stangenantrieb erhalten sollten, ehe die Ingenieure sich auf die Co'Co'-Doppel-Lokomotiven E 92[7] besannen und schließlich auch der E 95 (Dienstmasse 138,5 t) einen Einzelachsantrieb mit Tatzlagermotoren gaben. Ihre Aufteilung in zwei Lokomotivhälften sah man keineswegs allein aus Gründen verschiedener Bogenlauf-Argumente vor (wie auch bei der 2'B+B1'-Stangenlokomotive E 49 mit 1700 mm Triebraddurchmesser), sondern über-

Elektrische Gleichstrom-Doppellokomotive ČS 7 für die SŽD: Nennleistung 6160 kW, Länge über Kupplung 34040 mm.

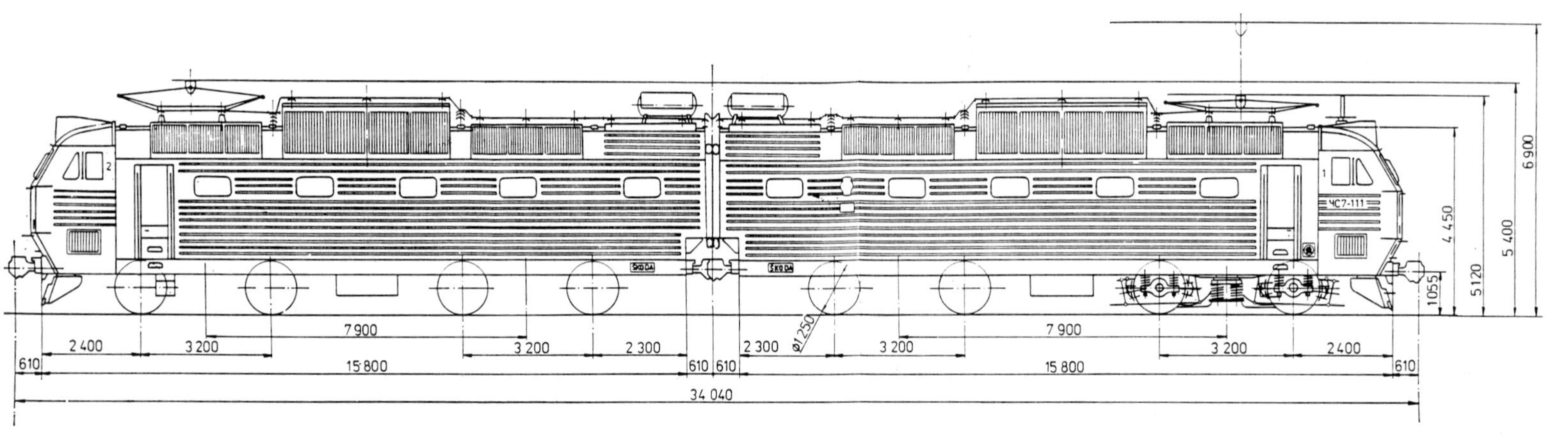

Ein japanischer Koloß des Jahres 1924: Sechsmotorige (2'Co)(Co2')-Gleichstrom-Lokomotive für die Kapspurstrecken der JNR, Einsatz der 21 200 mm langen und 100 t schweren Lok Nr. 8000 unter 1500-V-Gleichstrom-Fahrleitung. Erbauer dieser Lok waren die North British Locomotive Co und die English Electric Co.

dies auch aus Rücksicht auf die Stangenlängenmaße der in Betracht kommenden Ausbesserungswerke.

Die in der E 95 installierte Stundenleistung von 2780 kW ließ sich inzwischen in der etwa gleichen Größenordnung, später auch mit noch mehr Leistung, auf kürzeren Einzellokomotiven leicht unterbringen. Die in sensationellen Stückzahlen gleich nach 1945 gelieferten sowjetischen Co'Co'-Universal-Lokomotiven WL 22M (für 3 kV Gleichstrom) erfüllten diese Bedingungen. Mit steigenden Leistungsanforderungen, dem Verlangen nach besserem Gleisbogenlaufverhalten und dem Streben nach höheren Geschwindigkeiten setzten sich die verschiedenen Drehgestellbauarten mit darüber liegendem Brückenrahmen an die Spitze modernerer Lokomotivkonstruktionen. Verschiedene Ausrüstungen, gewollt große Reibungsmassen und Leistungsgrößen bis über 7000 kW erzwangen dann auch für Bo'Bo'- und Co'Co'-Elektrolokomotiven beachtliche Konstruktionen.

Das Hochleistungs-Zeitalter auf deutschen Bahnen brach im Jahre 1965 an, als die E 03 (mit 6420 kW Stundenleistung) erschien, deren Serienausführung mit sechs Fahrmotoren eine Stundenleistung von 7440 kW und eine zehnminütige Spitzenleistung von 9000 kW erzielte! Die Dienstmasse dieser Co'Co'-Schnellfahrlokomotive belief sich auf 114 t, ihre Gesamtlänge auf zunächst 19 500 mm. Das war übrigens die gleiche Länge, wie sie die damals stärkste und größte Elektrolok, Baureihe 250 (155) der Deutschen Reichsbahn, mit 5400 kW und 123 t Dienstmasse besaß. Die E 03 (dann 103) der DB erhielt ab Betriebsnummer 103 216 geräumigere Führerkabinen mit Klimagerät, womit sich ihre Gesamtlänge auf 20 200 mm verlängerte. Mit mehr als 20 m Länge über Puffer übertraf sie die DB-Lokomotiven der Baureihe 151 (19 490 mm, 6300 kW, 118 t) und die DR-Maschinen der Baureihe 252, bei der Deutschen Bahn als Baureihe 156 eingereiht (19 500 mm, 5880 kW, 120 t).

Die Entwicklung der Serienlokomotiven BR 103 zeigte, daß bei noch konventioneller Technik und mit vorgegebener Achsfahrmasse von 19 t die Leistungsgrenze erreicht worden ist. Man muß sich hierbei vergegenwärtigen, daß bei den zuvor entwickelten Einheits-Elektrolokomotiven der DB die auf die Nennleistung (Dauerleistung) bezogene Leistungsmasse 23,8 kg/kW ausmachte und bei der 103 auf 16,1 kg/kW vermindert werden konnte. Aus dem Maschinenraum saugten sechs Kühllüfter für die Fahrmotoren und zwei Lüfter für die Ölkühlung des Trafos insgesamt etwa 21,4 m^3/s Luft (bei Sommer-Schaltung) heraus! Mit der enormen Spitzenleistung von 9000 kW hatte sich die in geglückter Kompaktbauweise konzipierte BR 103 in die Elite-Gruppe der elektrischen Drehgestell-Lokomotiven mit einem einzigen durchgehenden Brückenrahmen als respektable Rekord-Lokomotive eingereiht. Die Baureihe E 03 (103) war rund 25 Jahre lang ein Charakteristikum für den planmäßigen Schnellverkehr der DB, wobei ein wesentliches Merkmal der Antriebstechnik ihr direktgespeister Einphasen-Wechselstrom-Kommutatormotor ist, der noch dem Konzept der dreißiger Jahre entsprach. Die Gesamtanordnung von Transformator und Schaltwerkeinheit erfordert ein Einbauvolumen von 9 m^3. In den Triebköpfen des ICE war eine ganz anders konzipierte Einbautechnik für die hierbei angewendete Frequenz- und Spannungssteuerung mit Umrichtern notwendig. Dem kompakten kleinvolumigen Asynchronmotor im Drehgestell stand ein ver-

Die „Großen“ im Bau bei Krupp in Essen: Co'Co'-Lokomotiven K-01 bis 20 (25 kV/50 Hz) für die SŽD. In Bildmitte der Zusammenbau von DB-Lokomotiven.
Krupp

größertes Einbauvolumen für die Umrichter-Schränke und die zugehörigen Drosseln und Filterkreise gegenüber. Die Gesamtanordnung Transformator/Umrichter/Netzfilter beanspruchte nun einen umbauten Raum von 22,25 m^3. Die Serienlok der Baureihe 103 (ab Nr. 216) besaß eine Gesamtlänge von 20 200 mm, diejenige der Baureihe 401 (ICE-Triebkopf mit nur einem Führerstand) maß aber 20 810 mm. Die spezifische Leistungsmasse, bezogen auf die Dauerleistung, machte beim Triebkopf aber nur 15,6 kg/kW aus. Die Lok 103 kam auf 16,3 kg/kW. Es ist also selbstverständlich, daß die Lokomotiv-Größe und damit die äußeren Dimensionen der „Jumbos“ von vielen Faktoren abhängen und entwicklungsbedingt im Laufe der Zeit jeweils andere Maßstäbe setzen.

Beachtenswert dimensionierte elektrische Co'Co'- oder C'C'-Serien-Lokomotiven beschafften auch andere Bahnverwaltungen, darunter die SNCB (Vierstrombauart 1801, 6050 kW, 22 080 mm Länge), die National Railway of Mexico (EA 001, 4400 kW, 21 107 mm Länge), die nordamerikanische AMTRAK (E60CP, 3643 kW, 22 400 mm Länge) und andere, in der Zahlentafel aufgeführte Eisenbahnen. Aber keine erzielte den Hochleistungsgipfel der deutschen Baureihe 103[1]. Auch verschiedene Sonder- und Erprobungslokomotiven, einige mit erstaunlichen Achsfahrmassen in der Größenordnung von 30 t, waren nicht in der Lage, das Leistungsniveau der deutschen E 103[1] anzutasten.

Erst die konsequente Nutzbarmachung der Leistungselektronik und der Drehstrom-Antriebstechnik schafften den noch höheren Sprung nach oben – sogar mit nur vier Triebradsätzen! Und immer mal wieder lebte der Gedanke des Doppellokomotivkonzeptes auf. Wir sahen das bei dem im Jahre 1990 erschienenen italienischen Doppelgespann E 453+454. Die thyristorgesteuerte 3000-V-Gleichstrom-Doppellokomotive brachte immerhin die gewaltige Stundenleistung von 8000 kW in den Betrieb, allerdings mit acht Triebradsätzen und 33 m Gesamtlänge. Andererseits hatten die FS dem einige Jahrzehnte früher „angedachten“ 28 900 mm langen kurzgekuppelten Bo'BoBo'+Bo'BoBo'-„Doppione“ E 12.2.12 nur wenig Aufmerksamkeit geschenkt und diesen Riesen gar nicht erst zum Bau freigegeben. Seine Formgestaltung war der FS-Einheits-Elektrolok E 626 angeglichen und FS-typisch.

Gehörten die charakteristischen Dampf- und Elektrolokomotivformen nicht lange Zeit ohnehin fast zur Identität jeder Industrienation? Vielleicht beachteten das nur die Lokomotivkenner, nämlich das, was äußere Aspekte, das Design, die Wandelbarkeit und die Gebrauchsfähigkeit zum Triebfahrzeug-Charakter beitrugen.

Und unsere aktuellsten „Stars der Schiene“? Die richtungsweisenden, aber gar nicht mehr so national geprägten Hochleistungs- und Hochgeschwindigkeitslokomotiven und -Triebköpfe kamen eigentlich erst vor wenigen Jahren als konstruktive Höhepunkte unserer immer noch ideenreichen Zeit. Aber schauen wir zunächst auf unsere Zahlentafel mit den Daten der „Großen“ als frühere Innovationsträger und als einen Fundus der heutigen Lokomotivbauer. Basierend auf der dieselelektrischen Pionier-Lok DE 2500 des Jahres 1971 und auf den umfassenden Erfahrungen mit fünf Prototyp-Lokomotiven der DB-Baureihe 120 sowie mit den ICE-Triebköpfen hatte sich bei der Deutschen Bahn die Hinwendung zur Drehstromantriebstechnik für elektrische Lokomotiven vollzogen. Bei den im November 1984 bestellten 60 DB-Serienlokomotiven der Baureihe 120.1 hatte sich bereits eine weiterentwickelte Ausführung der Hauptstromrichter angeboten, und die drei Hilfsbetriebe-Umrichter wurden schon mit GTO-Technik ausgestattet. Die Auslegungskriterien der Stromrichteranlage, eine optimierte Steuerelektronik und die zunächst versuchsweise Einführung der Einzelradsatz-Steuerung erlaubten es im Zusammenwirken mit der Verbesserung der lauftechnischen Parameter, die Lokomotiven der Baureihe 120/120.1 als dauerbelastungsfähige Universallokomotiven ein

Beispiele der größten elektrischen Lokomotiven der Welt (außer Osteuropa und Fernostländer)

Bahnverwaltung	Inbetrieb-nahme	Spur-weite mm	Radsatz-folge	Gattung Reihe	Bahnstrom-system	Stunden-leistung kW	Dienst-masse t	Länge über Kupplung/Puffer mm
Chicago, Milwaukee (C.M. & St.P.)	1917	1435	(2'Bo)Bo' +Bo'(Bo2')	10203	3 kV –	2900	280	34 140
Schweizerische Bundesbahnen (SBB)	1920	1435	(1'C)(C1')	14201	15 kV/ 16 $^2/_3$ Hz	1960	117,6	19 240
Norfolk & Western, USA	1924	1435	(1'B)(B1') +(1'B)(B1')	2500	11 kV/ 25 Hz	ca. 4900	365	29 600
Paris-Lyon-Mittelmeer-Bahn (PLM)	1927	1435	(2'Co)(Co2')	262 AE 1	1,5 kV –	3900	159	23 800
Spanische Nordbahn (RENFE)	1930	1674	(2'Co)(Co2')	7500	1,5 kV –	3150	150	24 000
Schweizerische Bundesbahnen (SBB)	1926	1435	(1'C)+(C1')	Ce 6/8^{III}	15 kV/ 16 $^2/_3$ Hz	1960	130,9	20 060
Schweizerische Bundesbahnen (SBB)	1931	1435	(1'A)A1'A(A1') +(1'A)A1'A(A1')	11801	15 kV/ 16 $^2/_3$ Hz	5520	244	34 000
Schweizerische Bundesbahnen (SBB)	1932	1435	wie Lok 11801	11851	15 kV/ 16 $^2/_3$ Hz	6480	244	34 000
Italienische Staatsbahnen (FS)	1934	1435	(2'Bo)(Bo2')	E 428	3 kV –	2600	135	19 000
Schweizerische Bundesbahnen (SBB)	1939	1435	wie Lok 11801	11852	15 kV/ 16 $^2/_3$ Hz	8400 [2])	235,7	34 010
Companhia Paulista, Brasilien	1947	1600	(2'Do)(Do2')	451	3 kV	3975	250	27 076 [1])
Deutsche Reichsbahn	1927	1435	1'Co+Co1'	E 95	15 kV/ 16 $^2/_3$ Hz	2778	138,5	20 900
Bern-Lötschberg-Simplon-Bahn (BLS)	1959	1435	Bo'Bo'+Bo'Bo'	271–275	15 kV/ 16 $^2/_3$	6480	160	30 230
Pennsylvania Railroad, USA	1917	1435	(1'C)(C1')	FF-1	11 kV/ 25 Hz	3500	244	23 340 [3])
Deutsche Bundesbahn (DB)	1970	1435	Co'Co'	103 216–245	15 kV/ 16 $^2/_3$ Hz	7440	114	20 200
Pennsylvania Railroad, USA	1934	1435	(2'Co)(Co2')	GG-1	11 kV/ 25 Hz	3500	ca. 225	24 232 [4])
Schwedische Staatsbahn (SJ)	1960	1435	1'D+D+D1'	Dm 3	15 kV/ 16 $^2/_3$ Hz	9800 [5])	273,2	35 250
Französische Nationalbahn (SNCF)	1964	1435	C'C'	CC 40100	Mehrsystemlok	4640	107	22 030
Milwaukee Road, USA	1950	1435	(2'Do)(Do2')	E 70	3 kV –	3760	266	26 765
Französische Nationalbahn (SNCF)	1970	1435	C'C'	CC 21000	Zweisystemlok	2950	126	20 190
Deutsche Bundesbahn (DB)	1990	1435	Bo'Bo'	401 (ICE)	15 kV/ 16 $^2/_3$ Hz	4800 [6])	80	20 560
Italienische Staatsbahnen (FS)	1990	1435	Bo'Bo'+Bo'Bo'	E 453/454	3 kV –	8000	162	33 000 [7])
Spanische Nationalbahn (RENFE)	1991	1435/1668	Bo'Bo'	S 252	3 kV – 25 kV/50 Hz	5600 [6])	88	20 380
Portugiesische Staatsbahnen (CP)	1991	1668	Bo'Bo'	LE 5600	25 kV/50 Hz	5600 [6])	88	20 380

[1]) Lokomotiven wurden im Mai 1949 in weiteren drei Einheiten (GE-Fabriknrn. 29930-32) an die South Shore geliefert. Die General Steel Castings Corporation bezeichnete damals diese Bauart als größte „Single Cab"-Elektrolok der Welt.

[2]) Schweizerische Ingenieure schätzten diese Mammut-Lok mit ihren fast 8830 kW als „stärkste Lokomotiv-Einheit der Welt."

[3]) Die Bahnverwaltung schrieb zur FF-1: „The most powerful single-unit electric locomotive ever built was triad in 1917 and used experimentally for a number of years.

[4]) Die GG-1 wurde in verschiedenen konstruktiven Varianten geliefert.

[5]) Verschiedene Lieferungen mit veränderten technischen Daten: zuletzt 7200 kW stündlich, 9800 kW Kurzzeitspitze.

[6]) Nennleistung nach UIC.

[7]) Jede Doppellokhälfte mit nur einem Stirnführerstand für Streckenfahrt und einem hinteren Behelfsstand zum Rangieren. Die Lokomotiven E 453 und E 454 können auch einzeln eingesetzt werden.

Die größte und teuerste deutsche Elektrolokomotive ihrer Zeit: 1'Co+Co1'-Lok E 95, Länge 20900 mm und 138,5 t Dienstmasse.

zusetzen. Die 19 200 mm langen und 84 t wiegenden Bo'Bo'-Lokomotiven sind nicht die schwersten und größten Vertreterinnen unter dem Fahrdraht, wohl aber kompakte „Kraftpakete" mit nur vier statt sechs Triebradsätzen. Es sind „Jumbos" mit Kurzzeitleistungen von 6400 kW.

Versuche mit umweltfreundlicheren Kühlmitteln bereicherten das Image einer ökologisch operierenden Bahn. Die Lok 120 002 erhielt beispielsweise von der AEG zwei neue Stromrichter, die mit gewöhnlichem Leitungswasser statt mit Öl oder Fluorkohlenwasserstoffen gekühlt werden. Darüber hinaus spielten die Versuche mit speziellen Kraftschlußregelungen eine wesentliche Rolle. Mit ihnen konnte die Reibung zwischen Rad und Schiene bis zur äußersten Grenze genutzt werden. Mit solchen und vielen anderen konstruktiven Raffinessen gelang es, aus den Lokomotiven der Baureihe 120 so etwas wie „perfektionierte Athleten" zu machen. Mit dieser Lokomotivgattung ist eine erstaunliche Entwicklung in Gang gekommen, die vor den Landesgrenzen nicht Halt machte und seit dem Erscheinen der DE 2500 internationale Anerkennung fand, auch bei USA-Bahntechnikern.

Mit Frontflächen in Zyklamenrot und Längsseiten in mattem Silbergrau erschien 1992 der von Siemens und Krauss-Maffei entwickelte „Eurosprinter". Er ist aus der für Spanien gebauten Hochleistungslokomotive S 252 konstruktiv abgeleitet und zunächst für das deutsche Bahnstromsystem ausgelegt worden, aber auf andere Systeme umrüstbar. Gewisse Baukasten-Normen erlauben bei mehreren modernen Lokomotivgattungen nicht nur eine Umrüstbarkeit auf verschiedene Bahnstromsysteme und auf verschiedene Spurweiten, sondern auch auf unterschiedliche Betriebsleitsysteme.

Mit einem beträchtlichen Elektrifizierungstempo waren Ende der achtziger Jahre unseres Jahrhunderts auch die Sowjetischen Eisenbahnen (SŽD) aufgefallen. Dazu kamen die leistungsfähigen Doppellokomotiven WL 15 mit 300 t Eigenmasse und 9000 kW Stundenleistung, allerdings als zwölfachsige Triebfahrzeuge keine Kompaktbauart. Aber die Leistungselektronik mit Stromrichtertechnik blieb nicht ausgeschlossen. Und es gelang, die 9000 kW auf einer achtachsigen Lokomotive, jedoch noch im Kommutatorantrieb zu installieren. Der Asynchronantrieb fand erstmals mit Erfolg seine Anwendung im Jahre 1986 bei der sowjetisch-finnischen Lokomotivbaureihe WL 86F. Dabei ist zu berücksichtigen, daß Lokomotiven dortiger Bahnen in ganz unterschiedlichen Klimazonen „fit" sein müssen – in wüstenähnlichen Gebieten, aber auch im Hohen Norden, bei Lufttemperaturen von +40 °C bis –60 °C.

Am 15. Dezember 1994 fand die Gründung des Konsortiums Novotecno mit ABB Tecnomasio (Italien) und zwei russischen Unternehmen statt. Ziel ist die Projektierung einer neuen achtachsigen Gleichstrom-Doppellokomotive mit 9000 kW Nennleistung für die Russischen Eisenbahnen, die den Prototyp erwerben und in den nächsten Jahren mehrere hundert dieser neuen Lokomotiven einsetzen wollen. Gottlob, die Ingenieure rücken weiter zusammen, von der Politik diktierte bahntechnische

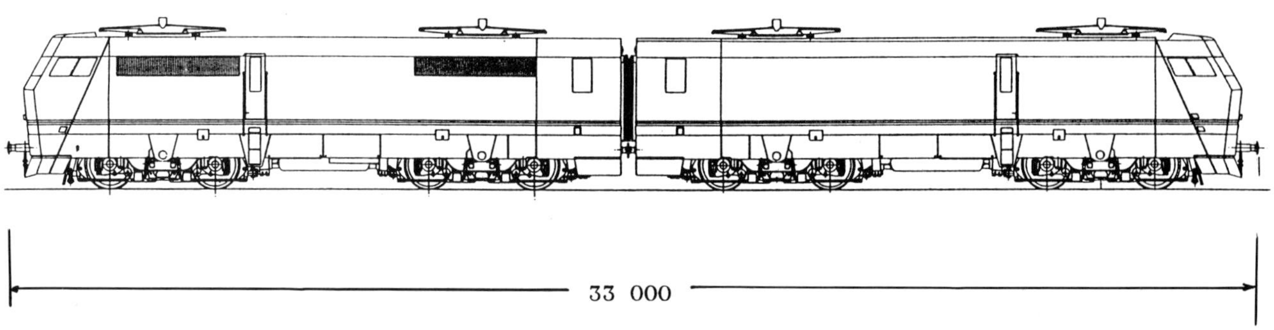

Achtachsige Bo'Bo'+Bo'Bo'-Zwillingslokomotive E 453 der FS für 3000-V-Gleichstrombetrieb.

Restgrenzen fallen und wichtige Schienenfahrzeugprobleme können allmählich gemeinsam getragen werden!

Die entscheidenden Entwicklungsarbeiten ruhen nicht. Das offenbarte auch der Weltkongreß der Eisenbahnforschung im November 1994 in Paris, wo den Konzeptionen elektrischer Triebfahrzeuge eine wichtige Rolle zufiel und Forschungsprojekte über elektrische „Super-Triebköpfe“ und Triebzüge für bis zur Jahrhundertwende anzustrebende Geschwindigkeiten bis in eine Größenordnung von 550 km/h diskutiert wurden. Einen gewissen technischen Stand des bisher Erreichten auf dem Gebiet kompakter Bo'Bo'-Hochleistungs-Elektrolokomotiven läßt die Zahlentafel auf Seite 124 erkennen.

Bei der AEG hieß es am 30.Juni 1994 zur „Weltpremiere der Lok 12X“ in Hennigsdorf: „Anstelle von Universallokomotiven präsentiert die AEG die erste Anwendung aus einer neuen Lokfamilie als wirtschaftliche und umweltfreundliche Alternative mit modularem Konzept“. Man sieht: Alle technischen Möglichkeiten werden, je nach dem Stand der Technik, ausgeschöpft.

Bei ABB Henschel werden zusätzliche Hochleistungslokomotiven als Baureihe 101 für die Deutsche Bahn in die Fertigung gehen und voraussichtlich ab Mitte 1996 geliefert.

Fahrmotor der DB-Lokomotive E 03, hier mit Armstern und Gummiringfedern.
Siemens

„All-Electric Demonstrator Locomotives“ der Electro Motive Division von General Motors in Zusammenarbeit mit der schwedischen ASEA aus der Mitte der siebziger Jahre: Co'Co'-Bauart GM 6C (Dienstmasse 165 t) und Bo'Bo'Bo'-Typ GM 10B (Dienstmasse 177 t). Beides waren Vorführ-Musterlokomotiven für 11 kV/25Hz, 12,5 kV/60Hz und 25 kV/60Hz.
G. Lloyd/GM

Europäische elektrische Bo'Bo'-Hochleistungslokomotiven

Bahn	SBB	BLS	Siemens-Prototyp	AEG-Prototyp
Bauart	Re 460 (Lok 2000)	Re 465	Eurosprinter (127 001)	12X (128 001)
Gesamtlänge mm	18 500	18 500	19 580	19 500
Eigenmasse t	84	82	86	84
Stromsystem	15 kV/16⅔ Hz	15 kV/16⅔ Hz	15 kV/16⅔ Hz	15 kV/16⅔ Hz
Leistung kW	6100 [1])	7000 [2])	6400 [3])	7200 [1])
Plangeschwindigkeit km/h	230	230	230	220
Spurweite mm	1435	1435	1435	1435
Jahr	1991	1994	1992	1994

[1]) Höchstleistung

[2]) Mit 7000 kW Spitzenleistung galt die Lok bei Lieferung als stärkste Vierachslokomotive der Welt.

[3]) Bei wassergekühlten GTO-Thyristor-Stromrichtern ist die Spitzenleistung auf 7000 kW steigerungsfähig. Der „Eurosprinter" ist für den grenzüberschreitenden Verkehr vorbereitet.

Die mit dem bewährten GTO-Drehstrom-Antriebssystem ausgerüsteten britischen Zweisystem-Lokomotiven der Klasse 92 mit 5000 kW bei 21 340 mm Gesamtlänge und 126 t Dienstmasse wurden mit Co'Co'-Radsatzfolge, die Shuttle-Lokomotiven ESL 9000 (5760 kW, 22 008 mm Länge und 136 t) dagegen mit Bo'Bo'Bo'-Achsanordnung konstruiert. Drei zweiachsige Drehgestelle kamen deshalb in Betracht, weil – wie es hieß – eine optimale Zugkraftdarbietung auf den mit 11 Promille geneigten Eurotunnel-Rampen sichergestellt werden kann. Man hat bei diesen beiden Bauarten wieder auf das sechsachsige Laufwerk zurückgegriffen und rückte damit ein bißchen von der „Kompakt-Konstruktion" ab.

Jedenfalls hat man mit all den schrittmachenden Lokomotiven der Drehstromantriebstechnik Meisterliches sowohl im Gesamtkonzept als auch im Detail offenbart. Und es wird auch im künftigen Elektrolokomotivbau ein „Flagge zeigen" in der Oberklasse geben. Einen Vorgeschmack haben wir schon:

Die Lötschbergbahn in der Schweiz nahm 1994 und 1995 die weltweit stärksten, in Serie gebauten

Eine mit innenliegendem Buchli-Antrieb ausgerüstete, 24 m lange (2'Co)(Co2')-1500-V-Gleichstromlokomotive der Reihe 7500 der RENFE. Mehrere solcher 148 t schwerer Kolosse wurden Mitte der dreißiger Jahre in Dienst gestellt. Stemmler

vierachsigen Universal-Streckenlokomotiven (Re 465 mit 7000 kW installierter Leistung) in Betrieb. Sie sind in Drehstromantriebstechnik mit GTO-Thyristor-Stromrichtern ausgerüstet. Die Lokomotiven Re 465 gehören zum Baukonzept „Lokomotive 2000" und wurden von ABB Verkehrssysteme AG in Zürich-Oerlikon und der Schweizerischen Lokomotiv- und Maschinenfabrik AG Winterthur gebaut. Sie sind auch mehrfachtraktionsfähig – bis zu vier Lokomotiven lassen sich in Vielfachtraktion einsetzen, wobei ein kabelgebundenes Zeitmultiplexsystem zur Fernsteuerung der Lokomotiven Re 465 (BLS) und Re 460 (SBB) vorgesehen wurde. Die BLS bezeichnet ihre vierachsige Re 465 als Einsystem-Universal-Streckenlokomotive mit Einzelradsatzsteuerung.

Die vierachsige Bo'Bo'-Bauart erhielt gegenüber einer sechsachsigen Co'Co'-Variante den Vorzug, weil sich auch mit zwei zweiachsigen Drehgestellen ein optimaler Kraftschluß – vor allem bei Einzelradsatzsteuerung – erzielen läßt. Die Co'Co'-Alternative hätte wohl auch Nachteile in der Stromrichterauslegung bei hohen Leistungen, darüber hinaus im Störstromverhalten und bei der Radialeinstellung der Radsätze im Gleisbogen verursacht. Auch eine zweite sechsachsige Bo'Bo'Bo'-Variante konnte wegen des höheren konstruktiven Aufwandes nicht recht überzeugen. Die Frage einer Zweisystemausführung für 15 kV/16⅔ Hz und 3 kV zum Übergang in Domodossala auf das Gleichstromnetz der FS hätte nicht nur zu einem zusätzlichen entwicklungs- und konstruktionsbedingten Zeitaufwand geführt, sondern auch zu einer nicht gleichstarken Traktionsleistung unter beiden Bahnstromsystemen. Außerdem hätte es dann die BLS nicht mit einem „Weltrekord-Jumbo", sondern mit einem schwereren und längeren hünenhaften Koloß zu tun gehabt. Betriebstechnische Überlegenheit und Modernität standen zur Diskussion. Die Sorgfalt der Konstrukteure votierte für die heutige Re 465 mit weniger „toter Masse" als eine sechsachsige Lokomotive, die auf den Bergstrecken bei jeder Fahrt unnötige Energie verschlungen hätte. Die aufsehenerregenden Riesenlokomotiven sind eben nicht immer und heutzutage schon gar nicht die „Besten". Der Akzent der Rekorde und des Gigantischsten liegt auf der nutzbaren Leistung – bei gutem Wirkungsgrad.

In Deutschland hat die AEG Schienenfahrzeuge GmbH eine Triebfahrzeugfamilie in modularer Konzeption entwickelt, wobei Lokomotiven und Triebköpfe aus gleichen, in sich geschlossenen Funktionseinheiten bestehen. Die AEG weist darauf hin, daß sich ein Triebfahrzeug modularer Konzeption während seiner Nutzungsdauer laufend dem aktuellen Stand der Technik anpassen läßt. Die Leistungsfähigkeit der 1994 vorgestellten Lokomotive 12X orientiert sich an den heutigen Anforderungen. Es sind Dauerleistungen bis 6400 kW bei Geschwindigkeiten bis 220 km/h möglich. Im Kurzzeitbereich können sogar 7200 kW erreicht werden. Die Formgestaltung der 12X (128 001) ist das Ergebnis eines von der AEG entwickelten Fahrzeug-

Eine der „Großen" aus Frankreich: Zweisystem-Lokomotive CC 21001 mit 20 190 mm Länge und einer Dienstmasse von 126 t.
SNCF

Trieb-Drehgestell der Re 465 mit Motor-Getriebe-Einheiten und Flexicoil-Federung
SLM/Sulzer

AEG-Hochleistungslokomotive 12X in modularer Konzeption, Höchstleistung im Kurzzeitbereich 7200 kW.
AEG

Seite 127:
Co'Co'+Co'Co'-Doppellokomotive TE3 der Sowjetischen Eisenbahnen. Mit dieser 33 940 mm langen und 252 t schweren 4000-PS-Lokomotivbauart wurde ein neuer Zehnzylinder-Zweitakt-Gegenkolben-Dieselmotor eingeführt, erstes Baujahr der Lok 1953.
APN

designs. Mit dieser neuen „Superlokomotive" der höchsten Leistungsklasse, insgesamt eigentlich ein Erprobungsträger, sind bereits Untersuchungen auf dem Rollprüfstand in München-Freimann und auf der Strecke Augsburg–Donauwörth vorgenommen worden. Die Lokomotive ist ein Beispiel für das neuzeitliche Vorgehen der Bahnindustrie, komplette Fahrzeuge als Vorleistung für zu erwartende Bestellungen zu entwickeln. Die Bauart-Zulassung eines solchen Fahrzeugtyps geschieht dann durch das im Aufbau befindliche Eisenbahn-Bundesamt. Dasselbe wird auch für die jüngste, mit ABB-Technik auszurüstende Hochleistungslok der Baureihe 101 gelten. Die aus der Erprobung der Vorserienlokomotiven der Baureihe 120 hervorgegangenen Kriterien und Erfahrungswerte haben alle Chancen, um in den neuen, bei ABB Henschel im Bau befindlichen leistungsstarken „Jumbos" ein geeignetes Anwendungsfeld zu finden und um dann unter betriebswirtschaftlichen und besonders umweltfreundlichen Gesichtspunkten die einst bewährte, aber heruntergewirtschaftete Baureihe 103 ablösen zu können.

Nachdem jedoch die Konzentration auf dem internationalen Schienenfahrzeugmarkt mit der beabsichtigten Gründung der „ABB Daimler-Benz Transportation" neue technisch-wirtschaftliche Aspekte aufweisen wird, darf man auf weitere Entwicklungen, auch von „Hochleistungs-Jumbos", gespannt sein. Die neue Gesellschaft, an der ABB und die Daimler-Benz-Tochtergesellschaft AEG zu je 50 % beteiligt sein werden, soll ihr Koordinationszentrum in der traditionsreichen Lokomotivfabrikstadt Berlin erhalten, wo einst Borsig, Schwartzkopff, Orenstein & Koppel und die AEG selbst ihren Sitz hatten.

DIESELLOKOMOTIVEN

Auf dem Wege zum „Jumbo“

Dieselmechanische 2’E1’-Lokomotive, gebaut für die UdSSR im Jahre 1925, Dienstmasse 135 t. Hohenzollern

Die Diesellokomotiven zählen ebenso wie die Dampflokomotiven zu den „fahrenden Kraftwerken“, die trotz Mitführens ihrer Brennstoff- und Wasservorräte – Speisewasser einerseits, Kühlwasser andererseits – zu sehr gewichtigen Kraftpaketen ausgebildet werden können.

Die Kolben-Dampflokomotive hatte einen stufenlosen Zugkraftverlauf, wenn auch die Zugkraft innerhalb einer Radumdrehung je nach Zylinderanzahl gewissen Schwankungen unterlag. Ihre Belastungsfähigkeit hing von der Dampferzeugung des Kessels ab. Dabei wurden die Zugkräfte durch die maximale Dampferzeugung des Kessels (Kesselgrenze) begrenzt, bei kleineren Geschwindigkeiten in der Regel durch die Reibungsmasse oder die aus den Zylinderabmessungen resultierende größte Kolbenkraft (Reibungs- und Zylindergrenze).

Die Grenzleistung einer Diesellokomotive wird hauptsächlich von der Auslegung des Motors, seiner Drehzahl, vom Einbauraum auf der Lokomotive und oft auch von der Metermasse, die von vorgeschriebenen Achsfahrmassen und Brückenlastenzügen abhängt, bestimmt.

Die Entwicklung von Diesellokomotiven kleinerer Leistungen kam bald aus der Anfangsphase heraus und mündete im Serienbau mit recht bemerkenswerten Erfolgen. Die Konstruktionsschritte bis zu den ersten serienmäßig hergestellten „Jumbos“ gingen nur zögernd voran. Die Gründe hierfür waren einerseits die in der Pionierzeit noch sehr hohen Leistungsgewichte der für den Lokomotivbau geeigneten Dieselmotoren, andererseits war es jedoch die Schwierigkeit der Entwicklung zuverlässiger und wirtschaftlicher Leistungsübertragungen ohne Schaltstufensprünge mit unliebsamen Zugkraftunterbrechungen. Der waghalsige und konfliktreiche Übergang von der konventionellen Lokomotivtechnik des 19. Jahrhunderts zu den „Kolossal-Entwicklungen“ des 20. Jahrhunderts forderte seine unvermeidbaren kurzlebigen Opfer.

Wie groß ist groß? Pionier-Bauarten und Basis-Konstruktionen

Die größte und schwerste in Deutschland gebaute Diesellokomotive ihrer Zeit: 2'D2'-Lok für die Boston & Maine Railroad, Baujahr der Lok 1929, Dienstmasse 148 t. Krupp

Noch bis in die dreißiger Jahre unseres Säkulums hinein bestanden die Schwierigkeiten der Lokomotivbauer darin, sich viel weniger um die letzten Einzelheiten der anzuwendenden Lokomotiv-Dieselmotoren zu sorgen, als vielmehr sich darum zu bemühen, die Elastizität der Dampflokomotive zu erreichen. Die Ingenieure sahen den Leitgedanken ihrer Diesellokomotivkonstruktion in den Lösungen vorteilhafter Leistungsübertragungssysteme. Die gewünschte Elastizität beruhte schon damals bis in die jüngste Zeit vor allem auf der ständigen Verfügbarkeit der vollen Maschinenleistung bei beliebigen Geschwindigkeiten bis herab zur sogenannten Reibungsgeschwindigkeit an der Haftwert-Grenze.

Zwei der wohl rührigsten deutschen Lokomotivfabriken, die zwischen den beiden Weltkriegen eine wertvolle Basisarbeit im Entwurf und im Bau leistungsfähiger Diesellokomotiven leisteten, waren Krupp in Essen und die Maschinenfabrik Esslingen, jeweils in Kooperation mit den Motoren-Herstellern. So projektierte Krupp eine 22 m lange und imposante dieselmechanische Gelenk-Doppellokomotive und baute außerdem eine 147 t schwere dieselelektrische 2'Eo1'-Mammut-Lokomotive für die Sowjetischen Eisenbahnen, dazu für den gleichen Empfänger eine etwas kleinere 1'Eo1'-Maschine ähnlicher Konzeption.

In Esslingen entstanden in jener Zeit die dieselelektrische 1'Eo1'-Lokomotive für die UDSSR, und die berühmte 2'C2'-Diesel-Druckluft-Lokomotive V 3201 für die Deutsche Reichsbahn, die dieses „Schienenwunder-Novum“ auf der II. Weltkraft-Konferenz 1930 in Berlin ausstellen und vorführen ließ. Auf welches Interesse die V 3201, aber auch die Kruppsche 2'D2'-Boston-Maine-Groß-Diesellok in der Öffentlichkeit stießen, offenbarte eine der in jener Zeit üblichen und beliebten Zigaretten-Bilderserien mit den attraktiven Abbildungen unter dem tatsäch

Die fertiggestellte 2'E1'-Diesellokomotive für die UdSSR, hier im Jahre 1926 während einer Probefahrt mit Normalspur-Radsätzen bei Opladen. Hohenzollern

Dieselelektrische 1'Eo1'-Lokomotive (1200 PS) für die UdSSR, hier im Jahre 1924 im Werkgelände der Maschinenfabrik Esslingen mit Prof. Melneke (vordere Reihe Dritter von links), Prof. Lomonossoff (mit Werkstatt-Jacke und verschränkten Armen) und Dr. L. Kessler (im hellen Mantel, stehend innerhalb des Mehrspurgleises). Esslingen

Pionierlokomotive mit pneumatischer Leistungsübertragung: 2'C2'-Groß-Diesellokomotive V 3201 des Jahres 1929, Dienstmasse 124,6 t, der Deutschen Reichsbahn-Gesellschaft. Esslingen

lichen Titel „Schienenwunder“, obwohl beide Lokomotiven gar nicht so sehr erfolgreich waren. Keineswegs entmutigt sah man auf Esslinger Reißbrettern mächtige Diesellokomotiv-Kraftpakete mit direktem Antrieb, also ohne Zwischengetriebe. Jene Projekt-Reihe reichte von der 109 t schweren 2'B2'-Lokomotive mit dem sensationellen Diesellok-Triebraddurchmesser von 2200 mm bis zur 177,8 t wiegenden und 22 m langen 2'F2'-Riesen-Diesellok. In einer Studie bewunderte man – im Vergleich zur Dampflok der Baureihe 05 – einen 2'C2'- Diesellok-Projektentwurf mit 2300 mm hohen Treibrädern! Ein Raddurchmesser, der in der Diesellokomotivgeschichte wohl alles in den Schatten stellte.

Die vielen „Reißbrett-Jumbos“ stellten Groß-Diesellokomotiven der dampflok-ähnlichen Einrahmenbauart dar. Allein die Konstruktionsmasse überstieg schon die erforderliche Reibungsmasse, zumal noch die Brennstoff- und Wasservorräte hinzukamen, so daß zusätzlich noch tragende Laufradsätze notwendig wurden. Gemessen an heutigen Vorstellungen von Bauweise, Laufeigenschaften und Leistungsvermögen waren jene damals projektierten, aber nie gebauten Kolosse zwar erstaunlich groß, doch schon ein Jahr später aus der rückblickenden Gesamtschau gar nicht mehr „großartig“. Von einem Indiz krisenhafter, unrentabler Entwicklungen konnte trotzdem keine Rede sein. Die meisten solcher papierner „Fehlspekulationen“ gingen zwar mitunter an der wirtschaftlichen Realität vorbei, dennoch galten sie als Vorboten hoffnungsvoller Zukunftserwartungen.

Auch der ersten, nach den Entwürfen von J. M. Hackel in der UdSSR gebauten 22 760 mm langen (1'Co)Do(Co1')-Groß-Diesellok des Jahres 1924 war mit ihrem 1000-PS-Unterseeboot-Motor und elektrischer Leistungsübertragung nicht der ganz große Erfolg beschieden. Eine Dienstmasse von 180 t für 1000 PS konnte nicht der Weisheit letzter Schluß

Pionierlokomotive mit hydrodynamischer Leistungsübertragung: 1'C1'-Diesellokomotive V 140 001 der Deutschen Reichsbahn-Gesellschaft aus dem Jahre 1935
Voith

Pionierlokomotive mit direktem Antrieb: 2'B2'-Groß-Diesellokomotive, Vorschlag Klose, gebaut in Zusammenarbeit von Sulzer, Diesel und Borsig, hier während einer Probefahrt im Jahre 1912
Sulzer

sein. Trotzdem galt der rührige und entwurfsfreudige Professor Hackel als der eigentliche „Urheber des sowjetischen Diesellokomotivbaues". Schließlich befaßte er sich seinerzeit bereits mit dem Einsatz von Asynchron-Käfigläufermotoren auf Lokomotiven.

Das dieselelektrische Prinzip begann bereits in den zwanziger und dreißiger Jahren allmählich auf deutschen Bahnen die Oberhand zu gewinnen. Glanzstücke des dänischen Lokomotivbestandes bildeten um 1931 zwei imposante dieselelektrische 2'Do2'-Lokomotiven Mx 131 und 132 für den Schnellzugverkehr bis 110 km/h Geschwindigkeit. Die mit umsteuerbarer Triebmaschine ausgerüstete Sulzer-Borsig-Diesellok der KPEV, die 2'C2'-Dunlop-Diesel-Preßluft-Lokomotive mit 2019 mm hohen Treibrädern des Jahres 1911, die 1'C2'-Ansaldo-Diesellokomotiven mit direkter Übertragung, die verschiedenen großen Diesel-Dampflok-Entwürfe (Bauarten Still, Esslingen, Buchli) – einige verwirklicht – erbrachten weder Beweise ihrer Robustheit, Zuverlässigkeit und betriebswirtschaftlicher Vorteile noch konnten sie im konstruktiven Wettbewerb mithalten.

Wie dornenvoll der Weg von der Dampflokomotive zum Benzin- und Gasmotor-Triebfahrzeug, darüber hinaus zur zeitgemäßen Groß-Diesellokomotive war, wissen wohl nur ihre Schöpfer und Beteiligten. Bequemlichkeit konnten sich die Lokomotivkonstrukteure keinesfalls leisten. Die Rechnung für ein munteres „Draufloskonstruieren", für planerische Kurzsichtigkeit wäre ihnen und dem verantwortlichen Unternehmen eines Tages präsentiert worden. Andererseits leisteten die Pionier- und Basis-Konstruktionen willkommene Schrittmacherdienste. Die dieselhydraulische Krauss-Maffei-Lokomotive V 140 001, die nach achtmonatiger Bauzeit im Jahre 1935 in Dienst gestellt wurde, kam 1937 auf die Pariser Weltausstellung. Auch die von Krupp für die norwegische Oslo-Bergen-Linie im Jahre 1941 gelieferte 1'BB1'-2000-PS-Zweimotorenlokomotive mit Strömungsgetrieben des Systems Lysholm-Krupp zählte als damals leistungsstärkste dieselhydraulische Lokomotive zu den Großtaten der Lokomotiv-Konstruktion.

Was allein in Deutschland an „Pionier-Bauarten" realisiert worden ist, zeigt eine Auswahl in der Tabelle.

In Deutschland entwickelte Groß-Diesellokomotiven der „Pionier-Bauarten"

Bahnverwaltung	KPEV	SŽD	SŽD	DR	Boston & Maine	Projekt Krupp	Projekt Mayer MAN/Esslingen Typenreihe	DR
Betriebsnummer		001	005	V 3201	100	–	–	V 140 001
Erbauer	Borsig, Sulzer	Esslingen, MAN, BBC	Hohenzollern, MAN, Krupp	Esslingen, MAN	Krupp	–	–	Krauss-Maffei, Voith, MAN
Lieferung	1912	1924	1925	1929	1929	-	-	1935
Nennleistung PS	1000	1000/1200	1150	1000/2000	1450	3200	1800/2300	1400
Triebraddurchmesser mm	1750	1220	1320	1600	1550	1510	2200	1400
Länge über Puffer mm	16 600	13 820	16 696	16 330	17 135	22 000	16 000	14 400
Dienstmasse t	95	119 (125)	135 (138)	124,6	148	172	109	75
Zulässige Höchstgeschwindigkeit km/h	100	50	55	80	96	96	160	100
Reibungsmasse t	ca. 35	90	87,5	54,6	91	90	37,8	45
Radsatzfolge	2'B2'	1'Eo1'	2'E1'	2'C2'	2'D2'	2'B+B2'	2'B2'	1'C1'
Übertragungssystem	direkt	elektrisch	mechanisch	pneumatisch	mechanisch	mechanisch	direkt	hydraulisch
Spurweite mm	1435	1524	1524	1435	1435	1676	1435	1435
Anmerkungen	–	(1)	–	–	(2)	(3)	(4)	(5)

(1) Erste betriebstüchtige dieselelektrische Lokomotive hoher Leistung, Dienstmassedifferenzen durch Bauartänderungen.
(2) Schwerste und leistungsfähigste bis dahin in Deutschland gebaute Diesellok, Achsfahrmasse 22,75 t, von der Empfänger-Verwaltung nicht abgenommen, Sechszylinder-Viertaktmotor der Krupp Germaniawerft.
(3) Doppellok-Projekt Ende der zwanziger Jahre für eine überseeische Bahngesellschaft.
(4) Ergebnisse einer im Zusammenwirken von Esslingen und MAN entstandenen Mayerschen Forschungsarbeit der frühen vierziger Jahre.
(5) Erste hydrodynamische Groß-Diesellokomotive, anfangs mit der DR-Betriebsnummer V 16 101.

„Thermolok"-Kolosse, superlange Einfach-, Doppel- und Mehrfach-Giganten

Wünsche, Träume und ehrgeizige Fantasie-Skizzen erfüllten in stillen Stunden schon manchen Lokomotiv-Konstrukteur. So hatten begeisterungsfähige Eisenbahntechniker mitunter auch ganz individuell, nicht immer nach rein betriebswirtschaftlichen Gesichtspunkten, sondern eher unter eigenwilliger Bevorzugung und idealisierender Projektarbeit in groben Umrissen ein papiernes „Schienenwunder"-Kunstprodukt entworfen. Und tatsächlich haben erfindungsreiche, von eigener Logik besessene Ingenieure erstaunlich fantasievolle Motorlokomotiven entwickelt und Industrie oder Bahn-Dezernenten davon überzeugen können. Über wirklich gebaute, auch gigantische Muster-Triebfahrzeuge, als „Diesellok-Raritäten" in der Fachliteratur bekannt, ist bisweilen berichtet worden.

Eine der „Großen" unter solchen Seltenheiten war die im Jahre 1935 von L. M. Maisel, damals Student des Moskauer Elektromechanischen Instituts für Eisenbahn-Ingenieure, entworfene Thermo-Lokomotive, die nach ihrer Fertigstellung im Jahre 1939 im Anfahrbereich und bei mittleren Geschwindigkeiten von ihrer Dampfmaschine angetrieben wurde. Bei schnellerer Fahrt ist der Dieselantrieb zugeschaltet worden. Der Unterschied zwischen dieser ohne ihren Tender schon 141 t wiegenden 1'D2'-Thermolok und der britischen Kitson-Still-Lokomotive bestand hauptsächlich in der Aufteilung der Maschinenleistungen. Die Bauart Still verwendete die Dampfmaschine lediglich zum Anfahren, während bei der sowjetischen Schlepptenderlok (Fabriknr. 8000) die Dieselseite noch verstärkt wurde und mehr Leistung hergab, womit es möglich wurde, größere Strecken ohne Wasser- und Brennstoff-Ergänzungen zu durchfahren. Die in Woroschilowgrad hergestellte Riesenlokomotive in der Größenordnung der Reisezuglokomotive vom Typ IS 20 hatte eine Nennleistung von 3000 PS und erreichte Geschwindigkeiten von 105 bis 110 km/h, obwohl man anfangs 130 km/h plante. Die imposante Lokomotive hat man später noch technisch verbessert, nachdem sie bereits 1100 t schwere Züge um Leningrad und Moskau beförderte. Sie war weitaus schwerer und stärker als die Kitson-Still-Diesel-Dampflok. Aber bei ihrer Störanfälligkeit (Zylinder, Luftgebläse) und bei der Schienenmasse des damaligen Oberbaues von 40 bis 45 kg/m war die Achsfahrmasse von 25 t eine zu hohe Belastung. Und so hat man die Thermolok im Jahre 1948 ausgemustert.

Eine andere, nicht weniger interessante Rarität war die 1948 ebenfalls in Woroschilowgrad gebaute 1'E1'-Thermolok (Fabriknr. 8001), die zusammen mit ihrem sechsachsigen Kondensations- und Gasgenerator-Tender die stattliche Länge von rund 35 m aufwies. Leider konnte der Dampf-Diesel-Betrieb dieser mächtigen Lokomotive, in deren Motorzylindern Dampf zuzuführen war, sobald sich der Gasdruck bis auf den Kesseldruck entspannte, nicht mehr statt

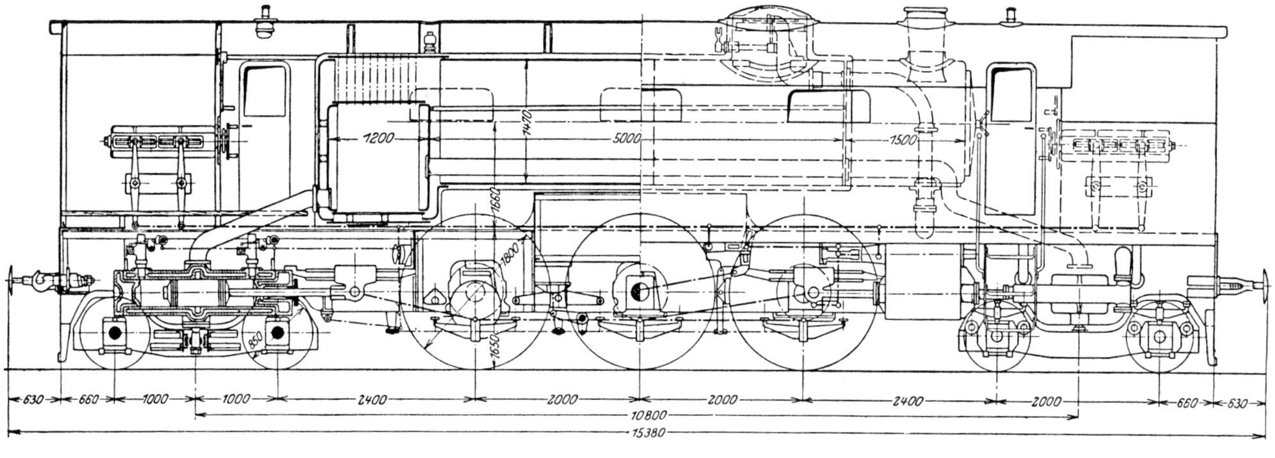

Projektierte 2'C2'-Diesel-Dampf-(Thermo-)Lokomotive mit 1800 mm Kuppelraddurchmesser, erste Hälfte der zwanziger Jahre
Esslingen

Entwurf einer dieselelektrischen 2'E1'-Güterzuglokomotive (1000/1200 PS) mit Kuppelstangenantrieb aus den zwanziger Jahren. Esslingen

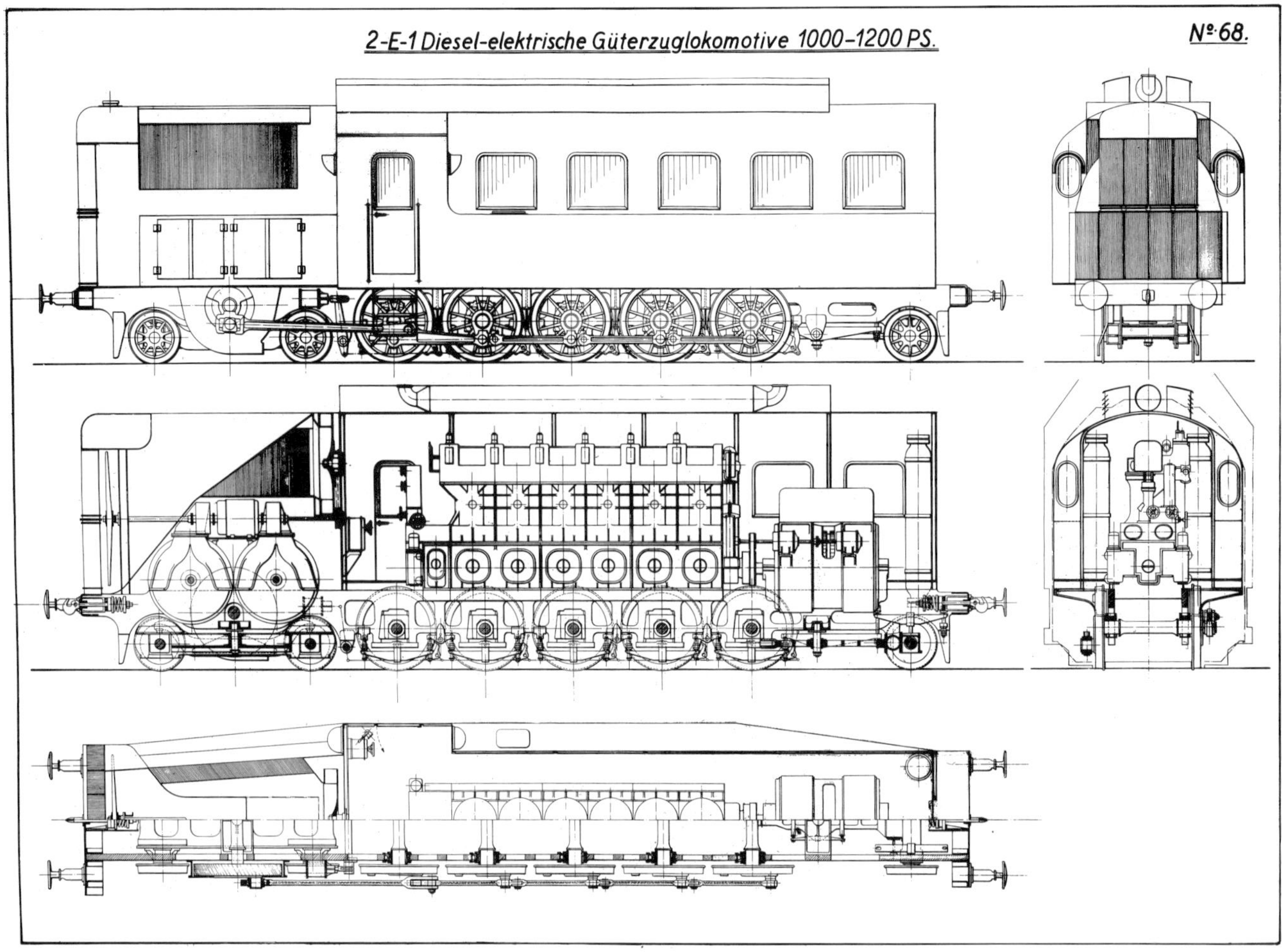

Europäischer Diesellok-Riese des Jahres 1937: die dieselelektrische 2'Do1'+1'Do2'-Doppellokomotive für die Rumänischen Staatsbahnen (CFR), Lok mit zwei Zwölfzylinder-Viertakt-Zweiwellen-Dieselmotoren von zusammen 4400 PS, hier im rumänischen Schnellzugdienst. Sulzer

Seitenansicht der 29 300 mm langen Doppellok mit acht elektrischen Gleichstrom-Fahrmotoren. Sulzer

Europäische Diesellok-Riesen des Jahres 1938: Dieselelektrische 2'Co2'+2'Co2'-Doppellokomotiven 262 AD1 und 262 BD1 für die französische Paris-Lyon-Mittelmeer-Bahn. 24 Motorzylinder, pro Lokomotiv-Sektion zwei Sechszylinder-Diesel, arbeiten auf insgesamt vier Kurbelwellen der Lok AD1 mit MAN-Motoren. Die Lok BD1 arbeitet mit Sulzer-Doppelreihenmotoren 12 LDA 28. Das MAN-Foto zeigt die 32 700 mm lange Lok 262 AD1.

Maßskizze der CFR-Diesel-Gigantin

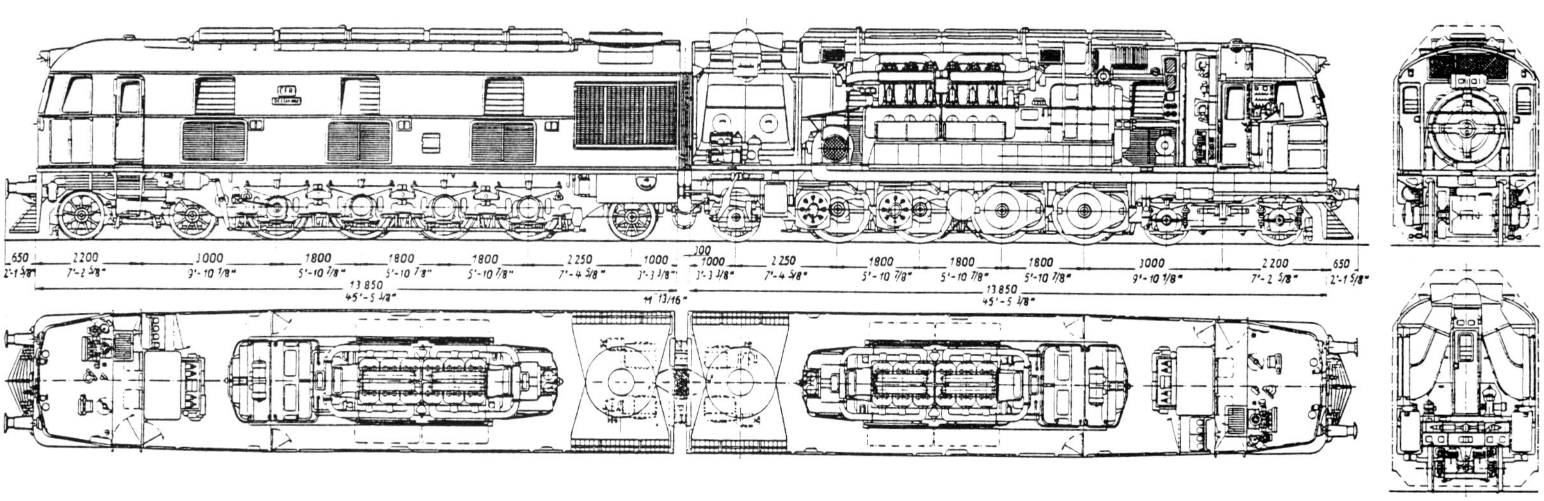

Dieselelektrische Co'Co'-Lokomotive TEP 60 der SŽD, Nennleistung der Lok 3000 PS, Höchstgeschwindigkeit 160 km/h, Achsfahrmasse 21 t. APN

finden. Überlastete Triebwerkteile und ein instabiler Lauf mit Zuckbewegungen bei Geschwindigkeiten unter 30 km/h ließen auch diesen kombinierten Lokomotiv-Koloß scheitern.

Die Thermo-Dampflokomotiven hinterließen lediglich technisch-historisches Interesse. Meisterwerke wurden sie nicht, obgleich sie in Leistungsbereiche von 3000 PS vorstießen. Aber das Schicksal der Maiselschen Erfindung wurde durch die stürmische Nachkriegsentwicklung der konventionellen Diesellokomotive mit besseren Wirkungsgraden besiegelt.

Übrigens, wenn hier mehrmals von PS die Rede ist, dann einfach deshalb, weil sich die Eisenbahnfreunde davon oftmals viel leichter eine Vorstellung von Leistung und Größenordnung machen können als vom Begriff kW, der – vor allem bei den Besprechungen von Dampf- und Diesellokomotiven – im In- und Ausland noch oft genug von den PS (oder HP) weiterhin überschattet wird.

Jedenfalls versprach man sich ergiebigere Nutzungspotentiale zunächst einmal in der Entwicklung dieselelektrischer Lokomotiven, die – wie die Konstrukteure verkündeten – bei zweckentsprechender Steuerung keinerlei technische Schwierigkeiten erwarten ließen. Im Herbst 1936 wurde für den Schnellzugverkehr auf der Strecke Bukarest–Braşov eine Probelokomotive beim schweizerischen Unternehmen Gebr. Sulzer AG (Winterthur), die auch die Dieselmotoren lieferte, in Auftrag gegeben. Sulzer war zugleich federführend für das Gesamtvorhaben, für das BBC (Baden/Schweiz) die elektrische Ausrüstung und Henschel & Sohn den Fahrzeugteil herstellte. Für die elektrische Leistungsübertragung dieser 230 t schweren und 29 300 mm langen 2'Do1'+1'Do2'-Doppellok kam Gleichstrom in Betracht. Das war nach damaliger Meinung die einzige Übertragungsart, die beim seinerzeitigen Stand der Technik ohne Schwierigkeiten bis zu den größten Leistungen zu vertreten ist. Vor Ablieferung der 4400 PS starken Doppellokomotive sind in der Schweiz die Probefahrten gemacht worden. Im November 1937 kam der Diesellok-Gigant in den rumänischen Plandienst. Stolz hörte man, daß es sich um eine der stärksten bisher gebauten Diesellokomotiven der Welt handelt, deren Einheitsleistung von keiner anderen Lokomotive übertroffen wird!

Auch die französische PLM beschäftigte sich Mitte der dreißiger Jahre mit der Beschaffung von dieselelektrischen Großlokomotiven für eine installierte Leistung von mindestens 4000 PS. Zwei imposante 2'Co2'+2'Co2'-Doppellokomotiven nahmen 1938 ihren Dienst auf, die eine mit der Gattungsbezeichnung 262 AD 1 (von Fives-Lille, MAN und Jeumont), die andere als 262 BD 1 (von Homecourt, Sulzer und Jeumont). Die zweite, 130 km/h schnelle Lokomotive war mit 33 050 mm 350 mm länger als die erste und mit 228 t auch etwa 4 t schwerer. Als die beiden Doppellokomotiven etwa 1957 aus dem Verkehr gezogen wurden, hatte die Lok mit MAN-Motoren 1,1 Mill. km, die andere mit Sulzer-Motoren etwa 1,6 Mill. km zurückgelegt.

Freilich blieb es in der Welt nicht bei solchen überraschenden Monumental-Objekten des Diesellokomotivbaues. Mit der als Co'Co'+Co'Co'-Doppellokomotive TE 3 der Sowjetischen Eisenbahnen eingesetzten Bauart wurde dort ein neuer Zehn-Zylinder-Zweitakt-Gegenkolben-Motor eingeführt. Die 33940 mm lange dieselelektrische Riesenmaschine hatte eine Nennleistung von 4000 PS. Sie kam als 252 t schwerer Riese im Jahre 1953 aus Charkow.

Die 7000 kW starke BLS-Lok Re 465 (465 002) ist zur Zeit ihrer Lieferung 1994/95 die weltweit stärkste in Serie gebaute vierachsige Universal-Streckenlokomotive.
SLM/Sulzer

Lok 120 002 der DB mit wassergekühltem Stromrichter während der Erprobung mit der AEG-Meßlokomotive 143 001 im Oktober 1993 in Hennigsdorf
AEG

Die größte und stärkste elektrische Lokomotive der Deutschen Reichsbahn: Lok 252 004 (156 004) mit einer Dienstmasse von 120 t und einer Nennleistung von 5580 kW

Eine der 22 m langen Bo'Bo'Bo'-"Le Shuttle"-Lokomotiven für die Eurotunnel-Züge, Erbauer der 5600 kW starken Lokomotiven sind Brush und ABB, im Bild Lok 9036 mit Drehstromantriebstechnik.

Der „Eurosprinter“, DB-Nr. 127 001, im Dienst vor dem EuroCity „Maurice Ravel“ im Oktober 1993 in Ulm. Die 230 km/h schnelle Lok hat Einzelradsatzregelung.

Zweisystem-Hochleistungslokomotive S 252 mit Drehstromantriebstechnik der spanischen RENFE. Die 20 380 mm lange Bo’Bo’-Lok hat eine Dauerleistung von 5600 kW, hier die Lok in voller Fahrt mit einem Talgo-Zug.
RENFE

Die in Rumänien gebauten und 1976 erstmals gelieferten dieselhydraulischen C'C'-Loks, Baureihe 119, sind 19,5 m lang und haben eine Nennleistung von 2600 PS. Das Foto zeigt mehrere dieser Lokomotiven im Mai 1991 in Probstzella.

Rechte Seite unten: Flexibel, auch in Mehrfach-Traktion mit Fernsteuerung einsetzbare Bo'Bo'-Diesellokomotiven F4OPH der AMTRAK. Die 17 100 mm langen 3000-PS-Lokomotiven mit elektrischer Leistungsübertragung sind 165 km/h schnell und wiegen 117 t. Sie werden überwiegend im Fernverkehr verwendet, hier in der South Station von Boston mit einem Reisezug über Albany nach Chicago, Achsfahrmasse der Lok etwa 29,25 t.

Eine von der ALCO und General Electric entwikkelte Diesellokomotiv-Triplex-Einheit der vierziger Jahre, wie sie beispielsweise mit insgesamt 6000 PS und bis zu 60 m Gesamtlänge an die Santa Fe Railroad geliefert wurde, Höchstgeschwindigkeit 117 mph (188 km/h).
ALCO

Die 20 820 mm lange und 122,4 t schwere Co'Co'-Lok der Baureihe 232 (zuvor 132) der DR im Jahre 1992 in Nürnberg, Nennleistung 3000 PS.

Leistungsverstärkte und remotorisierte Diesellok 234 630 der DR im Mai 1993
Krupp

Die drei vier- und sechsachsigen dieselelektrischen Erprobungslokomotiven DE 2500 (DB-Nrn. 202 002/003/004) für die Drehstromantriebstechnik mit Asynchron-Fahrmotoren.
BBC

Die leistungsstärkste einmotorige Hochleistungs-Diesellokomotiv-Bauart, die je in Deutschland gebaut wurde: DE 1024 mit 3600 PS, lauftechnische Untersuchung bis 176 km/h, Erprobungseinsätze bei der DB mit der Betriebsnr. 240 001.

Die „Lokomotive 2000“ der SBB auf dem Prüfstand in München-Freimann.
Deutsche Bahn AG

Die im Jahre 1962 fertiggestellte 80 t schwere dieselelektrische Lok DE 2000 (DB-Nr. 202 001), bei der erstmals auf einer Diesellok elektronische Komponenten (steuerungsseitig) eingesetzt wurden. Die 2000 PS starke Lok entstand in Zusammenarbeit von Siemens-Schuckert und Henschel.
SSW

Die Serienlieferung begann 1956. Die von Kolomna entwickelte dieselelektrische Co'Co'-Lokomotive TEP 60 der SŽD ging erstmals im Jahre 1960 in die Erprobungsphase. Bei dieser 126 t schweren und 19250 mm langen Lokomotive wurden teilweise Kunststoff-Laminate für die Aufbauten verwendet. Die Lokomotiven waren außerdem die ersten sowjetischen Ausführungen mit hydrostatischen Antrieben für die Bordausrüstung. Die Dieselmotorenleistung belief sich auf 3000 PS. Als Höchstgeschwindigkeit sind 160 km/h genannt worden. Neuere sowjetische Doppellokomotiven, darunter der Typ 2TE 121, Serienproduktion ab 1988, brachten es auf 6000 PS (4420 kW).

In den Jahren der ehemaligen Sowjetmacht hatte der dortige Eisenbahnverkehr eine enorme Entwicklung erfahren. Über 64 % aller Güter und nahezu die Hälfte aller Reisenden zu Lande wurden mit der Eisenbahn befördert. Die zahlreichen Diesel-Doppel- und -Triplex-Einheiten der SŽD hatten einen beträchtlichen Anteil am Verkehrsgeschehen.

Ebenso wie in der ehemaligen Sowjetunion zeichnet sich auch der nordamerikanische Güterverkehr durch extrem große Entfernungen aus. In den USA sind es heutzutage in besonderem Maße die Züge des kombinierten Ladungsverkehrs, die leistungsstarker Lokomotiven bedürfen. Seit mehreren Jahren verkehren auch die sogenannten „Piggyback“-Züge, die Lastwagen-Trailer huckepack befördern. Andererseits zeichnen sich viele Container-Züge dadurch aus, daß sie auf den großen, nicht elektrifizierten Strecken mit doppelstöckiger Beladung den nordamerikanischen Kontinent durchqueren. Bei bis zu 120 Wagen ergibt sich ein entsprechend wirtschaftlicher Transport, der je nach Geländeverhält-

Eine dieselelektrische Doppellok der Baltimore & Ohio Railroad auf der Drehscheibe des Ivy City Engine Terminals in Washington D.C. Association of American Railroads

Erzbahn-Kraftpaket: Die für die liberianische Betriebsgesellschaft Bong Mining Co von BBC und Krauss-Maffei im Jahre 1964 gebauten normalspurigen dieselelektrischen Bo'Bo'-Erzbahn-Lokomotiven waren damals die größten West-Afrikas. Im Bild Lok 2000-02 mit 25 t Achsfahrmasse. Krauss-Maffei

Rekord im Jahre 1946: die größte bisher in einer Einheit vereinigte dieselelektrische Leistung, (2'Do)(Do2')-Lok Nr. 4500 der Seabord Air Line Railway mit 3000 PS. Die 263 t schwere Lok von Baldwin und der Westinghouse Electric Co war 27 590 mm lang und für 85 mph (136 km/h) zugelassen.
Baldwin

nissen, ähnlich wie in Kanada, drei bis fünf kräftige Diesellokomotiven erfordert. Dafür werden manche Tunnel erweitert oder durch neue Parallel-Tunnels größeren Profils umfahren. Die Mehrfach-Traktion beliebig in den Zug eingereihter Lokomotiven hat sich recht gut eingeführt, zumal die Funk-Fernsteuerung zu Hilfe genommen werden kann. Andererseits hat sich auch der Einsatz von Doppellokomotiven, in den dreißiger Jahren auch als Zwillingslokomotiven bezeichnet, hervorragend bewährt. Die Baltimore & Ohio Railroad beschaffte bereits vor dem zweiten Weltkrieg bei der damaligen Electro Motive Corp. mehrere Zwillingslokomotiven mit langsamlaufenden Zweitakt-Dieselmotoren und gekuppelten Gleichstromgeneratoren. Die 250 t schweren und 3600 PS starken Jumbos mit einer Reibungsmasse von 163 t wurden auch vor Stromlinien-Schnellzügen, darunter dem „Royal Blue", zwischen New York und Washington mit Erfolg eingesetzt. Die Union Pacific beschaffte für die Stromlinienzüge „City of Los Angeles" und „City of San Francisco" im Jahre 1937 von der Electro Motive Corporation zwei 63 700 mm lange Triplex-Diesellokomotiven von jeweils 5400 PS. Die Zeitschrift „The Railway Age" stufte diese, vor 14-Wagen-Zügen eingesetzten Giganten als die größten und stärksten Lokomotiven ihrer Art ein. Die Triplex-Lokomotiven brachten je 397,8 t auf die Waage. Die führende Einheit jedes „Trios" beaß das Schaltpult mit der sogenannten Hauptsteuerung. Die beiden anderen konnten jedoch für Rangierzwecke in Bahnbetriebswerken und auf Drehscheiben allein über eine Hilfssteuerung manövriert werden.

Aus den in der ersten amerikanischen Streckenlok-Bauphase mit Diesellok-Einheiten von bescheidenen 1350 PS sind – vor allem durch die General-Motors-Entwicklungen und die deutschen Export-Konstruktionen – zwischenzeitlich einzelne Simplex-Einheiten als Versuchs-Monster mit Do'Do'-Radsatzfolge bei 27 m Länge und nahezu 5000 PS (EMD-Bauart DD 35) entstanden. Anfang der fünfziger Jahre arbeitete die Kansas Southern Railroad mit 80 m langen Diesellokomotiven, bestehend aus zwei A- und zwei führerkabinenlosen B-Units mit einer Gesamtleistung von 8000 PS und einem an Bord mitgeführten Treibstoffvorrat von maximal 30 000 bis 40 000 l.

Manche mögen angesichts solcher Dimensionen geneigt sein zu glauben, daß diese amerikanischen

Im Jahre 1947 war diese Pennsylvania-Duplex-Lok mit der (2'Do)(Do2')+(2'Do)(Do2') Radsatzfolge, mit 16 Elektromotoren und 55 700 mm Länge die größte Diesel-Doppellok der Welt. Die Dienstmasse belief sich auf 539 t, ihre Nennleistung betrug insgesamt 6000 PS, Höchstgeschwindigkeit 120 mph (193 km/h).
Pennsy

Größenordnung im Profil: Bo2'-Diesellok „Xplorer" der New York Central RR, Antriebsleistung etwa 1000 PS, Dienstmasse 87 t, Höhe über SO 3707 mm, Breite 3225 mm. Zum Vergleich die Bo'Bo'-Diesellok 1643 der NYC, Antriebsleistung etwa 1500 PS, Dienstmasse 106 t, Höhe über SO 4572 mm, Breite 3225 mm.

Informationen ins Reich der Prahlerei gehören. Doch die Motive für die zugförderungstechnischen Superlative sind die verlangten Schlepplasten und die jeweiligen, dem sich ändernden Stand der Technik angepaßten Lokomotivkonstruktionen. Die von der Denver & Rio Grande Western Railroad Company bei Krauss-Maffei beschafften dieselhydraulischen Lokomotiven ML 4000 C'C' sind für ein Leistungsprogramm entworfen worden, das die Beförderung schwerer Güterzüge über 2 Promille Steigung mit einer Fahrgeschwindigkeit von 27,5 km/h bei einer auf 816 kN begrenzten Hakenzugkraft vorsah. Die 1961/62 gebauten Lokomotiven waren, über die Kupplung gemessen, 20 100 mm lang. Sie wogen 150 t und konnten bei 30 % Reibung eine Anfahrzugkraft von etwa 450 kN, bei Proben auf gepflegtem Gleis etwa 535 kN und beim Sanden sogar etwa 580 kN aufbringen. Die Raddurchmesser entsprachen dem amerikanischen Standard AAR 40 Zoll (1016 mm). Jede dieser USA-Lokomotiven besaß zwei Maybach-Dieselmotoren von je 2000 PS Nennleistung, also insgesamt 4000 PS. Eine solche Leistung und dazu noch eine hydrodynamische Übertragung, zusätzlich mit hydrodynamischer Bremse – alles in einer C'C'-Lokomotive installiert – waren selbst für USA-Bahnen eine Sensation, und die Übersee-Fachpresse berichtete von den leistungsfähigsten Diesellok-Einheiten der Welt, die auch von der Southern Pacific Railroad (SP) in Auftrag gegeben wurden. Die äußere Formgestaltung der 113 km/h schnellen Diesel-Giganten entsprach dem Kundenwunsch, wobei das übliche Aussehen amerikanischer „A-Units" zu übernehmen war. Eine solche Bauweise mit nur einer einzigen Stirn-Führerhauskabine war in den USA deshalb zweckmäßig, weil die Lokomotiven vorwiegend, auf vielen Strecken fast ausschließlich, zu Doppel- und Triplex-Einheiten gekuppelt ihren Dienst taten. Die zwischengereihten führerkabinenlosen „B-Units" (Booster-Units) waren bis zu etwa 22 m lang. Nach nordamerikanischer Praxis wurden und werden beispelsweise überschwere Güterzüge über lange Steilrampen in

Die Krauss-Maffei-Diesellokomotiven schleppten Güterzüge bis zu etwa 6000 t auf schwierigen Strecken bis in 3000 m Höhe über NN. Drei Lokomotiven mit insgesamt 18 Triebradsätzen wurden von einem Führerstand aus einwandfrei gesteuert. Krauss-Maffei

den Rocky Mountains und in der Sierra Nevada gefahren. Eine Zugförderung mit sieben oder acht, mitunter bis zu elf Diesellokomotiv-A- und B-Einheiten, war anfangs nicht ganz unproblematisch. Wegen der Überschreitung der zulässigen Belastbarkeit der Kupplungen mußten mehrere Lokomotiv-Einheiten innerhalb des Zuges und am Zugschluß eingereiht werden. Krauss-Maffei erreichte damals die hohe Leistung seiner USA-Export-Lokomotiven durch den Übergang von Zwölf-Zylinder-Motoren zur 16-Zylinder-Maybach-Bauart mit Hochaufladung und Ladeluftkühlung.

Die Southern Pacific kam mit den Münchener Kraftpaketen gut zurecht, so daß sie auch die drei an die Denver & Rio Grande gelieferten Einheiten übernahm und der bayerischen Lokomotivfabrik einen Anschlußauftrag auf weitere 15 Einheiten erteilte, die im Jahre 1964 in geändertem äußerem Erscheinungsbild übernommen werden konnten. Die überseeischen Werkstättendienste allerdings, die an der ungewohnten Hydrodynamik und deren Wartung wenig Interesse zeigten, setzten die vorzeitige Ausmusterung ab Ende der sechziger bis in die siebziger Jahre hinein durch.

Die dieselhydraulische Leistungsübertragung hatte es in jener Zeit nicht leicht, mit nennenswerten Stückzahlen in den überseeischen Lokomotivbestand vorzudringen. Die Maschinenfabrik Esslingen bemühte sich schon in der ersten Hälfte der fünfziger Jahre während der Lieferung von 23 meterspurigen 1900-PS-C'C'-Dieselhydraulik-Lokomotiven darum. Von Oktober 1966 an waren dann die von der einstigen Lokomotiv-Export-Union Krupp/Krauss-Maffei in Auftrag genommenen, von Krauss-Maffei gebauten dieselhydraulischen Meterspurlokomotiven bei der Companhia Vale do Rio Doce im Erzzugdienst eingesetzt. Im Versuchsbetrieb konnten zwei dieser 4000-PS-Maschinen, übrigens jede als stärkste Meterspur-Diesellokomotive der Welt berühmt, bis zu 13500 t an den Haken nehmen, obwohl sie in ihrem Einsatzgebiet unter tropischem Klima bei 40 °C im Schatten, 90 % relativer Luftfeuchte und 760 m über Meereshöhe „nur" 3900 PS hergaben. Weitere zwölf solcher „Schmalspur-Jumbos" mit ei-

Eine der von Krauss-Maffei gelieferten, 40 m langen Doppel-Einheiten für die Denver & Rio Grande RR, Nennleistung insgesamt 8000 PS
Krauss-Maffei

Eine der von Krauss-Maffei entwickelten und gebauten 150 t schweren und 20 100 mm langen dieselhydraulischen C'C'-Lokomotiven für die Southern Pacific Co, Nennleistung 4000 PS
Krauss-Maffei

Im Jahre 1963 folgten weitere C'C'-Lokomotiven aus München für die nordamerikanische Southern Pacific, hier die Verladung der 4000-PS-Kolosse in Bremerhaven. Krysl

ner Länge über Kupplung von 20 985 mm und einer Dienstmasse von 144 t galten in der deutschen Lokomotivindustrie durchaus als ein Südamerika-Erfolg für die Hydrodynamik.

Bis auf 773 m Höhe klettern die 1981 bis 1983 von der Schweizerischen Lokomotiv- und Maschinenfabrik (SLM) entwickelten und gebauten, mit vier Trieb- und Bremszahnrädern ausgestatteten Bo'2'Bo'-Diesel-Reibungs- und Zahnradbahn-Lokomotiven 20401 – 20410 für die Riggenbach-Zahnstangen-Strecken der Indonesischen Staatsbahn. Aber diesmal war wieder die elektrische Leistungsübertragung am Zuge. Und trotz großer Fortschritte, die in jüngerer Zeit beim Bau von Seilbahnen bestaunt worden sind, haben diese die bestehenden Zahnradbahnen eigentlich so gut wie nicht verdrängen können. Die für Indonesien hergestellten kapspurigen Zahnradlokomotiven erhielten eine Motorenleistung von 1430 PS und eine Gesamtlänge von 13500 mm. Unter den Normal- und Breitspur-Lokomotiv-Kolossen erscheinen die Dimensionen dieser „Indonesierinnen" beinahe bescheiden. Auf Schmalspur-Zahnradbahnen gehören sie aber in die „erste Reihe".

Eine weitaus stärkere und bulligere C'C'-Diesellok-Gattung war die normalspurige dieselhydraulische Lokomotive Nr. 9019, die im Jahre 1965 als deutsch-amerikanisches Gemeinschaftsobjekt von der MaK, Kiel, in enger Kooperation mit der American Locomotive Co (ALCO) und mit Voith und Westinghouse für die Southern Pacific Co gebaut wurde. Zu ihren technischen Merkmalen zählten die hohe Nennleistung von 4300 PS und ihre Baulänge von 23 115 mm. Die gewaltige sechsachsige Diesellokomotive übertrumpfte im Leistungsbereich sogar noch ihre Vorgängerinnen ähnlicher Simplex-Größe auf den gleichen Southern-Pacific-Strecken. Die für viele sechsachsige Diesellokomotiven angestrebte Standard-Masse von 177 t konnte auch

Zweimotorige dieselhydraulische Lok V 320, die leistungsstärkste Diesellokomotive aus dem DB-Standard-Typenprogramm der sechziger Jahre. Die 23 m lange Lok wurde 1962/63 von Henschel gebaut und hatte eine Nennleistung von 4000 PS. DB

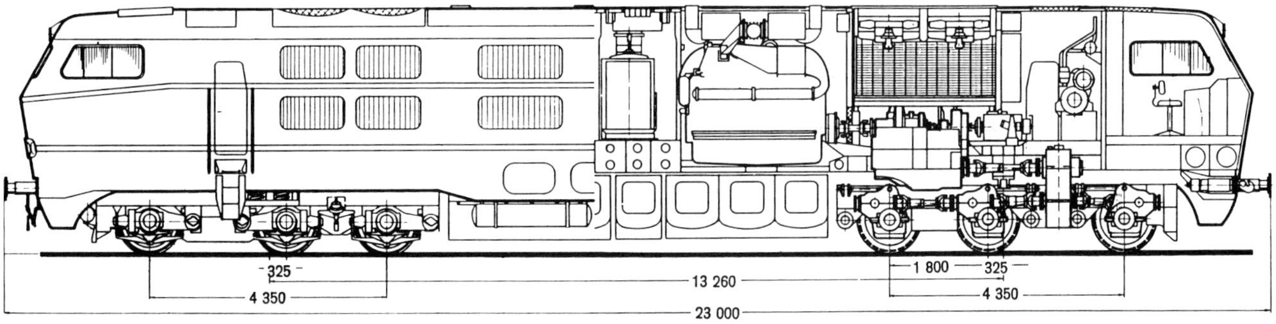

Schema der zweimotorigen DB-Diesellok V 320 001.

bei der MaK-ALCO-Lokomotive eingehalten werden, um die Achsfahrmasse von 29,5 t nicht überschreiten zu müssen.

Was auf afrikanischer Kapspur an stolzer Größe möglich war, zeigen die in den Jahren 1983/84 von der Krupp Industrietechnik GmbH gelieferten 14 dieselelektrischen Co'Co'-Lokomotiven U 30C (DE 1001–1014) für die TAZARA (Tanzania Zambia Railway Authority). Die 3210 PS starken, in Lizenz der General Electric Company hergestellten Maschinen galten bei einer Gesamtlänge von 17 720 mm und einer Dienstmasse von 120 t als die größten in Deutschland gebauten dieselelektrischen Schmalspurlokomotiven. Sie arbeiteten mit Zwölfzylinder-Viertakt-Motoren, Ladeluftkühlung und gekuppeltem Drehstrom-Generator sowie mit Gleichrichtern und Gleichstrom-Fahrmotoren. Mit ihren 20 t Achsfahrmasse auf Kapspur wurden diese 100 km/h schnellen Sechsachser als respektable Schmalspur-Giganten bewundert.

In Deutschland ließ die Deutsche Bundesbahn bei der Krupp Verkehrstechnik GmbH mehrere dieselhydraulische C'C'-DR-Lokomotiven der Baureihe 119 verstärken und modernisieren. Die ersten dieser 19 500 mm langen Umbau-Lokomotiven, nunmehr Baureihe 229 in neuer Farbgebung, sind im April 1992 in Halle (Saale) übergeben worden. Nachdem im gleichen Jahr je zwei dieselelektrische Co'Co'-Lokomotiven der DR-Baureihe 232 mit Motoren aus Kolomna (Rußland) und von Caterpiller (USA) remotorisiert wurden, sind im Mai 1993 im Raw Cottbus noch zwei weitere Lokomotiven auf Krupp-MaK-Motoren umgerüstet worden. DB und DR hatten sich gemeinsam entschieden, das Optimum einer Neumotorisierung zusätzlicher Lokomotiven zu finden. Am 20.November 1992 fand die Übergabe der ersten „neuen" Lokomotive, nunmehr mit der Baureihenbezeichnung 234 und der werbewirksamen Anschrift „Power aus Rußland" statt. Die von Krupp umgerüstete Lokomotive 234 630 erhielt eine Nennleistung von 3600 PS, eingestellt auf 2340 PS. Sie folgte 1993 mit dem Slogan „Damit innovative Technik zum Zuge kommt". Dieselbe Leistung hatte die im gleichen Zeitraum gelieferte Caterpillar-Lokomotive.

Die großen Diesellokomotiven blieben von der unterschiedlichsten Kritik nicht verschont. Natürlich sind aber Kritiken keine Konstanten im Hin und Her der Betrachtungsweisen. Jedenfalls sind aus der imDienst etwa 123 t wiegenden und nahezu 21 m langen, 3000 PS starken Vorgänger-Bauart der Reihe 232 nunmehr rund 3400 PS aufweisende Kraftpakete mit 140 km/h Höchstgeschwindigkeit zum Einsatz bei der Deutschen Bahn AG geworden.

Eine Auswahl-Liste in Deutschland gebauter oder umgebauter Groß-Diesellokomotiven enthält die Tabelle.

Die Entwicklungs-Chancen der nach Erfolgen stre-

Ein Kraftpaket auf kapspurigen Zahnradbahnen in West-Sumatra: Dieselelektrische Streckenlokomotive BB 20401 für Zahnrad- und Adhäsionsbetrieb der Indonesischen Staatsbahnen, Nennleistung des Dieselmotors 1430 PS, Baujahr 1982. SLM

Die schwerste und größte deutsche dieselelektrische Lokomotive aus der Zeit vor 1945: Do+Do-Doppellok des Wehrmacht-Typs D 311 (später V 188 der DB) mit 150 t Eigenmasse und 22 510 mm Gesamtlänge, Dieselmotoren-Gesamt-Nennleistung 2100 PS, Baujahr 1942. Erbauer: Krupp

Deutsche Giganten für Fernost: Dieselhydraulischer C'C'-Loktyp NY6 der Eisenbahnen der Volksrepublik China. Henschel hatte 1966/67 vier dieser Riesenmaschinen Nrn. 0001–0004 (Leistung 4000 PS) geliefert. Rheinstahl Transporttechnik

benden Konstruktions- und Versuchsabteilungen dürfen nicht verengt werden. Vieles in der heutigen internationalen Diesellokomotiv-Technik Erreichte wäre wohl kaum ohne die Lehren und Erfahrungen konstruktiver Gipfelleistungen, aber auch ohne die Irrwege und Sackgassen, ohne die Versuchsmuster von Zarlatti im Jahre 1927 (Diesel/Dampf/Druckluft), ohne die großen Ansaldo-Kombinationsexperimente der Jahre 1927 bis 1932 (Diesel-Direktantrieb und Druckluft) und ohne die Frühzeit-Diesel-Duplex-Lokomotiven der Nordamerikaner möglich gewesen. Als eine der Schrittmacherinnen in der schweren Zugförderung erwies sich die 28 700 mm lange und 290 t wiegende dieselelektrische 2'Do1'+1'Do2'-Doppellokomotive Nr. 9000 der Canadian National Railways, die im August 1929 bei 26,76 t Achsfahrmasse den 663 t schweren „International Limited" Montreal–Toronto an der Kupplung hatte und schon damals kurzzeitig 2600 PS entwickelte. Der Kraftstoffverbrauch belief sich dabei je nach Leistunganforderung auf 179 bis 196 kg/PSh.

Die von Krauss-Maffei auf eigene Rechnung hergestellte Groß-Diesellok ML 2200 C'C', im Jahre 1958 mit neuen 3000-PS-Motoren ausgerüstet, Dienstmasse 103 t, von der DB mit Betriebsnr. V 300 001 vorübergehend angemietet, dann gekauft.
Krauss-Maffei

Britischer Koloß: Dieselelektrische Co'Co'-Lok mit im Zweitakt arbeitenden Napier-„Deltic"-Gegenkolben-Motoren. Insgesamt arbeiteten 36 Kolben in 18 Zylindern. Die 108 t schwere, 21200 mm lange und 160 km/h schnelle Lok hatte eine Motorenleistung von 3350 PS bei 1500 U/min. 1961/62 sind 22 Serienloks geliefert worden, hier Lok 9020 im Jahre 1964 vor dem „Flying Scotsman".
British Railways

In der VR China wurden 30 dieser schweren Hochleistungslokomotiven eingesetzt. Die Antriebsleistung der ersten zehn Einheiten betrug 4600 PS. Bei den anderen Lokomotiven waren es sogar 5400 PS. Bis Mitte 1972 sind alle bestellten Loks ausgeliefert und im Hamburger Hafen verschifft worden.
DB-Pressedienst

Auswahl in Deutschland gebauter oder umgebauter Diesel-„Jumbos“

Bahnverwaltung	Wehrmacht Heereswaffenamt	Leopoldina, Rio Grande Brasilien	DB	DB	DR, DB	DB
Betriebsnr./Gattung	V 188	2000 u.a.	V 300 (230)	V 320 (232)	232 (132.0), 234	240 (DE 1024)
Erbauer	Krupp, MAN, MTU Siemens/SSW	Esslingen, MAN, Voith	Krauss-Maffei, MZU, Voith	Henschel, MTU, Voith	Woroschilowgrad, Kolomna, Raw Cottbus	Krupp-MaK, ABB
Lieferung	1942	1953	1957	1962	1970/1992	1990
Nennleistung PS	1880	1900	2850	3800 (4000)	3000/3460	3600
Treibrad-durchmesser mm	1250	1016	950	1100	1050	1016
Länge über Puffer mm	22 510	17 600	20 270	23 000	20 820	20 960
Dienstmasse t	147	78	104	128	122,4	120
Zulässige Höchst-geschwindigkeit km/h	75	80	140	160	120/140	160
Reibungsmasse t	147	78	104	128	122,4	120
Radsatzfolge	Do+Do	C'C'	C'C'	C'C'	Co'Co'	Co'Co'
Übertragungssystem	elektrisch	hydraulisch	hydraulisch	hydraulisch	elektrisch	elektrisch
Spurweite mm	1435	1000	1435	1435	1435	1435
Anmerkungen	(1)	(2)	(3)	(4)	(5)	(6)

(1) Im Auftrag der Deutschen Wehrmacht zum Transport von Eisenbahngeschützen entwickelt, frühere Betriebsgattung D 311. In den Jahren 1956/57 im DB-Ausbesserungswerk Nürnberg umgerüstet.
(2) Erster bedeutender deutscher Nachkriegs-Exportauftrag für dieselhydraulische Serien-Großdiesellokomotiven.
(3) Konstruktives Derivat aus der Bauart ML 2200 eines Jugoslawien-Auftrags, als ML 300 (V 300 001) vorübergehend in den Diensten der DB.
(4) Größte deutsche Bundesbahn-Diesellokomotive (von der DB zeitweise angemietet). Die Entwicklung wurde für Henschel eine Basis-Konstruktion für mehrere in die UdSSR und in die VR China gelieferte 4000-PS- und 5400-PS-Lokomotiven.
(5) Leistungsstärkste Diesellokomotive der DR. Als Baureihe 234 remotorisiert und leistungsverstärkt.
(6) Lok mit Drehstromantriebstechnik. Leistungsstärkste einmotorige Diesellokomotive, die je in Deutschland gebaut wurde.

„Diesel-Jumbos“ der Spitzenklasse mit Drehstromantrieb

Auch wenn in Europa die Elektrifizierung der Eisenbahnen weit verbreitet ist, so wird doch global der größere Teil des Schienenverkehrs mit Dieseltriebfahrzeugen bewältigt. So hat sich, ausgehend von Deutschland, die Drehstromantriebstechnik nicht allein für elektrische Lokomotiven und Triebzüge, sondern auch für Diesel-Schienenfahrzeuge eine ganz entscheidende Position verschafft, neuerdings sogar in den USA.

Eines der wichtigsten Argumente für die Drehstromantriebe war die willkommene Möglichkeit, den Asynchronmotor mit Käfigläufer einzusetzen, den sicherlich einfachsten und robustesten Elektromotor, der für Fahrzeugantriebe am geeignetsten ist. Er benötigt keine verschleißbehafteten Komponenten wie Kollektoren beim Einphasen- oder Gleichstrommotor oder Schleifringe beim Synchronmotor. Der Dieselmotor treibt einen Generator an, dessen nachgeschalteter Gleichrichter die Ausgangswechselspannung des Generators in eine Gleichspannung umformt. Ein oder mehrere angeschlossene Wechselrichter speisen dann ein oder mehrere Asynchron-Fahrmotoren mit variabler Spannung und Frequenz. Inzwischen konnte hierbei auf aufwendige Kommutierungseinrichtungen verzichtet werden, wenn man anstelle der nur e i n schaltbaren Thyristoren solche Elemente setzt, die auch a u s - schaltbar sind. Hierfür kamen die in den erforderlichen Leistungsklassen lieferbaren GTO-Thyristoren in Betracht, die allerdings eine sehr hohe Leistungsdichte haben, weshalb dementsprechend wirkungsvolle Kühlverfahren erforderlich wurden.

Im Jahre 1965 vereinbarten die damaligen Unternehmen Brown, Boveri & Cie (BBC), Mannheim, und die Rheinstahl Transporttechnik, Kassel, gemeinsam eine Lokomotivbauart mit optimaler Leistungsübertragung zu schaffen, eine vorausschau-

Diesellok 202 003 mit umkoppelbarer Antriebsmasse und BBC-Drehstromantriebstechnik, hier auf einer Hochgeschwindigkeits-Meßfahrt. Henschel-BBC

ende Maßnahme also, die mit der Lokomotive DE 2500 zur „baukastenfähigen“ Drehstromantriebstechnik führte. Die Trennung von Energieerzeugung und Energieverwertung durch den Gleichstrom-Zwischenkreis läßt die Steuerung des Dieselmotors und der Generator-Erregung lediglich dafür sorgen, daß die benötigte Energie bereitgestellt wird. Andererseits mußte die Steuerung für die elektronischen Schaltelemente in den Wechselrichtern so funktionieren, daß die bereitgestellte Energie in Antriebsleistung umgesetzt wird. Der 1971 gelieferten DE 2500 („Weißer Riese“), Radsatzanordnung Co'Co', bei der DB 202 002, folgten zwei Jahre später die vierachsige 202 003 („Roter Ochse“) und die sechsachsige 202 004 („Blauer Bock“). Die 202 003 war von 1982 bis 1985 ein aufschlußreicher Komponenten-Versuchsträger mit neuen Drehgestellen zur Umkopplung der Antriebsmassen (UmAn) bis zu 250 km/h (mit Hilfe einer DB-Ellok der Baureihe 103). Die Untersuchungen gaben grundsätzliche Hinweise zur Entwicklungskonzeption der Drehgestelle für den IC-Experimental. Bis zum Ablauf der Fristen im Jahre 1986 stand die ursprünglich rot lackierte 202 003, dann futuristisch blau-silberfarbig umgestaltete Lok in den Räumen Frankfurt am Main und Kaiserslautern im Zugdienst der DB.

In jener Zeit begannen sich auch einige Bahngesellschaften der USA für die Drehstromantriebstechnik zu interessieren. So wurde die Bo'(Ao1Ao)'-Diesellokomotive vom Typ FL 9 der Metro North Computer Railroad durch einen zweckentsprechenden Umbau zur ersten Serien-Diesellokomotive mit Drehstromantriebstechnik auf dem amerikanischen Kontinent. Die FL 9 ist gegen Ende der achtziger Jahre mit GTO-Stromrichtern und einer elektrischen Bremse mit Chopper-Steuerung ausgerüstet worden. Den Umbau von zehn dieser 3150 PS starken und 125 t schweren Lokomotiven besorgten die Republic Locomotive Works unter Einsatz der ABB-Drehstromtechnik.

Aber nicht nur im Regionalverkehr, sondern auch auf den großen Fernstrecken Kanadas und der USA, wo oft Zugmassen bis zu 15 000 t bei Achsfahrmassen von etwa 30 t zu befördern sind, werden leistungsfähige Lokomotiven neuester Technik gebraucht, um „Herkules-Arbeit“ zu vollbringen. Kein Wunder also, daß die Burlington Northern (BN), aber auch die den Reiseverkehr bedienende National Railroad Passenger Corporation (AMTRAK) ihre Aufmerksamkeit der Drehstromtechnik widmeten. Die Basis für die anfängliche Umrichtertechnik war der Thyristor. Die Entwicklungsingenieure von EMD und Siemens beschlossen im Jahre 1986, eine Co'Co'-Versuchslokomotive EMD 268 mit einer Traktionsleistung von 3800 HP zu schaffen, um zu zeigen, daß mit der Drehstromantriebstechnik eine neue Generation von Güterzuglokomotiven mit deutlich höheren Zugkräften eingeführt werden kann. Die 177 t schwere und 22 047 mm lange EMD 268 hatte eine um 17 % größere Anfahrzugkraft als die damals modernste konventionelle Diesellok der Klasse SD 60. 781 kN wurden bei der Electro-Motive-Versuchslok festgestellt, was einem Kraftschlußbeiwert von 45 % bei 29,5 t Achsfahrmasse entsprach. Traktionstechnisch wurde diese sechsachsige Lok durchaus zum „Jumbo“ der Spitzenklasse. Man verlangte von ihr aber noch mehr: Die EMD 268 sollte auch einen zehnminütigen Betrieb bei Umgebungstemperaturen von 80 bis 100 °C durchhalten und zwar so, wie sie bei der Fahrt mehrerer schwer arbeitender Diesellokomotiven durch einen Tunnel entstehen können. Die Stromrichter wurden mit einer Siedebadkühlung ausgestattet, welche die notwendige thermische Zeitkonstante für den Tunnelbetrieb ermöglichte. Bei diesem Kühlsystem waren die wichtigsten Komponenten der Umrichter in Aluminiumgefäßen untergebracht, die unter Vakuum damals noch mit Freon gefüllt waren. Wegen der meist schwierigen Zugförderungsaufgaben in Nordamerika stand bei den Diesel-Drehstromlokomotiven schon in jenen USA-Einführungsjahren die herausragende Technik an erster Stelle der Entwicklungsziele.

Die beiden im Herbst 1989 fertiggestellten Bo'Bo'-Diesellokomotiven 450 und 451 der AMTRAK sind nach langen intensiven Tests im Eisenbahnversuchszentrum der Association of American Railroads (AAR) in Pueblo (Colorado) ab Oktober 1990 im Reisezugdienst des Großraums Chicago eingesetzt worden. Die beiden 118 t wiegenden und 17 729 mm langen Diesel-Drehstromlokomotiven der Gattung F69 PHAC arbeiteten bereits mit GTO-Thyristoren und – vor allem auf der Strecke zwischen Chicago und Seattle – mit Kraftstoffeinsparungen von etwa 17 % gegenüber den Vorgänger-Diesellokomotiven. Der EMD-Dieselmotor beider Lokomotiven gab bei 900 U/min eine Leistung von 3030 HP ab. Natürlich gab es während der Regelung des gesamten Systems und beim Gleit- und Schleuderschutz manche „Lernphase“. Trotzdem konnte die internationale eisenbahntechnische Fachpresse im Jahre 1993 melden, daß die US-amerikanische

Eisenbahngesellschaft Burlington Northern Railroad (BN), Fort Worth (Texas), an ein Konsortium einen Auftrag über 350 dieselelektrische Güterzuglokomotiven im Gesamtvolumen von rund 1 Mrd. DM vergeben hat.

An dieser größten Einzelinvestition der nordamerikanischen Lokomotivbau-Geschichte wurden der Bereich Verkehrstechnik der Siemens AG und die Lokomotivgruppe der General Motors Corporation beteiligt. Die Basis für die ersten vier neuen sechsachsigen Güterzuglokomotiven mit Drehstromantriebstechnik bildete die EMD-Baureihe SD60 mit der im Prinzip gleichen Konfiguration wie bei den AMTRAK-Lokomotiven, hier jedoch mit einer Traktionsleistung von 3800 HP. Bis zum Sommer 1992 gingen drei dieser neuen, nunmehr als SD60 MAC bezeichneten Lokomotiven in den Betriebseinsatz. Die 350 leistungsgesteigerten Co'Co'-Lokomotiven SD70 MAC mit den aufgrund der Erfahrungen der vier Prototyp-Lokomotiven SD60 MAC etwas nach oben korrigierten Zugkraftdaten (Dauerzugkraft 610 statt 556 kN, Traktionsleistung 4000 statt 3800 HP) sind auf dem Wege, eines Tages zu den Drehstrom-„Klassikern" und zum Traditionsbestand des Diesellokomotivparks mancher amerikanischer Eisenbahngesellschaften zu werden. Nach den geglückten Präsentationsfahrten mit den ersten drei BN-Lokomotiven entschied sich übrigens auch die Consolidated Rail Corporation (CONRAIL) zum Kauf von zunächst vier mit Drehstromantriebstechnik ausgerüsteten Diesellokomotiven. Die Hersteller sind zu Recht optimistisch, wenn sie meinen, daß der größte Diesellokomotivmarkt der Welt mittelfristig auf diese Antriebstechnik umsteigen wird.

Die drei in den Jahren 1989/90 von Krupp-MaK entwickelten und gebauten Co'Co'-Diesellokomotiven DE 1024 (240 001 – 003) waren bei ihrer Präsentation die leistungsstärksten einmotorigen Diesellokomotiven, die je in Deutschland hergestellt wurden. Für den Antrieb hatten die Konstrukteure einen „mittelschnellaufenden" MaK-Dieselmotor vorgesehen, der bei 1000 U/min eine Leistung von 3600 PS abgibt. Die 120 t schwere und 20 960 mm lange DE 1024 erhielt eine Leistungsübertragung durch Drehstromantriebstechnik, System ABB in GTO-Bauart. Mit 160 km/h zulässiger Höchstgeschwindigkeit sind die Lokomotiven auch für InterCity-Dienste geeignet.

Die gesamte Lokomotiv-Entwicklung wird auch künftig ein enormes Potential bieten. Nur weniges wird sein, wie es einmal war. Auch die Größenordnungen der Lokomotiv-Jumbos wandeln sich; sie werden in Bahnsysteme eingebunden. Eine zeitgemäße Informations-Infrastruktur wird das Projektierungsgeschehen über Landesgrenzen hinweg beeinflussen und bereichern. Zusätzliche High-Tech-Forschung im Schienenverkehrswesen ist angesagt. Die „Größten", nicht unbedingt die schwersten, längsten und voluminösesten Lokomotiv-Einheiten, werden dann gemessen an den leistungsfähigsten, vielseitigsten, ökonomischsten und ökologischsten „Klassenbesten" der Schiene, die auch technikferne Zeitgenossen überzeugen können.

Verehrungskritische Haltungen vor bombastischen Dampflokomotivtriebwerken, vor hinreißenden und bewunderten Idolen der nach Superlativen gemessenen Lokomotivproduktionen taugen heute nur noch recht wenig zur Beurteilung entwicklungstechnischer Ruhmestaten. Nichts kann so perfekt sein, daß es nicht noch funktionsfähiger, flexibler und noch attraktiver ginge.

Die 21 m lange norwegische Diesellok 4.653 mit Drehstrom-Asynchron-Fahrmotoren. Die Co'Co'-Lok Di 4 der NSB kann sowohl mit 3300-PS- als auch mit 3800-PS-Dieselmotoren ausgerüstet werden.
Thyssen-Henschel

Literatur und Bildquellen

1. Lotter: Die erste diesel-elektrische Vollbahn-Güterzuglokomotive, erbaut unter der Leitung von Prof. Georg Lomonosoff, Organ für die Fortschritte des Eisenbahnwesens, 15.3.1925
2. Mayer: Die Diesellokomotive vom Standpunkt des Lokomotivbaues, Zeitschrift des Vereins deutscher Ingenieure, Nr. 19/1925
3. Locomotive Cyclopedia 1925, Simmons Boardman Publishing Company, New York (N.Y.)
4. Günther: Die mechanisch angetriebene Diesellokomotive mit fester Übersetzung und mehreren, einzeln kuppelbaren Motoren, Organ für die Fortschritte des Eisenbahnwesens, 15.2.1927
5. Notesse: Lokomotiven der Gattung ‚Pacific' und Tender der Bauart I für die Nationale Gesellschaft der Belgischen Eisenbahnen, Monatsschrift der Internationalen Eisenbahn-Kongress-Vereinigung, Juni 1936
6. Babenke: Über eine in Rußland gebaute nichtgelenkartige Lokomotive mit der Achsanordnung 2-7-2, Monatsschrift der Internationalen Eisenbahn-Kongress-Vereinigung, August 1936
7. Die schwerste Tenderlokomotive der Welt, Monatsschrift der Internationalen Eisenbahn-Kongress-Vereinigung, September 1936
8. Boettcher und Reutter: Diesellokomotiven großer Leistung, Organ für die Fortschritte des Eisenbahnwesens, 15.2.1938
9. Roosen: Neue Henschel-Kondens-Lokomotiven, Die Lokomotive, Juni 1940
10. Schöning: 2B1-h1-Schnellfahr-Tender-Lokomotive, Die Lokomotive, Juli 1940
11. Meineke: Über die Beschränkung der Lokomotivleistung durch die Umgrenzungslinie, Die Lokomotive, Oktober 1940
12. Kluge: Die schwerste Zahnradlokomotive der Welt, Werkzeitung der Maschinenfabrik Esslingen, Februar 1942
13. Metzeltin: Russischer Lokomotivbau, Die Lokomotive, April 1942
14. Zimmermann: Die 1F2-Drillings-Heißdampf-Tenderlokomotive, Reihe 46, der Bulgarischen Staatsbahnen, Die Lokomotive, November 1943
15. Locomotive Cyclopedia 1947, Simmons Boardman Publishing Corporation, New York (N.Y.)
16. Chapelon: La Locomotive a Vapeur, Baillière et Fils, Paris 1952
17. Kalinowski: Sowjetische Dampflokomotiven, Die Technik, Heft 7/1952
18. Aigner und Distelbarth: Eine Zahnradlokomotive großer Leistung für Meterspur, Eisenbahntechnische Rundschau, Heft 8/1955
19. Maedel: Giganten der Schiene, Franckh'sche Verlagshandlung, 1963
20. Beschleunigung der Bahnelektrifizierung in der Sowjet-Union, Neue Zürcher Zeitung, 5.Mai 1966
21. Colquhoun, Stewien und Thomas: 500 – The 4-8-2 and 4-8-4- locomotives of the South Australian Railways, Australian Railway Historical Society, 1969
22. Haas: Pennsy 6100 – größte Schnellzuglokomotive der Welt, Lok-Magazin, Heft 42, Juni 1970
23. Haut: Die Geschichte der elektrischen Triebfahrzeuge (Band 1), Birkhäuser Verlag 1972
24. Koffman: Russische Thermo-Dampflokomotiven, Lok-Magazin, Heft 60, Juni 1973
25. Messerschmidt: Ellok-Raritäten: Franckh'sche Verlagshandlung, 1976
26. Messerschmidt: Vergessene Riesen – Sechskuppler und Mallet-Lokomotiven in Indonesien, Lok-Magazin 76, Januar 1976
27. Giesl-Gieslingen: Lokomotiv-Athleten, Verlag Josef Otto Slezak, 1976
28. Stoffels: Lokomotivbau und Dampftechnik, Birkhäuser Verlag, 1976
29. Kolodyazhny: Applied technology raises speed and capacity, Railway Gazette International, Juli 1977
30. Vilain: Les Locomotives Articulées du Système Mallet dans le Monde, Editions Picador, 1978
31. Ein Genie der Dampflokomotive – Zum Tode von André Chapelon, Neue Zürcher Zeitung, 6./7.August 1978
32. Buchmann: Dampflokomotiven in den USA, Birkhäuser Verlag, 1978
33. Sowjetische Lokomotiven (Diesellokomotiven), Energomachexport UdSSR, 1980
34. Messerschmidt: Diesellok-Raritäten, Franckh'sche Verlagshandlung, 1980

35. Durrant: Garratt-Lokomotiven der Welt, Birkhäuser Verlag, 1984
36. Rakow: Russische und sowjetische Dampflokomotiven, transpress, 1986
37. Rossberg: UdSSR hat hohen Bedarf an Eisenbahn-Material, Handelsblatt, 18.8.1986
38. Xiaobiao, Zhongyi, Jiangtian und Qi: Die Lokomotiven der Chinesischen Eisenbahnen, Birkhäuser Verlag 1987
39. Tretow: DE 1024 – eine schwere Diesellokomotive für universellen Einsatz, Eisenbahntechnische Rundschau, Heft 9/1989
40. Sowjetische Staatsbahn wird neu geordnet, Frankfurter Allgemeine Zeitung, 15.7.1992

41. Messerschmidt: Schwer, stärker am größten – Über die Schwierigkeiten, die Superlative sinnvoll und fehlerfrei auf Lokomotiven anzuwenden, Eisenbahn-Magazin, Heft 1/1994
42. Kraft: Mehr Zug- und Wettbewerbskraft für Burlington Northern, Siemens Verkehrstechnik Express, Heft 1/1994
43. Cornolò: Locomotive elettriche, Ermanno Albertelli Editore, 1994
44, Messerschmidt: Meilensteine der Lokomotivtechnik, transpress, 1994
45. Wagner: Drehstrom-Antriebstechnik für Diesellokomotiven in Nordamerika, ZEV+DET Glasers Annalen, Heft 2-3/1994
46. Schaefer-Enkeler: Die elektrische Universallokomotive Euro-Sprinter, Krauss-Maffei Verkehrstechnik Journal, 1994
47. Segieth: Die AEG Hochleistungslokomotive 12X – Basis einer neuen Lokomotivfamilie, Eisenbahntechnische Rundschau, Heft 1-2/1995
48. Gerber: Die Lokomotiven Re 465 der BLS Lötschbergbahn, Eisenbahn-Revue International, Heft 1-2/1995

Der Autor dankt allen Unternehmen, Bahngesellschaften, Archiven und Einzelpersonen, die zu diesem Buch Fotos, Zeichnungen und sonstiges Informationsmaterial beigesteuert haben, vor allem – hier in zwangloser Reihenfolge – sind dies: AEG Schienenfahrzeuge GmbH, ABB Henschel AG (Mannheim), ABB Trazione (Milano), ABB Asea Brown Boveri, GEC Alsthom Transport, Krauss-Maffei Verkehrstechnik, Krupp Verkehrstechnik GmbH, Schweizerische Bundesbahnen, Schweizerische Lokomotiv- und Maschinenfabrik AG SLM, Škodaexport Prag, RENFE Dirección de Comunicación Madrid, Siemens Verkehrstechnik GmbH, Sulzer Managment AG, J.M.Voith GmbH, Deutsche Bahn AG, Österreichische Bundesbahnen und SCNF Paris, sowie Max R. Delie, Günter Koch, Harald Rietsch, Alfred Gottwaldt und Wolfgang Stoffels. Alle nicht besonders gekennzeichneten Bilder sind Eigenaufnahmen und Skizzen des Verfassers oder sie stammen aus seinem Archiv.